汽车类专业项目教学示范教材

二手车鉴定与评估

第 2 版

主编　肖冬玲　杨　明
参编　张杰飞　戴建营　吴会军
　　　和豪涛　张夏辉
主审　赵培全

机 械 工 业 出 版 社

本书以培养学生的综合能力为原则，系统地介绍了二手车鉴定与评估的相关内容，主要包括二手车鉴定与评估基础知识、车辆损耗与贬值、二手车技术状况鉴定、车辆的折旧指标与计算、二手车评估的基本方法、车辆碰撞损伤评估、二手车交易实务，并结合企业专业人士的实践经验和理论总结，从二手车鉴定与评估的不同角度深入浅出地进行讲解，内容翔实，理论联系实际，实践操作及指导性强，既可作为各大高校汽车专业的教材，也可供广大二手车爱好者阅读参考。

图书在版编目（CIP）数据

二手车鉴定与评估/肖冬玲，杨明主编. —2版. —北京：机械工业出版社，2023.5（2025.3重印）

汽车类专业项目教学示范教材

ISBN 978-7-111-72876-4

Ⅰ.①二… Ⅱ.①肖… ②杨… Ⅲ.①汽车-鉴定-高等职业教育-教材②汽车-价格评估-高等职业教育-教材 Ⅳ.①U472.9②F766

中国国家版本馆CIP数据核字（2023）第052176号

机械工业出版社（北京市百万庄大街22号 邮政编码100037）

策划编辑：邢 琛　　　　责任编辑：舒 恬

责任校对：郑 婕 徐 霆　　封面设计：陈 沛

责任印制：部 敏

中煤（北京）印务有限公司印刷

2025年3月第2版第3次印刷

184mm×260mm · 12.75印张 · 314千字

标准书号：ISBN 978-7-111-72876-4

定价：39.90元

电话服务　　　　网络服务

客服电话：010-88361066　　机 工 官 网：www.cmpbook.com

010-88379833　　机 工 官 博：weibo.com/cmp1952

010-68326294　　金 书 网：www.golden-book.com

机工教育服务网：www.cmpedu.com

前　言

本书第1版于2014年出版，深受好评，销量近两万册，现在对第1版进行修订，主要是由于汽车消费、环保、机动车报废标准、二手车鉴定评估规范、机动车安全运行技术标准、二手车流通管理办法等一系列的法律法规有了新的标准。另外，随着二手车市场的飞速发展，新车市场和二手车市场的汽车销量也发生了很大的变化。根据中国汽车流通协会（CADA）发布的数据，2009年中国汽车销量为1364.48万辆，2024年为3143.6万辆，十五年时间内增长了1779.12万辆，中国在2009年成为世界最大汽车生产和消费国，并在之后的十几年保持快速增长。

近十年，中国的二手车市场不断地升级改革，从2012年的480万辆到2024年的1961.42万辆，年交易量增长了4倍多，行业发展越来越品牌化和规模化，其发展潜力比新车更具期待。二手车市场成熟的关键是让车辆在市场中快速流通起来，这样可以大大增加成交量，减少车辆在停滞过程中的价值损耗，更有力地促进二手车全国大流通，减少流通成本和流通环节，同时又使新车销售量大大增加，使二手车市场进入良好循环过程。二手车鉴定与评估正是在这样的市场经济条件下应运而生的。所谓二手车鉴定与评估，就是由二手车鉴定与评估机构的专业评估人员，根据特定的目的，遵循客观经济规律和公正的原则，按照法定的标准和程序，运用科学的方法，对汽车的现时价格进行评定和估算。它是汽车服务产业的重要组成部分之一。

本书以培养学生的综合能力为原则，系统地介绍了二手车鉴定与评估的相关内容，主要包括二手车鉴定与评估基础知识、车辆损耗与贬值、二手车技术状况鉴定、车辆的折旧指标与计算、二手车评估的基本方法、车辆碰撞损伤评估和二手车交易实务，内容翔实，理论联系实际，既可作为各大高校汽车专业的教材，也可供广大二手车爱好者阅读参考。

本书由河南交通职业技术学院肖冬玲和杨明担任主编，山东交通学院赵培全担任主审。项目一由河南交通职业技术学院张杰飞编写；项目二和项目四由河南交通职业技术学院戴建营编写；项目三由河南交通职业技术学院肖冬玲和河南合众明德汽车销售服务有限公司张夏辉共同编写；项目五由河南交通职业技术学院肖冬玲和吴会军共同编写；项目六由河南交通职业技术学院和豪涛编写；项目七由河南交通职业技术学院杨明编写。

本书在修订的过程中参阅了相关教材和资料，增加了可视化视频，使车辆的检测更直观，在此谨向这些教材和资料的作者们表示诚挚的谢意；“淘车岛”为本书提供了大量真实数据和案例资料，给予大力支持，在此表示感谢！

限于编者的经历和水平，本书内容难以覆盖全国各地的实际情况，不足之处，恳请读者指正，及时提出修改意见和建议，以便再版修订时补充完善。

编　者

全书资源码

目　　录

项目一 二手车鉴定与评估基础知识

【学习目标】

1. 了解二手车市场的现状与发展。
2. 熟悉机动车鉴定评估师的职业规范。
3. 能正确描述二手车鉴定评估的基本条件。
4. 能正确描述二手车鉴定评估的主要要素及特点。
5. 能正确描述汽车分类及主要性能指标。
6. 能正确描述汽车使用寿命及报废标准。

【工作任务】

1. 认识和了解二手车市场的发展趋势。
2. 了解机动车鉴定评估师的职业标准。
3. 在汽车整车实验室进行二手车鉴定评估实操演练，掌握二手车评估的依据和原则。
4. 在验证环节，根据所学理论知识及经验对车辆的证件进行准确审核。
5. 运用实训设备（照相机）对评估车辆进行正确拍照。
6. 在技术鉴定模拟环节，运用检测设备对车辆的静态和动态情况进行技术鉴定，准确地掌握影响二手车鉴定评估的因素。
7. 明确汽车的分类、主要性能指标、技术参数、汽车使用寿命及报废标准。

在整个实操模拟练习过程中，应遵循相关的原则，灵活运用所学知识，将知识融汇到实践中去。通过实操练习，进一步加深对理论知识的运用和理解。

任务一 了解二手车市场的现状与发展

一、认识二手车行业的地位和作用

我国二手车市场起步于20世纪90年代后期，随着经济快速发展，中高收入阶层人数的不断增加，私家车数量逐年增多，二手车市场不断扩大，二手车交易日趋活跃。在我国经济发达地区，如北京、上海、广东等地，二手车销售量与新车销售量已基本持平，其流动趋势是从经济发达地区趋向经济欠发达地区，从高收入群体趋向低收入群体。

二手车的鉴定评估是指依法设立，具有执业资质的二手车鉴定评估机构和二手车鉴定评估人员，接受国家机关和各类市场主体的委托，按照特定的目的，遵循法定或公允的标准和程序，运用科学的方法，对经济和社会活动中涉及的二手车所进行的技术鉴定。即二手车鉴定评估是指二手车鉴定评估机构对二手车技术状况及其价值进行鉴定评估的经营活动。在各种交易方式中，二手车拍卖以其公正、诚信、快捷的优势逐渐赢得了二手车买卖双方的信任。拍卖企业开拓二手车市场的主要竞争对手是二手车经纪公司，拍卖企业以公正、诚信、快捷的品牌优势和较高的技术含量、相应的评价机构、一条龙服务等占据优势。但是，拍卖企业在市场开拓上也面临着越来越多的竞争，国外二手车拍卖企业进入中国市场，国内有更多的拍卖企业开展二手车经营，二手车经营主体之间的竞争将日趋激烈。

二手车鉴定评估应当本着买卖双方自愿的原则，不得强制进行；属国有资产的二手车应当按国家有关规定进行鉴定评估。二手车鉴定评估机构应当遵循客观、真实、公正和公开原则，依据国家法律法规开展二手车鉴定评估业务，出具车辆鉴定评估报告；并对鉴定评估报告中车辆技术状况，包括是否属事故车辆等评估内容负法律责任。需要指出的是，二手车鉴定评估人员必须经过专业培训，通过国家有关部门组织的资格考试，取得“机动车鉴定评估师”从业资格证书，方可从事二手车鉴定评估业务。二手车鉴定评估从实质上来说，是市场经济的产物，是适应生产资料市场流转的需要，由鉴定评估人员根据所掌握的市场资料，在对市场进行预测的基础上，对二手车的现时价格做出预测估算的过程。做好机动车鉴定评估工作，不仅有利于保障司法诉讼和行政执法等活动的顺利进行，有利于维护公民的合法权益，还对维护正常的社会经济秩序，促进积极发展具有重要意义。因此，深入认真研究、探讨二手车鉴定评估问题，建立一套完整、科学、适用的二手车鉴定评估方法，以保证其鉴定评估客观、公正、合理，就显得更为重要。

首先，二手车鉴定评估是保证二手车拍卖合法有效的关键。《中华人民共和国拍卖法》规定，拍卖标的应当是委托人所有或者依法可以处分的物品或者财产权利。《二手车流通管理办法》规定，二手车卖方应当拥有车辆的所有权或者处置权。二手车交易市场经营者和二手车经营主体应当确认卖方的身份证明、车辆的号牌、机动车登记证书和机动车行驶证、有效的机动车安全技术检验合格标志、车辆保险单、交纳税费凭证等。国家机关、国有企事业单位在出售、委托拍卖车辆时，应持有本单位或者上级单位出具的资产处理证明。第十六条规定，出售、拍卖无所有权或者处置权车辆的，应承担相应的法律责任。通过二手车鉴定评估，就可以核实车辆手续是否真实、合法、有效，就是要鉴定、识别委托拍卖车辆是否为走私、盗抢、报废、拼装等非法车辆，确保二手车拍卖合法有效。

其次，二手车鉴定评估是保证二手车拍卖工作中二手车信息公开、透明的前提。二手车鉴定评估一直被误解成二手车估价，使其在二手车交易中的作用没有得到充分的发挥。《二手车流通管理办法》明确规定，凡是在二手车市场流通的车辆，如果交易双方有需求，都可以通过二手车鉴定评估机构对车辆进行全方位的技术评估，使买方对交易车辆有一个全面的了解，杜绝长期以来买卖双方信息不对称的情况。而且，评估机构要对自己出具的评估报告负责。《二手车流通管理办法》规定，二手车鉴定评估机构应当遵循客观、真实、公正和公开原则，依据国家法律法规开展二手车鉴定评估业务，出具车辆鉴定评估报告；并对鉴定评估报告中车辆技术状况，包括是否属于事故车辆等评估内容负法律责任。目前，我国二手车市场尚未形成统一的信息网络系统，信息不透明、不公开，交易过程中缺乏诚信机制。在二手车交易中，诚信一直是困扰人们的一个重要问题。社会上有很多二手车需求者，由于对二手车交易过程中的诚信机制信心不足，加之对车辆的机械性能、价格行情知之不多，因此对二手车市场常常是望而却步。消费者是信息的弱势群体，在二手车交易中，由于消费者对二手车的质量状况难以做出判断，常常处于不利的地位，因此在交易过程中，普遍存在着买方对卖方的不信任。这种不信任主要表现在对车辆事故情况、违规责任、性能、里程真实性的怀疑上。根据《二手车交易规范》规定，委托人应提供车辆真实的技术状况，拍卖人应如实填写《拍卖车辆信息》，同时，拍卖人应在拍卖前展示拍卖车辆，并在车辆显著位置张贴《拍卖车辆信息》。拍卖人通过对委托拍卖车辆的整体情况进行公正的鉴定和评估，才能真实完整地填写《拍卖车辆信息》，让二手车的信息完整、公开和透明。二手车鉴定评估既是依照法律法规规定组织拍卖活动，依法运作，防范法律风险，又解决了二手车交易中的信息不对称问题，合理保护买卖双方的利益，使二手车拍卖真正做到公开、公平、公正和诚信，赢得二手车交易双方的信任。

再次，二手车鉴定评估为合理确定二手车拍卖保留价提供重要依据。二手车拍卖的本质是发现二手车的变现价格。二手车鉴定估价的准确与否直接关系到拍卖车辆保留价的确定以及拍卖工作能否顺利完成。二手车鉴定估价的过程不仅仅是原有价值重置和现实价格形成过程，它包括一个完整的程序，一般包括验证、技术鉴定、评估、出具鉴定评估结果四项内容。在核实车辆手续真实、合法、有效后，利用鉴定机械设备对车辆进行静态检测、动态检测和路试，利用检测、鉴定得到的车况、性能指标进行综合评价，包括鉴定估价师利用个人的经验对车辆使用状况、维护情况等进行主观评价，并结合该品牌二手车市场供求状况等因素，最后得出该车的实际残值。

二、了解二手车的发展趋势

根据汽车流通协会数据显示，2021 年全国机动车保有量达 3.95 亿辆，其中汽车 3.02 亿辆；新注册登记机动车 3674 万辆，同比增加 346 万辆。全国有 79 个城市的汽车保有量超过百万辆，同比增加 9 个城市，35 个城市超 200 万辆，20 个城市超 300 万辆，其中苏州、上海、郑州、西安超过 400 万辆，北京、成都、重庆超过 500 万辆。近年来，二手车市场交易的形式多样化，线上与线下相结合，二手车电商平台掀起融资热潮，线上交易市场快速发展，二手车电商渗透率提高，二手车交易透明化程度高，以及二手车性价比的优热，使得越来越多的人青睐购买二手车，从 2012 年的 480 万辆到 2021 年的 1758.5 万辆，年交易量增长了将近 4 倍，2012 年到 2021 年的二手车销量及变化趋势情况如图 1-1 所示。

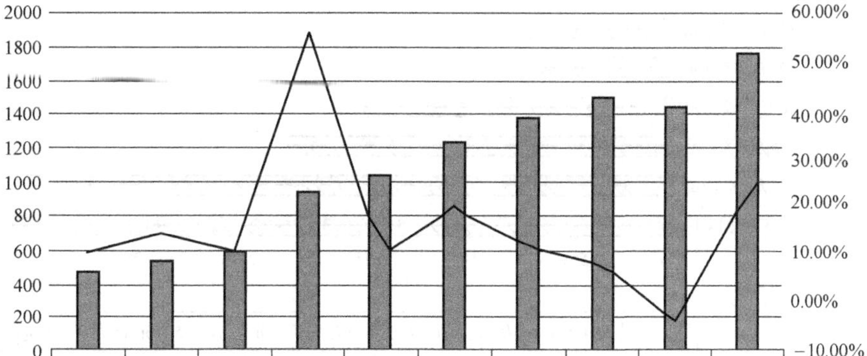

	2012	2013	2014	2015	2016	2017	2018	2019	2020	2021
二手车销量（万辆）	480	550	605.3	941.71	1039.0	1240.0	1382.1	1492	1434.1	1758.5
二手车增长率	10.85%	14.58%	10.05%	55.58%	10.34%	19.35%	11.46%	7.94%	−3.88%	22.62%

二手车销量（万辆）　二手车增长率

图 1-1　二手车消费市场销量及变化趋势

2021 年，全国二手车市场累计交易量 1758.51 万辆，同比增长 22.62%。其中；基本型乘用车共交易 1059.11 万辆，同比增长 23.34%；客车 132.03 万辆，同比增长 7.02%；货车 145.38 万辆，同比增长 9.63%；SUV197.63 万辆，同比增长 44.18%；MPV100.86 万辆，同时增长 21.24%；交叉型乘用车 40.23 万辆，同比增长 18.59%。2020 年和 2021 年二手车细分车型交易量如图 1-2 所示。

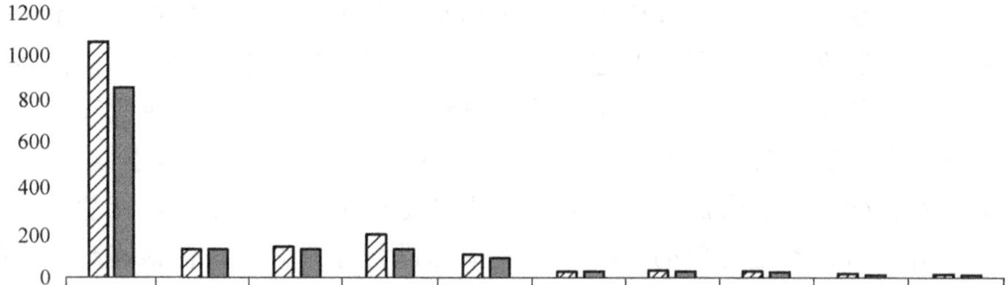

	基本型乘用车	客车	货车	SUV	MPV	其他车	交叉型车	摩托车	挂车	低速载货车
2021	1059.11	132.03	145.38	197.63	100.86	35.38	40.23	29.51	13.38	5.01
2020	858.68	123.37	132.61	139.07	83.19	28.73	33.93	21.89	10.77	3.92

图 1-2　2020 年和 2021 年二手车细分车型交易量（单位：万辆）

2020 年和 2021 年新能源二手车的价格分析如图 1-3 所示，2021 年价格在 3 万元以下的新能源二手车占比 28.03%，同比下降 4.61%。价格为 3 万～5 万元的占比 22.98%，同比下降 6.48%。价格为 5 万～8 万元的占比 16.81%，同比下降 0.89%。价格为 8 万～12 万元的占比 14.19%，同比增长 2.31%。价格为 12 万～15 万元的占比 6.06%，同比增长 1.64%。价格为 15 万～30 万元的占比 6.99%，同比增长 4.73%。30 万元以上的占比 4.94%，同比增长 3.29%。

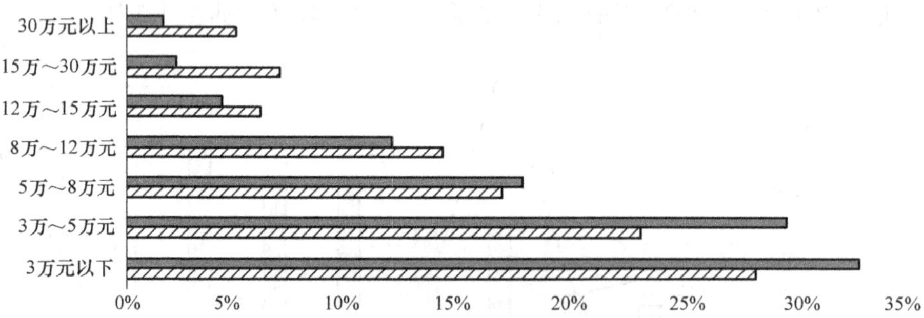

	3万元以下	3万～5万元	5万～8万元	8万～12万元	12万～15万元	15万～30万元	30万元以上
2020	32.64%	29.46%	17.70%	11.88%	4.41%	2.26%	1.65%
2021	28.03%	22.98%	16.81%	14.19%	6.06%	6.99%	4.94%

图 1-3　2020 年和 2021 年新能源二手车价格分析

2020 年和 2021 年新能源二手车使用年限分析如图 1-4 所示，2021 年使用年限在 2 年以下的占比 22.6%，同比下降 11.8%。使用年限为 2～4 年的占比 40.4%，同比下降 10.1%。使用年限为 4～6 年的占比 30.7%，同比增长 17.7%。使用年限为 6 年以上的占比 6.2%，同比增长 4.1%。

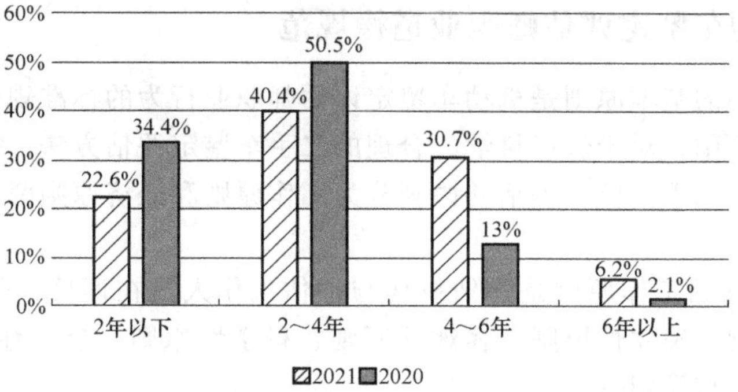

图 1-4　2020 年和 2021 年新能源二手车使用年限分析

任务二　了解机动车鉴定评估师职业规范

根据《机动车鉴定评估师》职业技能标准的职业定义，鉴定估价师（机动车鉴定评估师）是指从事机动车技术状况鉴定和价值评估、机动车质量与技术鉴定等工作的人员。我国的二手车鉴定评估不再局限于二手车产权交易，已经扩展到二手车的纳税、保险、抵押、典当、司法鉴定等非产权交易，因而二手车评估的外延大大扩张，人才需求也日益膨胀。随着换车时代的到来，机动车鉴定评估师在未来将成为非常具有潜力的朝阳职业。

一、了解就业准入制度

国家相关部委规定，为提高机动车鉴定估价人员的素质，统一鉴定估价职业标准，规范机动车鉴定估价行为，对机动车鉴定估价人员进行职业技能鉴定，实行职业资格证书制度。根据《中华人民共和国劳动法》，从事资产价值鉴定职业的，必须持有国家劳动部门颁发的职业资格证书。机动车鉴定评估师就是在这样的时代背景下，依据国家劳动法律法规、相关管理条例和政策而推出的，旨在推动二手车市场规范经营、健康发展的职业资格考评体系。

我国从 1999 年开始机动车鉴定估价师职业资格证书培训工作，《机动车鉴定估价师国家职业标准》。为了顺应二手车评估行业的快速发展，2017 年《二手车流通管理办法》实施，进一步加强了对二手车流通工作的规范化管理。《二手车流通管理办法》规范了二手车的评估鉴定工作，还对机动车鉴定评估师实行了职业资格制度。从事二手车鉴定评估经营活动的人员必须通过统一等级考试，取得人力资源和社会保障部门颁发的机动车鉴定评估师等级职业资格证书。未取得机动车鉴定评估师等级职业资格证书的人员不得从事二手车鉴定评估经营活动。

二手车鉴定评估机构必须具有规范的名称、组织机构、固定场所和章程，遵守国家有关法律、法规及行规行约，客观公正地开展二手车鉴定评估业务。在经营场所明显位置悬挂二手车鉴定评估机构核准证书和营业执照等证照，张贴二手车鉴定评估流程和收费标准。二手车鉴定评估人员应严格遵守职业道德、职业操守和执业规范。开展二手车鉴定评估活动应坚持客观、独立、公正、科学的原则，按照关联回避原则，回避与本机构、评估人有关联的当事人委托的鉴定评估业务。建立内部培训考核制度，保证鉴定评估人员职业素质和鉴定评估工作质量。建立和完善二手车鉴定评估档案制度，并根据评估对象及有关保密要求，合理确定适宜的建档内容、档案查阅范围和保管期限。

二、了解机动车鉴定评估师职业道德规范

二手车鉴定评估的基本原则是机动车鉴定评估师职业行为的标准规范。正确理解和把握二手车鉴定评估的原则，对于选择科学、合理的二手车鉴定评估方法，提高评估效率和质量具有十分重要意义。二手车鉴定评估的原则分为工作原则和经济原则两大类。

1. 工作原则

二手车鉴定评估的工作原则是评估机构与评估工作人员在评估工作中应遵循的基本原则，包括合法性原则、独立性原则、客观性原则、科学性原则、公平性原则、规范性原则、专业化原则和评估时点原则等。

（1）合法性原则　二手车鉴定评估行为必须符合国家法律、法规，必须遵循国家对机动车户籍管理、报废标准、税费征收等政策要求，这是开展二手车鉴定评估的前提。

（2）独立性原则　独立性原则一是要求二手车鉴定评估机构和工作人员应该依据国家的法规和规章制度及可靠的资料数据，对被评估的二手车价格独立地做出评估结论，且不受外界干扰和委托者的意图影响，保持独立、公正；二是评估行为对于委托当事人应具有非利害和非利益关系。评估机构必须是独立的评估中介机构，评估人员必须与评估对象的利益涉及者没有任何利益关系。决不能既从事交易服务经营，又从事交易评估。

（3）客观性原则　客观性原则要求鉴定或评估结果应以充分的事实为依据，在鉴定评估过程中的预测推理和逻辑判断等只能建立在市场和现实的基础资料以及现实的技术状况上。

（4）科学性原则　科学性原则是指二手车鉴定评估机构和人员要运用科学的方法、程序、技术标准和工作方案开展活动。即根据评估的基准日、特定目的，选择适用的方法和标准，遵循规定的程序实施操作。

（5）公平性原则　公平、公正、公开是二手车鉴定评估机构和工作人员应遵守的一项最基本的道德规范。要求鉴定评估人员应当公正无私，评估结果应该公道、合理，绝不能偏向任何一方。

（6）规范性原则　规范性原则要求鉴定评估机构建立完整、完善的管理制度，严谨的鉴定作业流程。管理上要建立回避制度、审复制度、监督制度；作业流程制度要科学、严谨。

（7）专业化原则　专业化原则要求二手车鉴定评估工作尽量由专业的鉴定评估机构来承担。同时还要求二手车鉴定评估行业内部存在专业技术竞争，以便为委托方提供广阔的选择余地，并要求鉴定评估人员接受国家专门的职业培训，职业技能鉴定合格后由国家统一颁发执业证书，持证上岗。

（8）评估时点原则　评估时点，又称评估基准日、评估期日、评估时日，是一个具体日期，通常用年、月、日表示，评估额是二手车在该日期的价格。二手车市场是不断变化的，二手车价格具有很强的时效性，它是某一时点的价格。在不同时点，同一辆二手车往往会有不同的价格。评估时点并不总是与“评估作业日期”（进行评估的日期）相一致。一般将评估人员进行实车勘察的日期定为评估时点，或因特殊需要将其他日期指定为评估时点。

2. 经济原则

二手车鉴定评估的经济原则是在二手车鉴定评估过程中进行具体技术处理的原则。它是

二手车鉴定评估原则的具体体现，是在总结二手车鉴定评估经验及市场能够接受的评估准则的基础上形成的。主要包括预期收益原则、替代原则和最佳效用原则。

（1）预期收益原则 预期收益原则是指在对营运性车辆进行评估时，车辆的价值可以不按照其过去形成的成本或购置价格决定，但必须充分考虑它在未来可能为投资者带来的经济效益。预期收益原则要求在进行评估时，必须合理预测车辆的未来获利能力及取得获利能力的有效期限。车辆的市场价格，主要取决于其未来的有用性或获利能力。未来预期收益越大，评估值越高。

（2）替代原则 替代原则是商品交换的普遍规律，即价格最低的同质商品对其他同质商品具有替代性。据此原理，二手车鉴定评估的替代原则是指在评估中，面对几个相同或相似车辆的不同价格时，应取较低者为评估值，或者说评估值不应高于替代物的价格。这一原则要求评估人员从购买者角度进行二手车鉴定评估，因为评估值应是车辆潜在购买者愿意支付的价格。

（3）最佳效用原则 最佳效用原则是指若一辆二手车同时具有多种用途，在公开市场条件下进行评估时，应按照其最佳用途来评估车辆价值。这样既可保证车辆出售方的利益，又有利于车辆的合理使用。

三、了解二手车鉴定评估师职业标准

对二手车鉴定评估师的知识技能要求很高，按照现有的职业等级可分为四个等级，分别是四级/中级工、三级/高级工、二级/技师、一级/高级技师，技能要求和相关知识要求依次递进，高级别涵盖低级别的要求。

四级：能进行手续检查并能通过简单的仪器和目测手段了解车况并定价。需要掌握汽车商品知识、如汽车分类、车辆识别代号编码、主要技术参数和性能指标、汽车构造、运用电子商务搜集各类汽车信息等；能核查车辆证件和税费，办理评估委托合同；能检测汽车技术状况，如直接观察或使用仪器检查机动车的技术状况；能进行整车技术状况和事故车辆损失评估；能进行认证和销售，如进行二手车认证和二手车销售。

三级：相比于四级，有更强的鉴定和评估能力。能掌握目前汽车新技术，能操作、调用相关软件；掌握汽车主要部件和整车技术状况，如泡水车、火烧车；能判断机动车故障，如，发动机故障、底盘故障、车身及附件故障和汽车电器及电子设备故障；能进行机动车价值估价，如停运损失评估；能进行汽车认证和评估；能进行质量与技术鉴定；能进行仪器设备管理和技能培训，如能对四级/中级工实施专业技能培训与指导。

二级：能优化评估方法和工艺；能判断机动车故障原因；能审核新能源车的价值，如整车价值、事故车价值；能制定二手车认证方案和二手车营销方案；能审核各类技术鉴定意见书，能撰写机动车事故相关技术鉴定意见书；和还拥有大批量汽车的快速评估能力。能进行管理与培训，如能编写设备操作规程、能编写技能培训教案、讲义与课件，能对三级/高级技能及以下人员实施专业技能培训与指导。

一级：相比于二级，能判断机动车综合故障诊断原因；能对机动车价值评估项目提出改进意见；能审核、撰写各项技术鉴定意见书；优化改进技术鉴定方法和工艺流程；能进行管理和培训，如排除仪器设备常见故障、能编写质量体系作业指导书、能制定技能培训方案、能对二级/技师及以下人员实施专业技能培训与指导。

二手车鉴定评估师是一项看重经验的职业，从事相关行业的人才，如汽车营销、汽车商务、市场营销、汽车运用、汽车维修与检测、汽车运用技术、汽车工程、企业管理等相关专业背景，有二手车交易、二手车拍卖、汽车贸易、汽车销售、汽车服务（提供汽车金融、汽车保险、汽车租赁及汽车市场需求信息服务）、汽车运用、汽车维修、汽车检测、汽车制造等行业从业经验的人才都可以通过培训成为机动车鉴定评估师。

任务三 了解二手车鉴定评估的基本条件

一、了解二手车鉴定评估的主体和客体

二手车鉴定评估主体是指二手车鉴定评估业务的承担者，即从事二手车鉴定评估的机构及专业评估人员。由于二手车鉴定评估直接涉及当事人双方的权益，是一项政策性、专业性都很强的工作，因此无论是对专业评估机构，还是对专业评估人员都有较高的要求。

1. 二手车鉴定评估人员

二手车鉴定评估人员的素质，对评估工作水平和评估结果的质量有至关重要的影响。合格的二手车鉴定评估人员应具有以下3个方面的素质。

（1）政策理论素质

1）有一定的政策水平，熟悉并掌握国家颁布的与二手车交易有关的政策、法规、行业管理制度及有关的技术标准。

2）有一定的资产评估业务理论水平，熟悉并掌握资产评估的基本原理和基本方法。

（2）业务素质

1）具有一定的汽车专业知识，熟悉汽车构造、汽车理论、汽车运用、汽车维修、汽车英语、汽车故障诊断、计算机操作等知识。

2）具有实际的汽车检测技能，能够借助必要的检测工具，对二手车的技术状况进行准确的判断和鉴定，具有较高的搜集、分析和运用信息资料的能力及一定的评估技巧。

3）具备经济预测、财务会计、市场金融、物价、法律等多方面的知识。

（3）思想品德素质 二手车鉴定评估人员只有具备较高的思想品德素质，才能在评估工作中自觉履行自己的职责和义务，恪守职业道德，全心全意为客户服务。

为了保证二手车鉴定评估质量，二手车鉴定评估的从业人员还需经过严格的考试或考核，取得中国汽车流通协会颁发的“二手车鉴定评估师岗位技能证书”。

2. 二手车鉴定评估机构

二手车拍卖企业（含外商投资二手车拍卖企业）的设立应当符合《中华人民共和国拍卖法》和《拍卖管理办法》有关规定，以及《拍卖管理办法》规定的程序。外商投资设立的二手车交易市场、经销企业、经纪机构、鉴定评估机构必须取得“外商投资企业批准证书”。

二手车鉴定评估的客体是指被评估的车辆。二手车鉴定评估的一个主要目的就是在二手车的交易过程中准确地确定二手车价格，并以此作为买卖成交的参考底价。根据《二手车流通管理办法》的规定，以下10种车辆不允许进行交易。

1）已报废或者达到国家强制报废标准的车辆。

2）在抵押期间或者未经海关批准交易的海关监管的车辆。

3）在人民法院、人民检察院、行政执法部门依法查封、扣押期间的车辆。

4）通过盗窃、抢劫、诈骗等违法手段获得的车辆。

5）发动机号码、车辆识别代号或者车架号码与登记号码不相符，或者有凿改迹象的车辆。

6）走私、非法拼（组）装的车辆。

7）无有效机动车安全技术检验合格标志的车辆。

8）没有办理必备证件和手续，或证件手续不齐全的车辆。

9）在本行政辖区以外的公安机关交通管理部门注册登记的车辆。

10）国家法律、行政法规禁止经营的车辆。

车辆上市交易前，必须先到公安交通管理机关申请临时检验，检验被交易车辆的车架号码和发动机号码的符号、数字及各种外文字母的全部拓印，发现有不一致或改动、凿痕、锉痕、重新打刻等人为改变或毁坏的车辆，一律扣留审查。经检验合格，在车辆行驶证上签注检验合格记录后，方可进行交易。

二、明确二手车鉴定评估的依据

1. 鉴定评估的依据

二手车鉴定评估工作和其他工作一样，在评估时必须有正确科学的依据，这样才能得出较正确的结论。二手车鉴定评估的依据是指评估工作所遵循的法律、法规、经济行为文件以及其他参考资料。一般包括行为依据、法律依据、产权依据和取价依据四部分。

（1）行为依据　行为依据是指实施二手车鉴定评估行业的依据。一般包括经济行为成立的有关决议文件以及评估当事方的评估业务委托书。

（2）法律依据　法律依据是指二手车鉴定评估所遵循的法律法规，主要包括：

1）《国家资产评估管理办法》。

2）《国有资产评估管理办法施行细则》。

3）《机动车登记规定》。

4）《机动车强制报废标准规定》。

5）《汽车产业发展政策》。

6）《报废机动车回收管理办法》。

7）《二手车流通管理办法》。

8）《汽车贸易政策》。

9）《机动车运行安全技术条件》。

10）《汽车金融公司管理办法实施细则》。

11）其他方面的政策法规。

（3）产权依据　产权依据是指表明机动车权属证明的文件，其主要包括：

1）机动车登记证书。

2）机动车行驶证。

3）出租汽车营运证。

4）道路运输经营许可证等。

（4）取价依据　取价依据是指实施二手车鉴定评估的机构或人员，在评估工作中直接或间接取得或使用对二手车鉴定评估有借鉴或佐证作用的资料。主要包括价格资料和技术资料。

价格资料包括新旧车辆整车销售价格、易损零部件价格、车辆精品装备价格、维修工时定额和维修价格资料；国家税费征收标准、车辆价格指数变化、各品牌车型残值率等资料。

技术资料包括机动车的技术参数，新产品、新技术、新结构的变化；车辆故障的表面现象与差别；车辆维修工艺及国家有关技术标准等资料。

三、掌握影响二手车鉴定评估的因素

在进行二手车鉴定评估过程中，受很多因素的影响，其中主要有以下几个因素：

1）车辆自身的车况好坏、有无大伤、日常的维护情况、车辆使用年限、车辆行驶里程等起决定性作用的因素。

2）车辆的手续是否齐全以及车辆的使用性质。如果被评估车辆不能过户或者为营转非车辆，则评估的价格肯定较低；反之，手续齐全、私有自用的车辆，评估的价格肯定较高。若车辆的登记证书、行驶证、年检、保险、购车原始发票等证件缺失，都将影响车辆的评估价格。

3）车辆的品牌、市场保有量、质量口碑、新车价格以及售后服务及维修配件等会影响二手车价格。在二手车评估中，新车降价间接折旧损失明显，新车型的不断推出以及汽车品牌之间的激烈竞争使得很多车型的价格不断缩水，因此购买新车时，建议选择品牌信誉度高、性价比合理、价格相对稳定的车型。

4）同品牌车型的市场供求变化及新车是否供大于求，也会影响二手车的价格。

5）车辆的残值。影响二手车残值的因素有以下几个：

① 汽车品牌、车辆品质、车辆认知度、后市场延续，以及车辆更新换代的频率和速度等，都是影响车辆残值的因素。

② 车辆使用时间、行驶里程、驾驶习惯、维护水平以及车辆是否发生过重大事故等，都是评估一辆车价值的重要因素。其中，车况是确定汽车残值的决定性因素之一。

③ 使用时间相同的车辆根据不同的使用性能，价格会相差很多。如果车辆的车架、底盘、发动机存在比较大的修理痕迹和事故痕迹，那么车辆本身的残值会大大降低。但是像轮胎磨损等问题对车辆残值影响不大。

6）政策变化。二手车评估政策的变化会影响二手车整体的价格。政府对车辆环保、安全等方面的要求逐渐严格，这将持续影响二手车的价格走向。在出售二手车时一定要考虑政策的影响，尽量在政策变化之前出售车辆。

7）后续成本。二手车评估的后续成本不可忽视。除了新车降价的因素，还有一个因素往往被消费者忽略，那就是车辆后续使用成本，比如进口车相对国产车贬值略高，究其原因是车辆的零配件以及维护费用较高，保险费用也较高，购买人群相对狭窄造成折旧较快。

8）汽车故障。汽车在使用过程中不可避免会出现各种各样的故障，汽车的故障影响汽车的技术状况，维修又需要成本，所以研究汽车故障的目的是通过分析汽车故障对被评估车辆状况的影响，从而确定影响汽车评估价格的维修费用，即对汽车评估价格的影响。汽车故障对汽车评估价格有很大影响，而且故障的部位和故障的性质将在很大程度上决定汽车评估价格的水平。

任务四　了解汽车的分类及性能指标

一、了解汽车的分类及编码规则

公安部发布的 GA 802—2019《道路交通管理　机动车类型》，对机动车分类从规格术语、结构术语、使用性质术语和车辆类型四个方面作出明确的规定。机动车行驶证等证件上的车辆类型要求按照 GA 802—2019 所对应的机动车“规格术语+结构术语”签注。

车辆类型根据机动车规格分类和机动车结构分类相加确定，规格分类在前，结构分类在后，如“大型普通客车”“中型罐式货车”“重型非载货专项作业车”“重型集装箱半挂车”“普通二轮摩托车”等。但低速货车的结构分类在前，规格分类在后，如“栏板低速货车”“厢式低速货车”“罐式低速货车”等。

1. 按机动车规格分类

机动车规格分类见表 1-1。

表 1-1　机动车规格分类

分类			说明③
汽车	载客汽车①	大型	车长大于或等于 6000mm 或者乘坐人数大于或等于 20 人的载客汽车
		中型	车长小于 6000mm 且乘坐人数为 10~19 人的载客汽车
		小型	车长小于 6000mm 且乘坐人数小于或等于 9 人的载客汽车，但不包括微型载客汽车
		微型	车长小于或等于 3500mm 且内燃机气缸总排量小于或等于 1000mL（对纯电动汽车为驱动电机总峰值功率小于或等于 15kW）的载客汽车
	载货汽车	重型	总质量大于或等于 12000kg 的载货汽车
		中型	车长大于或等于 6000mm 的载货汽车，或者总质量大于或等于 4500kg 且小于 12000kg 的载货汽车；但不包括重型载货汽车和低速货车
		轻型	车长小于 6000mm 且总质量小于 4500kg 的载货汽车，但不包括微型载货汽车和低速汽车（三轮汽车和低速货车的总称）
		微型	车长小于或等于 3500mm 且总质量小于或等于 1800kg 的载货汽车，但不包括低速汽车
		三轮（三轮汽车）	以柴油机为动力，最大设计车速小于或等于 50km/h，总质量小于或等于 2000kg，长小于或等于 4600mm，宽小于或等于 1600mm，高小于或等于 2000mm，具有三个车轮的货车。其中，采用方向盘转向、由传动轴传递动力、有驾驶室且驾驶人座椅后有物品放置空间的，总质量小于或等于 3000kg，车长小于或等于 5200mm，宽小于或等于 1800mm，高小于或等于 2200mm。三轮汽车不应具有专项作业的功能
		低速（低速货车）	以柴油机为动力，最大设计车速小于 70km/h，总质量小于或等于 4500kg，长小于或等于 6000mm，宽小于或等于 2000mm，高小于或等于 2500mm，具有四个车轮的货车。低速货车不应具有专项作业的功能
	专项作业车		专项作业车是指装置有专用设备或器具，在设计和制造上用于工程专项（包括卫生医疗）作业的汽车，如汽车起重机、消防车、混凝土泵车、清障车、高空作业车、扫路车、吸污车、钻机车、仪器车、检测车、监测车、电源车、通信车、电视车、采血车、医疗车、体检医疗车等，但不包括装置有专用设备或器具而座位数（包括驾驶人座位）超过 9 个的汽车（消防车除外）。专项作业车的规格分为重型、中型、轻型、微型，具体按照载货汽车的相关规定确定

（续）

分类		说明③
有轨电车		有轨电车的规格按照载客汽车的相关规定确定
摩托车	普通	最大设计车速大于50km/h或者内燃机气缸总排量大于50mL或者电机额定功率总和大于4kW的摩托车
	轻便	最大设计车速小于或等于50km/h，且满足以下两个条件之一的摩托车：1）若使用内燃机驱动，内燃机气缸总排量小于或等于50mL；2）若使用电驱动，电机额定功率总和小于或等于4kW
挂车②	重型	总质量大于或等于12000kg的挂车
	中型	总质量大于或等于4500kg且小于12000kg的挂车
	轻型	总质量大于或等于750kg且小于4500kg的挂车
	微型	总质量小于750kg的挂车

① 对《道路机动车辆生产企业及产品公告》（以下简称《公告》）记载的乘坐人数为区间的国产载客汽车（包括以载运人员为主要目的的专用汽车），以《公告》上记载的乘坐人数上限确定其规格；对进口载客汽车，按实际核定的乘坐人数确定其规格。乘坐人数包括驾驶人。

② 不适用于设计和制造上需由拖拉机牵引的挂车。

③ 机动车实车的车长与《公告》或者其他技术资料记载的机动车车长的公差符合相关管理规定且不超限时，以《公告》或者其他技术资料记载的机动车车长确定其规格。

2. 按机动车结构分类

机动车结构分类见表1-2。

表1-2 机动车结构分类

分类			说明
汽车	载客汽车	普通客车①	单层地板，一厢或两厢式结构，安装座椅的载客汽车，但不包括轿车、面包车、越野客车
		双层客车	车身为长方体或近似长方体，双层地板，一厢或两厢式结构，安装座椅的载客汽车
		卧铺客车	车身为长方体或近似长方体，单层地板，一厢或两厢式结构，安装卧铺的载客汽车
		铰接客车	车身为长方体或近似长方体，由铰接装置连接两个车厢且连通，安装座椅的载客汽车
		轿车	车身结构为两厢式且乘坐人数小于或等于5人，或者车身结构为三厢式且乘坐人数小于或等于9人，安装座椅的载客汽车
		面包车	平头或短头车身结构，单层地板，发动机中置（指发动机缸体整体位于汽车前后轴之间的布置形式），宽高比（指整车车宽与车高的比值）小于或等于0.90，乘坐人数小于或等于9人，安装座椅的载客汽车
		旅居车	装备有睡具（可由桌椅转换而来）及其他必要的生活设施、用于旅行宿营的汽车
		专用校车	设计和制造上专门用于运送3周岁以上学龄前幼儿或义务教育阶段学生的载客汽车
		专用客车①	设计和制造上用于载运特定人员并完成特定功能的载客汽车，包括囚车、殡仪车、救护车、由载客汽车整车或底盘改装的运钞车，以及载客汽车类教练车等由载客汽车整车或底盘、封闭式货车改装但不属于专项作业车的专用汽车，也包括不属于专项作业车的其他乘坐人数大于6人的专用汽车（如电力工程车），但不包括专用校车
		无轨电车②	以电机驱动，与电力线相连，具有四个或四个以上车轮的非轨道承载道路车辆
		越野客车①,②	车身结构为一厢式或者两厢式，所有车轮能够同时驱动，接近角、离去角、纵向通过角、最小离地间隙等技术参数按照高通过性设计的载客汽车

（续）

分类			说明
汽车	载货汽车[3]	栏板货车	载货部位的结构为栏板的载货汽车，包括具有随车起重装置的栏板载货汽车，但不包括多用途货车、具有自动倾卸装置的载货汽车
		多用途货车	具有长头车身和驾驶室结构、核定乘坐人数小于或等于 5 人（含驾驶人）、驾驶室高度小于或等于 2100mm、货箱栏板（货厢）上端离地高度小于或等于 1500mm、最大设计总质量小于或等于 3500kg 的载货汽车
		厢式货车	载货部位的结构为厢体且与驾驶室各自独立的载货汽车；除翼开式车辆外，厢体的顶部应封闭、不可开启
		仓栅式货车	载货部位的结构为仓笼式或栅栏式且与驾驶室各自独立的载货汽车；载货部位的顶部应安装有与侧面栅栏固定的、不能拆卸和调整的顶棚杆，且不应具有（货箱）液压举升机构
		封闭式货车	载货部位的结构为封闭厢体且与驾驶室联成一体，车身结构为一厢式或两厢式的载货汽车
		罐式货车	载货部位的结构为封闭罐体的载货汽车
		平板货车	载货部位的地板为平板结构且无栏板、无锁具、无孔洞等固定货箱（货厢）装置的载货汽车
		集装箱车	载货部位为骨架结构且无地板，专门运输集装箱（包括罐式集装箱，下同）的载货汽车
		车辆运输车	载货部位经过特殊设计和制造，专门用于运输商品车的载货汽车
		特殊结构货车	专门运输特定物品、载货部位为特殊结构的载货汽车，包括未固定安装专用货箱的专用汽车，但不包括车辆运输车，如：混凝土搅拌运输车、车厢可卸式垃圾车、气瓶运输车
		自卸货车[4]	载货部位的结构为栏板且具有自动倾卸装置的载货汽车
		专门用途货车	由非封闭式货车改装的，虽装置有专用设备或器具，但不属于专项作业车的汽车，如：工具车、货车类教练车
		半挂牵引车	装备有特殊装置用于牵引半挂车的汽车
		全挂牵引车	专门用于牵引全挂车的汽车
	专项作业车	非载货专项作业车	无载货功能的专项作业车，即不具有载货结构，或者虽具有载货结构但核定载质量（或托举质量）小于 1000kg 的专项作业车
		载货专项作业车	有载货功能的专项作业车，即核定载质量（或托举质量）大于或等于 1000kg 的专项作业车
摩托车	二轮摩托车		装有两个车轮、且两个车轮均在纵向中心平面上的摩托车
	正三轮载客摩托车		装有三个车轮，其中一个车轮在纵向中心平面上，另外两个车轮与纵向中心平面对称布置，不具有载货装置的摩托车
	正三轮载货摩托车		装有与前轮对称分布的两个后轮，具有载货装置的摩托车
	侧三轮摩托车		在二轮摩托车的右侧装有边车的摩托车
全挂车	栏板全挂车		载货部位为栏板结构的全挂车，但不包括具有自卸装置的情形
	厢式全挂车		载货部位为封闭厢体结构的全挂车；除翼开式车辆外，厢体的顶部应封闭、不可开启
	仓栅式全挂车		载货部位的结构为仓笼式或栅栏式的全挂车；载货部位的顶部安装有与侧面栅栏固定的、不能拆卸和调整的顶棚杆，且不应具有（货箱）液压举升机构
	罐式全挂车		载货部位为封闭罐体结构的全挂车
	平板全挂车		载货部位的地板为平板结构且无栏板、无锁具、无孔洞等固定货箱（货厢）装置的全挂车

（续）

分类		说明
全挂车	集装箱全挂车	载货部位为骨架结构且无地板，专门运输集装箱的全挂车
	自卸全挂车④	载货部位的结构为栏板且具有自动倾卸装置的全挂车
	特殊用途全挂车	装置有专用设备或器具，用于专项作业或其他特殊用途的非载运货物的全挂车
中置轴挂车	中置轴旅居挂车	装备有必要的生活设施，用于旅游和野外工作人员宿营的中置轴挂车
	中置轴车辆运输挂车	设计和制造上专门用于运输商品车的框架式中置轴挂车
	中置轴普通挂车	中置轴旅居挂车和中置轴车辆运输车以外的其他中置轴挂车
半挂车	栏板半挂车	载货部位为栏板结构的半挂车，但不包括具有自卸装置的情形
	厢式半挂车	载货部位为封闭厢体结构的半挂车；除翼开式车辆外，厢体的顶部应封闭、不可开启
	仓栅式半挂车	载货部位的结构为仓笼式或栅栏式的半挂车；载货部位的顶部应安装有与侧面栅栏固定的、不能拆卸和调整的顶棚杆，且不应具有（货箱）液压举升机构
	罐式半挂车	载货部位为封闭罐体结构的半挂车
	平板半挂车	载货部位的地板为平板结构且无栏板、无锁具、无孔洞等固定货箱（货厢）装置的半挂车
	集装箱半挂车	载货部位为骨架结构且无地板，专门运输集装箱的半挂车
	自卸半挂车④	载货部位的结构为栏板且具有自动倾卸装置的半挂车
	低平板半挂车	采用低货台（货台承载面离地高度不大于1150mm）、轮胎名义断面宽度不超过245mm（公制）或者8.25英寸（英制）、与牵引车的连接为鹅颈式（连接部位不应具有载运货物的功能），用于运输不可拆解大型物体的半挂车
	车辆运输半挂车	载货部位经过特殊设计和制造，专门用于运输商品车的半挂车
	特殊结构半挂车	载货部位为特殊结构，专门运输特定物品的半挂车，但不包括车辆运输半挂车
	旅居半挂车	装备有必要的生活设施，用于旅游和野外工作人员宿营的半挂车
	专门用途半挂车	装备有专用设备或器具，但不属于专项作业半挂车的半挂车
	专项作业半挂车	装置有专用设备或器具，用于专项作业的半挂车
轮式专用机械车	轮式装载机械	具有装卸设备的轮胎式自行机械
	轮式挖掘机械	具有挖掘设备的轮胎式自行机械
	轮式平地机械	具有平地设备的轮胎式自行机械

① 普通客车、专用客车和越野客车中的“客车”为“载客汽车”的缩写，包括乘坐人数小于或等于9人的情形。

② 符合无轨电车或越野客车结构特征的汽车，即使同时符合其他客车结构特征，也应确定为无轨电车或越野客车；同时符合两者结构特征的汽车，应确定为无轨电车。

③ 邮政车、冷藏车、保温车等以载运货物为主要目的的专用汽车，以及非客车整车或底盘改装的运钞车，根据其载货部位的结构特征确定为相对应的载货汽车。

④ 货车、挂车的载货部位为非栏板结构时，若载货部位具有自动倾卸装置，结构确定为“载货部位的结构特征+自卸”，如“罐式自卸”“平板自卸”；自卸式车辆如设计和制造上有可开启的顶盖时，不应视为违反标准规定。

3. 按机动车使用性质分类

机动车按使用性质分为营运、非营运和运送学生。营运机动车是指个人或者单位以获取利润为目的而使用的机动车；非营运机动车是指个人或者单位不以获取利润为目的而使用的机动车；运送学生机动车是指用于有组织地接送3周岁以上学龄前幼儿或义务教育阶段学生上下学的7座及7座以上的载客汽车，即校车。机动车使用性质细类见表1-3。

表 1-3　机动车使用性质细类

分类		说明①,②
营运	公路客运	专门从事公路旅客运输的客车和乘用车
	公交客运	城市内专门从事公共交通客运的客车
	出租客运	以行驶里程和时间计费，将乘员运载至其指定地点的客车和乘用车
	旅游客运	专门运载游客的客车和乘用车
	租赁	专门租赁给其他单位或者个人自行使用，不随车配备驾驶劳务、以租用时间或者租用里程计费的机动车
	教练	专门从事驾驶技能培训的机动车
	货运	专门从事货物（危险货物除外）运输的货车、挂车
	危化品运输	专门用于运输剧毒化学品、爆炸品、放射性物品、腐蚀性物品等危险货物的货车、挂车
非营运	警用	公安机关、国家安全机关、司法行政系统（包括监狱、戒毒管理机关和司法局）和人民法院、人民检察院用于执行紧急职务的机动车
	消防	用于灭火的专用机动车和现场指挥机动车
	救护	急救、医疗机构和卫生防疫等部门用于抢救危重病人或处理紧急疫情的专用机动车
	工程救险	防汛、水利、电力、矿山、城建、交通、铁道等部门用于抢修公用设施、抢救人民生命财产的专用机动车和现场指挥机动车
	营转非	原为营运机动车（出租客运汽车除外），现改为非营运机动车
	出租转非	原为出租客运汽车，现改为非营运汽车，不再用作出租客运汽车
运送学生	运送幼儿（幼儿校车）	用于有组织地接送 3 周岁以上学龄前幼儿上下学的 7 座及 7 座以上载客汽车
	运送小学生（小学生校车）	用于有组织地接送小学生上下学的 7 座及 7 座以上载客汽车
	运送中小学生（中小学生校车）	用于有组织地接送义务教育阶段学生（小学生和初中生）上下学的 7 座及 7 座以上载客汽车
	运送初中生（初中生校车）	用于有组织地接送初中生上下学的 7 座及 7 座以上载客汽车

① 经出租汽车行政主管部门审核确认、用于网约车经营服务的 7 座及 7 座以下的乘用车为预约出租客运汽车；预约出租客运汽车退出网约车经营服务，转为非营运汽车的，为预约出租转非汽车。

② 非营运机动车没有对应细类的，使用性质确定为"非营运"。除使用性质确定为"非营运""营转非""出租转非""预约出租转非"以外的机动车，为生产经营性车辆。

4. 国产汽车型号的编制规则

（1）汽车产品型号的构成　汽车产品型号由企业名称代号、车辆类别代号、主参数代号、产品序号等组成。图 1-5 为汽车产品型号构成。

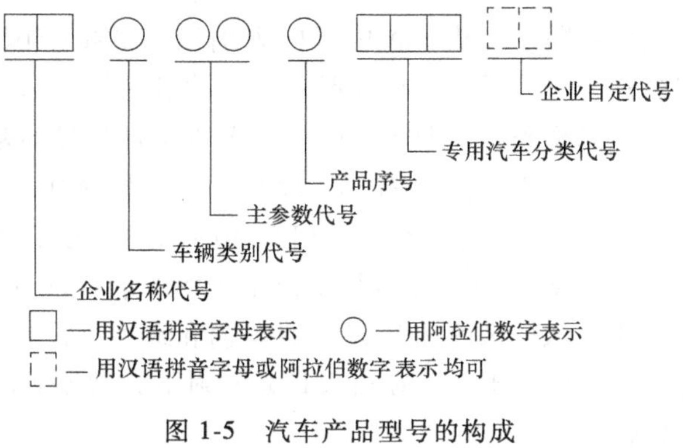

图 1-5　汽车产品型号的构成

（2）基本内容

1）企业名称代号。企业名称代号位于产品型号的第一部分，用代表企业名称的两个或 3 个汉语拼音字母表示。为了避免与数字混淆，不应采用汉语拼音字母中的“I”和“O”。

2）车辆类别代号。各类汽车的车辆类别代号位于产品型号的第二部分，用一位阿拉伯数字表示，详见表1-4。

表1-4　车辆类别代号

车辆类别代号	车辆种类	车辆类别代号	车辆种类	车辆类别代号	车辆种类
1	载货汽车	4	牵引汽车	7	轿车
2	越野汽车	5	专用汽车	8	—
3	自卸汽车	6	客车	9	挂车及专业半挂车

3）主参数代号。

① 主参数的数值修约按《数值修约规则》的规定。

② 载货汽车、越野汽车、自卸汽车、牵引汽车、专用汽车与半挂车的主参数代号为车辆的总质量（t）。

③ 客车及客车半挂车的主参数代号为车辆长度（m）。

④ 轿车的主参数代号为发动机排量（L）。

4）产品序号。各类汽车的产品序号位于产品型号的第四部分，用阿拉伯数字表示，依次使用0、1、2……

5）专用汽车分类代号。专用汽车分类代号位于产品型号的第五部分，用反映车辆结构和用途特征的3个汉语拼音表示。

6）企业自定代号。企业自定代号位于产品型号的最后部分，在同一种汽车结构略有变化而需要区别时使用。例如：

EQ1141：EQ代表生产企业名称为中国第二汽车制造厂，第一个1代表汽车类型为载货汽车，后面的14代表主参数为总质量14t，最后的1代表生产序号为1。

XMQ6122：XMQ代表厦门金龙旅行车制造有限公司，6代表汽车类型为客车，12代表主参数为车长12m，最后的2代表生产序号为2。

5. 车辆识别代号

（1）车辆识别代号（VIN）编码规则　现在世界各国汽车公司生产的汽车大部分使用了车辆识别代号（Vehicle Identification Number，VIN）。车辆识别代号由一组字母和阿拉伯数字组成，共17位，又称17位识别代号编码。

VIN是识别一辆汽车不可缺少的工具，每位代号代表着汽车的某一方面信息参数。按照识别代号顺序，从VIN中可以识别该车的生产国别、制造公司或生产厂家、车的类型、品牌名称、车型系列、车身形式、发动机型号、车型年款、安全防护装置型号、检验数字、装配工厂名称和出厂顺序号码等。车辆识别代号的基本要求如下：

① 每一辆汽车、挂车、摩托车和轻便摩托车都必须具有车辆识别代号。

② 在30年内生产的任何车辆的识别代号不得相同。

③ 车辆识别代号应尽量位于车辆的前半部分，易于看到且能防止磨损或替换的部位。

④ 9人座或9人座以下的车辆和最大总质量小于或等于3.5t的载货汽车的车辆识别代号应位于仪表板上，在白天日光照射下，观察者不需移动任一部件，从车外即可分辨出车辆识别代号。

⑤ 车辆识别代号的字码在任何情况下都应是字迹清楚、坚固耐久和不易替换的。车辆识别代号的字码高度，若直接打刻在汽车和挂车（车架、车身等部件）上，至少应为7mm高；其他情况至少应为4mm高。

⑥ 车辆识别代号仅能采用下列阿拉伯数字和大写字母：

1 2 3 4 5 6 7 8 9 0 A B C D E F G H J K L M N P R S T U V W X Y Z（字母“I”“O”和“Q”不能使用）

⑦ 车辆识别代号在文件上表示时应写成一行，且不要空格，打印在车辆或车辆标牌上时也应标示在一行。特殊情况下，由于技术上的原因必须标示在两行上时，两行之间不应有间隙，每行的开始与终止处应选用一个分隔符表示。分隔符必须是不同于车辆识别代号所用的任何字码，且不易与车辆识别代号中的字码混淆的其他符号。

（2）基本内容　车辆识别代号由3部分组成（图1-6）：第一部分，世界制造厂识别代号（WMI）；第二部分，车辆说明部分（VDS）；第三部分，车辆指示部分（VIS）。

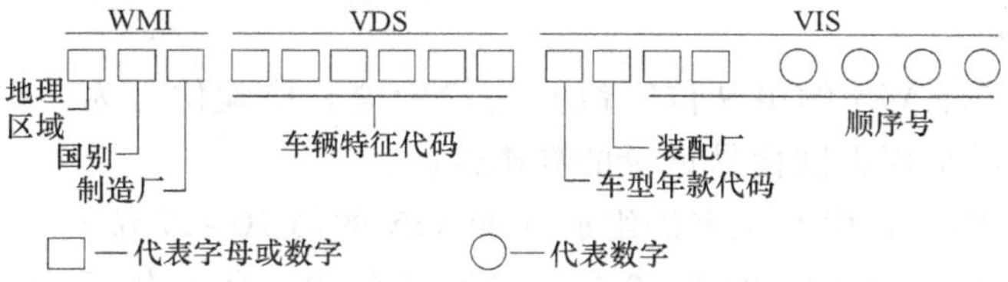

图1-6　车辆识别代号（VIN）

1）第一部分（WMI）。车辆制造厂应向授权机构申请WMI，经批准、备案后方可在车辆上使用。进口车辆制造厂应向授权机构备案进口车辆产品使用的WMI。

第1位是由国际代理机构分配的、用以标明一个地理区域的字母或数字字码，根据预期的需求，可以为一个地理区域分配一个或多个字码。

第2位是由国际代理机构分配的、用以标明一个特定地理区域内的一个国家或地区的字母或数字字码，根据预期的需求，可以为一个国家或地区分配一个或多个字码。

通过第1位和第2位字码的组合使用可以确保对某个国家或地区的唯一识别。国际代理机构已经为每一个国家分配了第1位及第2位字码的组合，其中分配给中国的字码组合为L0~L9、LA~LZ、H0~H9、HA~HZ。

第3位是由授权机构分配、用以标明特定车辆制造厂的字母或者数字字码。

通过第1位、第2位和第3位字码的组合使用可以确保对车辆制造厂的唯一识别。

2）第二部分（VDS）。由六位字码组成（即VIN的第4~9位）。如果车辆制造厂不使用其中的一位或几位字码，应在该位置填入车辆制造厂选定的字母或数字占位。

VDS第1~5位（即VIN的第4~8位）应对车型特征进行描述，其代码及顺序由车辆制造厂决定。VDS可从以下方面对车型特征进行描述：

① 车辆类型。

② 车辆结构特征（如车身类型、驾驶室类型、货箱类型、驱动类型、轴数及布置方式等）。

③ 车辆装置特征（如约束系统类型、发动机特征、变速器类型、悬架类型、制动形式等）。

④ 车辆技术特性参数（如车辆最大总质量、车辆长度、轴距、座位数等）。

对于不同类型的车辆，在 VDS 中描述的车型特征应包括表 1-5 中规定的内容。

表 1-5 VDS 中描述的车型特征

车辆类型	车型特征
乘用车	车身类型、发动机特征①
载货车(含牵引车)	车身类型、车辆最大总质量、发动机特征①
客车	车辆长度、发动机特征①
挂车	车身类型、车辆最大总质量
摩托车和轻便摩托车	车辆类型、发动机特征①
非完整车辆	车身类型②、车辆最大总质量②、发动机特征③

① 发动机特征至少应包括对燃油类型、排量和/或功率的描述。

② 用于制造成为货车的非完整车辆的描述项目。

③ 用于制造成为客车的非完整车辆的描述项目，此时发动机特征至少应包括对燃油类型、发动机布置形式、排量和/或功率的描述。

VDS 的第 6 位（即 VIN 的第 9 位字码）为检验位。检验位可为“0~9”中任一数字或字母“X”，用以核对车辆识别代号记录的准确性。

3）第三部分（VIS）。由八位字码组成（即 VIN 的第 10~17 位）。

VIS 的第 1 位字码（即 VIN 的第 10 位）应代表年份。年份代码按表 1-6 规定使用（30 年循环一次）。

表 1-6 车型年份代码

年份	代码	年份	代码	年份	代码	年份	代码
2001	1	2011	B	2021	M	2031	1
2002	2	2012	C	2022	N	2032	2
2003	3	2013	D	2023	P	2033	3
2004	4	2014	E	2024	R	2034	4
2005	5	2015	F	2025	S	2035	5
2006	6	2016	G	2026	T	2036	6
2007	7	2017	H	2027	V	2037	7
2008	8	2018	J	2028	W	2038	8
2009	9	2019	K	2029	X	2039	9
2010	A	2020	L	2030	Y	2040	A

VIS 的第 2 位字码（即 VIN 的第 11 位）应代表装配厂。

如果车辆制造厂生产的完整车辆和/或非完整车辆年产量≥500 辆，则 VIS 的第 3~8 位字码（即 VIN 的第 12~17 位）用来表示生产顺序号。如果车辆制造厂生产的完整车辆和/或非完整车辆年产量<500 辆，则此部分的第 3~5 位字码（即 VIN 的第 12~14 位）应与第一部分（WMI）一同表示一个车辆制造厂，第 6~8 位字码（即 VIN 的第 15~17 位）用来表示生产顺序号。

二、掌握汽车技术参数和性能指标

汽车的主要技术参数如下。

1. 尺寸参数

（1）车长　车长是指垂直于车辆纵向对称平面，并分别抵靠在汽车前、后最外端突出部位的两垂面之间的距离，如图 1-7 所示。

《汽车、挂车及汽车列车外廓尺寸、轴荷及质量限值》（GB 1589—2016）及《机动车运行安全技术条件》（GB 7258—2017）均规定了我国道路车辆的汽车总长极限尺寸。

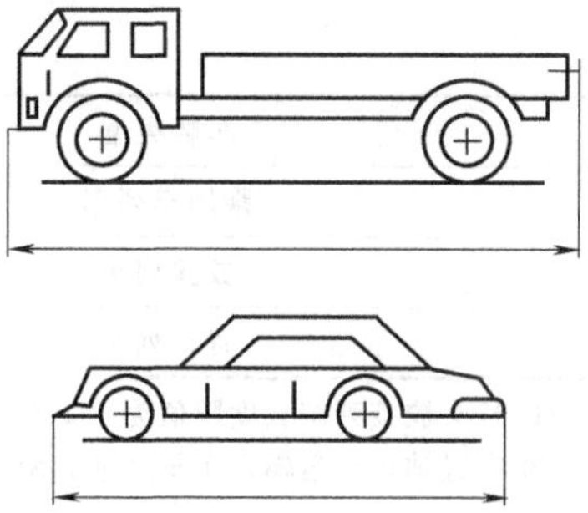

图 1-7　车长

1）三轮汽车。车长限值为 4600mm，当采用转向盘转向、由传动轴传递动力、具有驾驶室且驾驶人座椅后设计有物品放置空间时，车长限值为 5200mm。

2）货车及半挂牵引车。车长限值不适用于不以运输为目的的专用作业车；设计总质量不超过 26000kg 的汽车起重机的车长限值为 13000mm。栏板式、仓栅式、平板式、自卸式货车及其半挂车外廓尺寸应不超过表 1-7 规定最大限值。

表 1-7　栏板式、仓栅式、平板式、自卸式货车及其半挂车外廓尺寸的最大限值

二轴	最大设计总质量≤3500kg	6000mm
	最大设计总质量>3500kg，且≤8000kg	7000mm①
	最大设计总质量>8000kg，且≤12000kg	8000mm①
	最大设计总质量>12000kg	9000mm①
三轴	最大设计总质量≤20000kg	11000mm
	最大设计总质量>20000kg	12000mm
四轴	双转向轴的四轴汽车	12000mm

① 当货箱与驾驶室分离，且货箱为整体封闭式，车长限值增加 1000mm。

3）乘用车及客车。乘用车及客车车长限值见表 1-8。

表 1-8　乘用车及客车车长限值

车辆类型	长度/mm
乘用车及二轴客车	12000
三轴客车	13700
单铰接客车	18000

4）挂车。挂车车长限值见表 1-9。

5）汽车列车。汽车列车车长限值见表 1-10。

表 1-9　挂车车长限值

车辆类型	长度/mm
半挂车	13750①
中置轴、牵引杆挂车	12000②

① 运送 45ft 集装箱的半挂车长度最大限值为 13950mm。

② 车厢长度限值为 8000mm（中置轴车辆运输挂车除外）。

表 1-10　汽车列车车长限值

车辆类型	车长/mm
乘用车列车	14500
铰接列车	17100①
货车列车	20000②

① 长头铰接列车长度限值为 18100mm。

② 中置轴车辆运输列车长度最大限值为 22000mm。

（2）车宽　车宽是指平行于车辆纵向对称平面，并分别抵靠车辆两侧固定突出部位（除后视镜、侧面标志灯、转向指示灯、挠性挡泥板、折叠式踏板、防滑链及轮胎与地面接触部分的变形外）的两平面之间的距离，如图 1-8 所示。

1）三轮汽车车宽限值为 1600mm。

2）最高设计车速小于 70km/h 的四轮货车，车宽限值为 2000mm。

3）其他车宽限值为 2550mm。

（3）车高　车高是指车辆没有装载且处于可运行状态时，车辆支承平面与车辆最高突出部位相抵靠的水平面之间的距离，如图 1-9 所示。

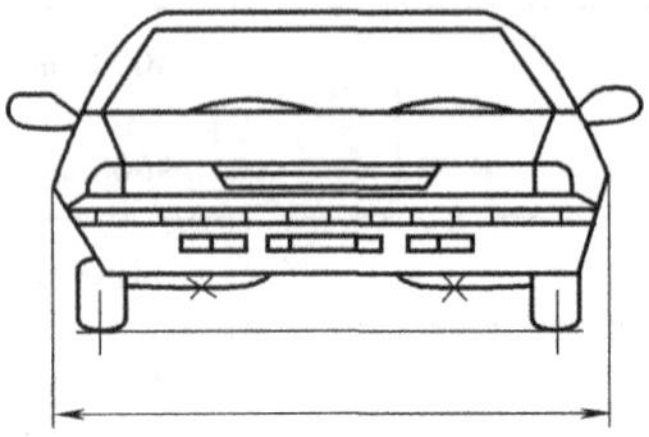

图 1-8　车宽

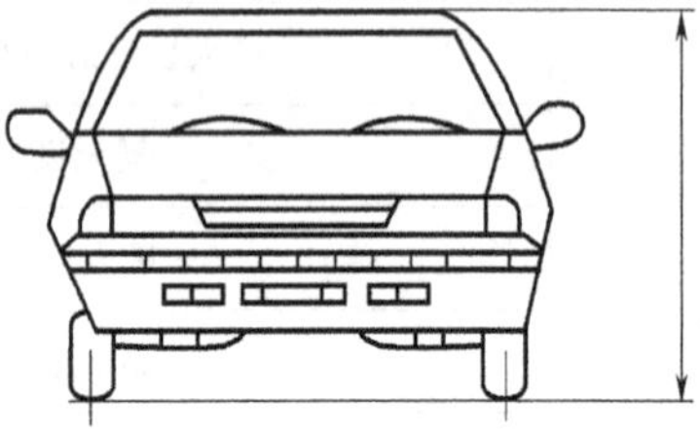

图 1-9　车高

1）三轮汽车车高限值为 2000mm。

2）最高设计车速小于 70km/h 的四轮货车，车高限值为 2500mm。

3）其他车高限值为 4000mm。

4）定线行驶的双层城市客车高度限值为 4200mm。

5）对于集装箱挂车列车，车高指装备空集装箱时的高度。

（4）其他尺寸规定

1）当汽车或汽车列车处于满载状态、外后视镜底边离地高度小于 1800mm 时，其单侧外伸量不得超出汽车或汽车列车最大宽度处 250mm。

2）汽车的顶窗、换气装置等处于开启状态时，不得超出车高 300mm。

3）汽车的后轴与挂车的前轴之间的距离不得小于 3000mm。

4）挂车及二轴货车的货箱栏板高度不得超过 600mm。

（5）轴距 轴距是指通过车辆同一侧相邻两车轮的中点，并垂直于车辆纵向平面的两垂线之间的距离，如图 1-10 所示。

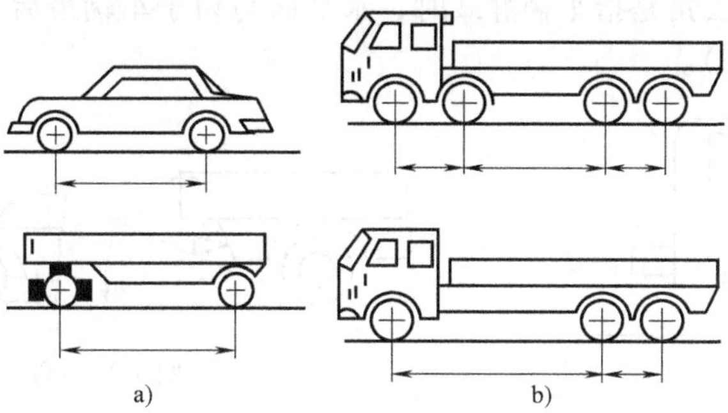

图 1-10 轴距

（6）轮距 轮距是指同一轴上两端车轮中心平面之间的距离。当车轴的两端为单车轮时，轮距为车轮在支撑平面上留下轨迹的中心线之间的距离；当车轴的两端为双车轮时，轮距为双车轮两个中心平面之间的距离，如图 1-11 所示。

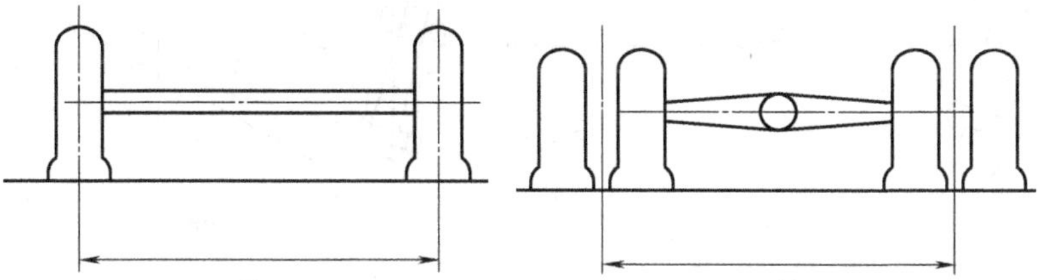

图 1-11 轮距

（7）前悬 前悬是指通过两前轮中心的垂面与抵靠在车辆最前端，并且垂直于车辆纵向对称平面的垂面之间的距离，如图 1-12 所示。

（8）后悬 后悬是指通过车辆最后车轮轴线的垂面与抵靠在车辆最后端，并且垂直于车辆纵向对称平面的垂面之间的距离，如图 1-13 所示。

（9）最小离地间隙 最小离地间隙是指在与纵向中心面等距离的两平面之间，车辆最低点至支撑面的距离，此两平面的距离为同一轴上左右车轮内缘间最小距离 b 的 80%，如图 1-14 所示。

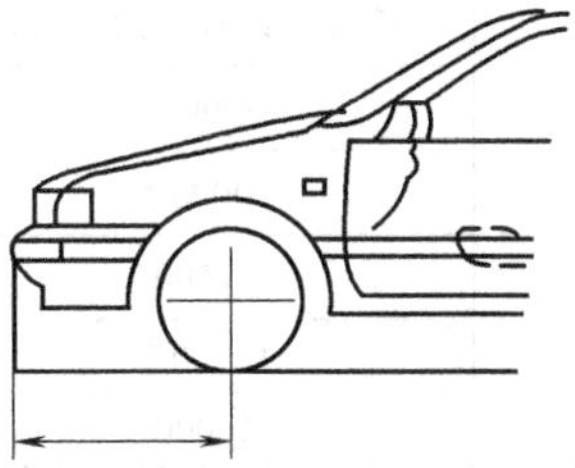

图 1-12 前悬

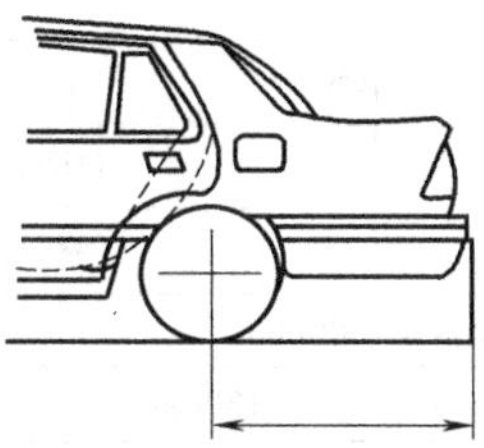

图 1-13 后悬

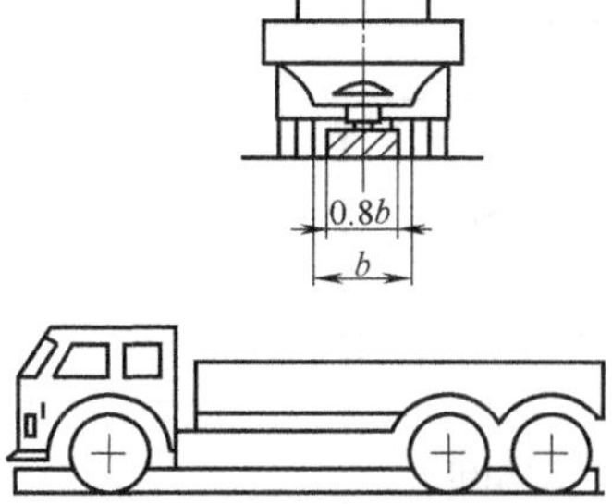

图 1-14 最小离地间隙

（10）接近角　接近角是指车辆静载时，水平面与切于前轮轮胎外缘的平面之间的最大夹角，前轴前面任何固定在车辆上的刚性部件不得在此平面的下方，如图1-15所示。

（11）离去角　离去角是指车辆静载时，水平面与切于车辆最后车轮轮胎外缘的平面之间的最大夹角（图1-16）。

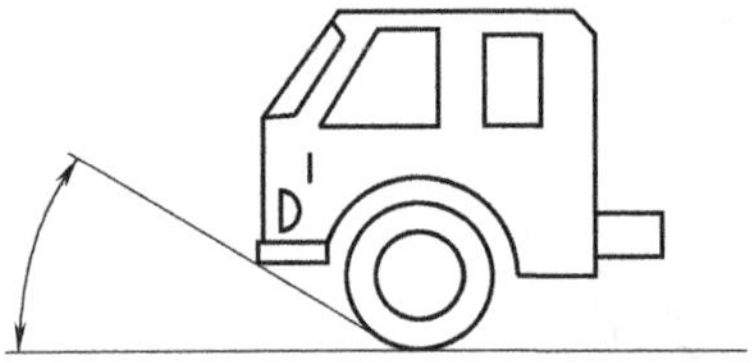

图1-15　接近角

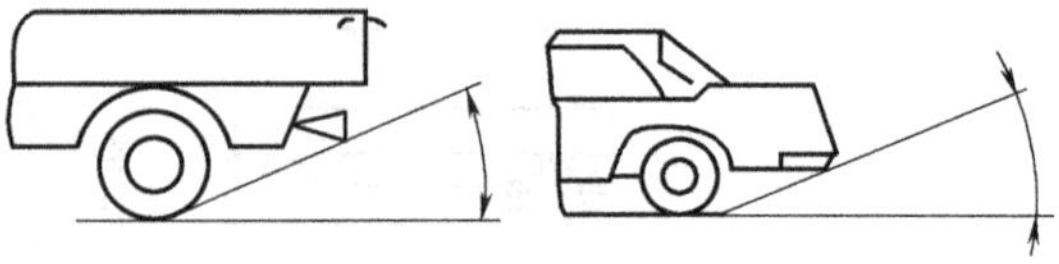

图1-16　离去角

（12）转弯直径　转弯直径是指当转向盘转到极限位置时，内、外转向轮的中心平面在车辆支撑平面上的轨迹圆直径，如图1-17a所示。

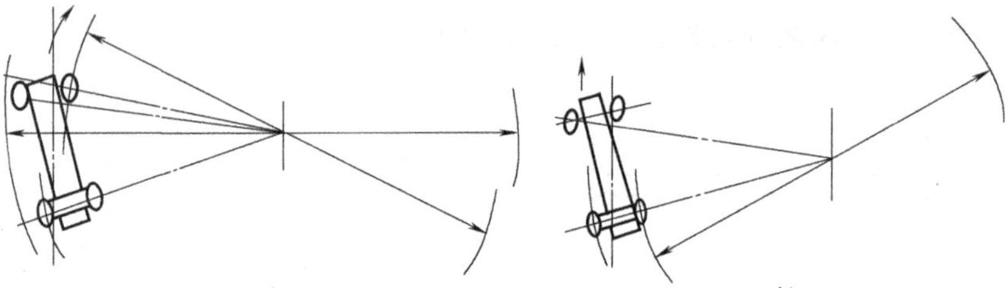

a)　　b)

图1-17　转弯直径和非转向内轮转弯直径

（13）通道圆与外摆值　汽车和汽车列车（不包括具有作业功能的专用装置的突出部分）必须能在同一个车辆通道圆内通过，车辆通道圆的外圆直径为25.00m，车辆通道圆的内圆直径为10.60m。汽车和汽车列车由直线行驶过渡到上述圆周运动时，任何部分超出直线行驶时的车辆外侧面垂直面的值（车辆外摆值）不得大于0.80m。

2. 质量参数

（1）轴荷　轴荷是指汽车满载时，各车轴对地面的垂直载荷。

1）汽车及挂车的单轴、二轴组及三轴组的最大允许轴荷不应超过该轴或轴组各轮胎负荷之和，且不应超过表1-11规定的限值。汽车及挂车并装轴的最大允许轴荷的最大限值见表1-12。

表1-11　汽车及挂车单轴、二轴组及三轴组的最大允许轴荷限值

<table>
<tr><th colspan="3">类型</th><th>最大允许轴荷限值/kg</th></tr>
<tr><td rowspan="3">单轴</td><td colspan="2">每侧单轮胎</td><td>7000①</td></tr>
<tr><td rowspan="2">每侧双轮胎</td><td>非驱动轴</td><td>10000②</td></tr>
<tr><td>驱动轴</td><td>11500</td></tr>
<tr><td rowspan="4">二轴组</td><td colspan="2">轴距<1000mm</td><td>11500③</td></tr>
<tr><td colspan="2">轴距≥1000mm，且<1300mm</td><td>16000</td></tr>
<tr><td colspan="2">轴距≥1300mm，且<1800mm</td><td>18000④</td></tr>
<tr><td colspan="2">轴距≥1800mm（仅挂车）</td><td>18000</td></tr>
</table>

（续）

类型		最大允许轴荷限值/kg
三轴组	相邻两轴之间距离≤1300mm	21000
	相邻两轴之间距离>1300mm，且≤1400mm	24000

① 安装名义断面宽度不小于425mm轮胎的车轴，最大允许轴荷的最大限值为10000kg；驱动轴安装名义断面宽度不小于445mm轮胎的车轴，最大允许轴荷的最大限值为11500kg。

② 装备空气悬架时最大允许轴荷的最大限值为11500kg。

③ 二轴挂车最大允许轴荷限值为11000kg。

④ 汽车驱动轴为每轴每侧双轮胎且装备空气悬架时，最大允许轴荷的最大限值为19000kg。

表1-12 汽车及挂车并装轴的最大允许轴荷的最大限值

车辆类型			最大允许轴荷最大限值/kg
汽车	并装双轴	并装双轴的轴距<1000mm	11500
		并装双轴的轴距≥1000mm，且<1300mm	16000
		并装双轴的轴距≥1300mm，且<1800mm	18000①
挂车	并装双轴	并装双轴的轴距<1000mm	11000
		并装双轴的轴距≥1000mm，且<1300mm	16000
		并装双轴的轴距≥1300mm，且<1800mm	18000
		并装双轴的轴距≥1800mm	20000
	并装三轴	相邻两轴之间轴距≤1800mm	21000
		相邻两轴之间距离>1300mm，且≤1400mm	24000

① 驱动轴为每轴每侧双轮胎且装备空气悬架时，最大允许轴荷的最大限值为19000kg。

2）其他类型的车轴。其他类型的车轴的最大允许轴荷不得超过该轴轮胎数×3000kg。

（2）汽车总质量　汽车总质量是指装备齐全时的汽车自身质量与按规定装满客员、货时的载质量之和，也称满载质量。

（3）汽车载质量　汽车载质量是指在硬质良好路面上行驶时所允许的额定载质量。汽车在碎石路面上行驶时，载质量应有所减少（约为良好路面的75%~80%）。

三、掌握汽车的使用寿命与报废标准

1. 汽车的使用寿命

汽车使用寿命，是指从汽车开始使用到不能使用之间的整个时期。它可以用累计使用年数或累计行驶里程数表示。汽车在正常使用过程中，其性能将随着使用年限（或行驶里程）的增加而逐渐下降，使用到一定期限就应报废，这是一种自然规律。如果无限制地延长汽车的使用寿命，将导致下列不良后果：

1）由于车辆老旧，其动力性、经济性大幅下降造成燃料、润滑材料消耗增加，维修频繁，耗费大量的配件材料和工时，致使维修费用剧增。

2）车辆平均技术速度下降，造成严重的排气公害及噪声公害；车辆完好率下降，导致运输效率下降，运输成本增高等。

汽车更新必须讲究经济效益，通过经济分析和比较，对汽车的自然寿命和经济寿命进行分析计算，以确定汽车的最佳更新周期，以保证在用车辆具有良好的使用性能、减少公害、节约能源、提高运力，充分提高车辆的社会效益。各地的汽车使用条件相差较大，运输货物也千差万别。在更新车辆时，应根据最佳经济原则，选择适用车型，适当提高折旧率，并将积累的折旧费用作为更新资金。

汽车使用寿命可分为技术使用寿命、经济使用寿命、合理使用寿命。它们之间的关系为

技术使用寿命>合理使用寿命≥经济使用寿命

报废车收购机构应允许车主从报废车辆上拆下经鉴定可用零件。汽车制造厂家和零部件生产商应探索汽车零部件的再生利用问题。

2. 报废汽车的定性以及汽车报废标准

报废汽车是指达到国家报废标准，或者虽未达到国家报废标准，但发动机或者底盘严重损坏，经检验不符合国家机动车运行安全技术条件或者国家机动车污染物排放标准的机动车。

汽车报废的原因：汽车经长期使用后，车型老旧，性能低劣，物料超耗严重，维修费用过高，如果继续使用，则不经济、不安全，对环境的污染严重，因此应根据汽车的报废条件对这些汽车进行报废处理。当然，汽车如果提前报废，则会造成运力损失，浪费资源。

1）小、微型出租客运汽车使用8年，中型出租客运汽车使用10年，大型出租客运汽车使用12年。

2）小、微型租赁载客汽车使用10年，大中型租赁载客汽车使用15年。

3）小型教练载客汽车使用10年，中型教练载客汽车使用12年，大型教练载客汽车使用15年。

4）公交客运汽车和无轨电车使用13年，大型旅游汽车及公路客运汽车使用15年。

5）其他小、微型营运载客汽车使用8年，大、中型营运载客汽车使用15年。

6）大、中型非营运载客汽车（大型轿车除外）使用20年。

7）三轮汽车、装用单缸发动机的低速货车使用9年，装用多缸发动机的低速货车以及微型载货汽车使用12年，半挂牵引车及其他载货汽车使用15年。

8）全挂车使用10年，半挂车及中置轴挂车使用15年。

9）正三轮摩托车使用10~12年，其他摩托车使用11~13年。

10）专用校车使用15年。

11）有载货功能的专项作业车使用15年，无载货功能的专项作业车使用30年。

12）危险品运输半挂车使用10年，集装箱半挂车20年，其他半挂车使用15年。

3. 我国二手车报废和报废回收情况

据统计，截至2023年底，我国机动车保有量达到4.35亿辆，其中汽车3.36亿辆。与此同时，报废机动车的数量也在不断增加。2023年，我国老旧机动车报废数量已经达到1680万辆。我国的报废车辆逐年增加，为保障道路交通安全，鼓励技术进步，加快建设资源节约型、环境友好型社会，根据《中华人民共和国道路交通安全法》及其实施条例、《中华人民共和国大气污染防治法》《中华人民共和国噪声污染防治法》，制定《机动车强制报废标准》，在此标准中规定了不同类型车的强制报废使用年限或行驶里程，如：小、微型出租客运汽车使用8年，中型出租客运汽车使用10年，大型出租客运汽车使用12年。同时，国家对达到一定行驶里程的机动车引导报废，达到报废行驶里程的机动车，其所有人可以将机动车交售给报废机动车回收拆解企业，由报废机动车回收拆解企业按规定进行登记、

拆解、销毁等处理，并将报废的机动车登记证书、号牌、行驶证交公安机关交通管理部门注销。如：小、微型非营运载客汽车和大型非营运轿车行驶 60 万 km，中型非营运载客汽车行驶 50 万 km，大型非营运载客汽车行驶 60 万 km。

中国再生资源协会市场调研数据显示，我国报废车大体有四个流向。一是正规拆解厂报废，占 35%~38%，二是一线城市车况好的经过多种方式流到边远地区，占 15%左右；三是社会沉寂，僵尸车、留下自用等占 10%左右。第四，大约 33%以上报废车进入了非法拆解点。《报废机动车回收管理办法》（以下简称《管理办法》）规定，国家对回收拆解企业实行资质认定制度。未经资质认定，任何单位或者个人不得从事报废机动车回收拆解活动。将报废车辆出售给非法拆解网点进行非法拆解，不但违反了相关规定，还会给环境带来很大的污染和破坏。国家鼓励机动车生产企业从事报废机动车回收拆解活动，机动车生产企业按照国家有关规定承担生产者责任，应当向回收拆解企业提供报废机动车拆解指导手册等相关技术信息。《管理办法》规定：禁止任何单位或个人利用报废机动车“五大总成”以及其他零部件拼装机动车，禁止拼装的机动车交易。报废车辆上的发动机、变速器、前桥、后桥以及车架称为五大总成。根据国家规定报废车辆的“五大总成”和可回收零件都完整拆除了下来后，报废车回收流程也进入了最后一步车壳压块环节。这些车壳压块最终会回到钢厂去进行回炉冶炼，进行资源的再生循环。正规的拆解回收企业还可以让这些报废车辆变废为宝。数据显示，每 1000 万辆报废汽车，可以回收钢铁 1035 万 t、有色金属 75 万 t、塑料 90 万 t、橡胶 75 万 t、玻璃 60 万 t。报废车如果处理得当可以成为多种材料的来源，减少资源浪费。回收管理规范，制度严密，综合利用高水平、现代化网络管理，实行机械化操作，大大地提高二手车在二手车市场的流通，实现可持续发展。

项目二　车辆损耗与贬值

【学习目标】

1. 能描述二手车的损耗类型。
2. 能描述二手车鉴定评估的方法。

【工作任务】

1. 能够描述二手车的有形损耗具体过程。
2. 掌握二手车实体性贬值的估算。
3. 能够描述二手车无形损耗的两种情况。
4. 掌握二手车的功能性、经济性、营运性贬值的估算。

在整个实操模拟练习过程中，应遵循相关的原则，灵活运用所学知识，将知识融汇到实践中去。通过实操练习，进一步加深对理论知识的运用和理解。

任务一　了解车辆的有形损耗与贬值

一、了解车辆的有形损耗

汽车的有形损耗是指汽车本身实物形态上的损耗和技术性能上的劣化，又称物质损耗。它是汽车在存放和使用过程中，由于物理和化学原因而导致车辆实体发生的价值损耗，即车辆因自然力的作用而发生的损耗。有形损耗包括轮胎磨损、车漆褪色、内饰变旧，以及汽车难免的剐蹭、电器元件损耗。有形损耗的发生有以下两种情况。

第一种情况：汽车在使用过程中，由于零部件发生摩擦、冲击、振动、腐蚀、疲劳和日照老化等现象而产生的损耗。这种有形损耗通常表现为汽车零部件的原始尺寸、间隙发生变化，公差配合性质改变和精度降低，零部件变形产生裂纹，以致断裂损坏等。这种损耗具有一定的规律性，大致可以分为以下 3 个阶段。

第一阶段为初期磨损阶段。在这个阶段，汽车的行驶速度不能太高，最好不要满载运行。因为汽车零部件在装配加工过程中，其表面不可避免地具有一定的粗糙度，当相互配合做相对运动时，表面上的凸峰由于摩擦很快被磨平。汽车磨合期的长短，各汽车厂家都有严格的规定。使用中，必须按汽车厂家的规定，行驶到磨合期的里程数，按时进行首次维护，更换机油、清洗空气滤清器、调整间隙等，使汽车处于最佳状态。

第二阶段为正常磨损阶段。在这个阶段，汽车零部件表面上的高低不平已被磨去，磨损速度较第一阶段缓慢，磨损情况较稳定，磨损量基本随行驶里程的增加而均匀正常地增加，持续时间较长。在这一阶段，车主应严格按照汽车厂家在使用手册中规定的技术要求使用汽车，也就是通常所说的正常使用，尽可能延长车辆的正常磨损阶段。

第三阶段为急剧磨损阶段。这一阶段由于破坏了正常磨损关系，从而使磨损加剧，磨损量急剧上升。此时，汽车各零部件的精度、技术性能和效率明显下降，使用费用急剧增加，油耗、排放大幅提高，此时汽车已达到它的使用寿命。

从上述磨损规律可知：如果在使用中加强汽车维护，合理使用，则可延长其正常使用阶段的期限，从而提高经济效益，减少使用费用的支出。此外，对汽车要定期进行检查，发现问题要及时解决，“小病不理，大病吃苦”，应在进入急剧磨损阶段之前就进行维修，以免造成不可逆转的破坏性损耗。

第二种情况：汽车在存放闲置过程中，由于自然力的作用而使汽车受到腐蚀、老化或由于管理不善和缺乏必要的维护而使其自然丧失精度和工作能力。这种损耗与闲置时间和保管条件有关。如蓄电池若长期闲置，没有定期进行维护，则会丧失工作能力而报废。发动机如长期闲置，首先应进行封存，并且至少每年维修和起动一次，否则可能因缸内锈蚀而影响其使用寿命。

汽车存在的上述两种损耗形式往往不是以单一形式表现出来的，而是共同作用在车辆上。其损耗的技术后果是汽车的使用性能变差，价值降低，到一定程度可使汽车完全丧失使用价值。在经济上，会导致汽车使用费用不断上升，经济效益逐步下降。在车辆有形损耗严重时，若不采取措施，会引起行车事故，从而带来极大的经济损失，甚至危及生命。

车辆有形损耗的一部分可以通过修理消除，另一部分不能通过修理消除的，就需要更换有关零件。车辆发生有形损耗时，其各项技术性能指标都会有或大或小的降低。由于造成车辆有形损耗的各种因素是无法避免的，因此旧机动车都存在着不同程度的有形损耗。

即便车辆的有形损耗能够通过修理予以消除，但因此而导致的车辆实体性贬值是不会消失的。车辆的有形损耗无法避免，因此车辆的实体性贬值随着车辆使用时间的延长而不断积累。

知识链接 1

设备的实体性贬值是由于使用和存放造成的。设备在使用过程中，由于零部件配合表面的相对运动所产生的摩擦，造成机体的磨损；设备运行过程中的冲击、振动也使得材料的内部缺陷不断扩展；另外，工作环境中的酸、碱物质，也会对设备的材质产生侵蚀。这样就使得设备的使用功能逐步下降，故障率不断上升，精度逐渐降低，维修费用不断上升，直至设备完全丧失使用价值。

二、了解车辆的实体性贬值

实体性贬值也称有形损耗贬值。它是指设备由于运行中的磨损和暴露在自然环境中的侵蚀，造成设备实体形态的损耗引起的贬值。

在检查二手车车况时，要仔细确定需要马上或在不久的将来更换的零件，并估计更换这些零部件需要的费用，这些费用是车辆实体性贬值的一部分，应在交易价格中反映出来。例如，如果普通型桑塔纳的一个轮胎磨损特别明显，那么换一个轮胎加上四轮定位的费用一般在 500 元左右。试车时，觉得过小坑时汽车硬邦邦的，可能为后减振器的问题，换一对减振器的费用大概为 700 元。若发动机大修则需数千元的费用，这些费用共计 6000 元左右，谈价时即可有理有据、掌握分寸和技巧，将这些潜在费用考虑进去。

车辆发生碰撞事故后，无责任一方除得到修车费赔偿外，还可获得车辆因碰撞而导致的实体性贬值损失，因为即使车辆被修好了，但受过伤的车辆总成、零件或车身的实物状态和技术性能与未受损时相比，肯定会变差。《中华人民共和国民法典》规定，侵害他人财产的，财产损失按照损失发生时的市场价格或者其他合理方式计算。因此在二手车鉴定估价工作中，要仔细检查车辆是否发生过碰撞事故，若发生过，即使修好，仍要计算车辆因此而造成的实体性贬值。

【案例1】

2019年10月5日下午，王某驾驶一辆新购的宝来车在北京南四环机动车道上正常行驶，被刘某驾驶的一辆车速过快变更车道的日产车追尾。交通部门对该事故做出了认定，认定刘某负全责。在交警部门的协调下，刘某愿意承担王某车辆的修复费用860元，但王某提出因刘某导致自己的车辆受损，造成了车辆的贬值，经专家鉴定评估后，获知车辆的贬值损失为18966元，刘某认为没有依据，不同意赔偿。王某无奈，诉至法院，请求法院判决刘某赔偿自己车辆贬值损失18966元和鉴定评估费1100元。2020年4月15日，北京市第一中级人民法院判决王某胜诉，要求事故责任方全额赔偿王某轿车的贬值损失和鉴定评估费。

知识链接2

对二手车进行技术状况鉴定时，车辆底盘检查项目主要包括：

1）检查三漏情况，即查看是否有漏水、漏油、漏气现象。

2）检查车架是否有弯扭变形以及断裂、锈蚀等损伤，螺栓、铆钉是否有松动等。

3）检查前后桥中的前后车轴是否有变形、裂纹。非独立悬架中的钢板弹簧是否有裂纹、短片、断片现象。

4）检查转向传动机构中的转向节臂、转向横拉杆以及球头销有无裂纹和损伤，球头销是否松旷，连接是否牢固可靠。

5）检查传动轴、万向节是否有裂纹和松旷。

任务二 了解车辆的无形损耗与贬值

一、了解车辆的无形损耗

汽车无形损耗是指由于科技发展进步，使重新制造结构相同车辆的成本降低，或出现性能更优、效率更高的车型，使原有车辆产生价值上的损耗和贬值。无形损耗的发生有以下两种情况。

第一种情况：因技术不断进步引起劳动生产率的提高，现在再生产制造与原性能和结构相同的车辆，其社会必要劳动时间减少，致使重新生产制造结构相同车辆的成本降低，造成现有车辆的价值损耗而贬值。这种无形损耗并不影响汽车本身的技术特性和继续使用，一般也不需要更新。但是，汽车的贬值速度比汽车维修费用提高的速度还要快，当修理费用高于贬值后的车辆价值时，就要考虑更新了。

第二种情况：因科学技术的进步，不断出现性能更完善、运输效率更高的车辆而使原有车辆在技术上显得陈旧和落后而产生损耗和贬值。这时，如果继续使用原有车辆，就会降低经济效益。这种经济效益的降低，反映在原有车辆使用价值的局部或全部丧失，这就产生了用新的车辆取代原有车辆的必要性。不过这种更新的经济合理性取决于原有车辆的贬值及经济效益下降的幅度。例如：电控燃油喷射系统的成功使用，使汽车的燃油经济性和排放污染都有明显的改善，使采用化油器的汽车贬值，并逐渐退出市场。

此外，供需关系的变化、国家政策的调整等，都会导致汽车价格发生波动，且常常呈现出持续不断、幅度不同的跳跃式下降趋势。如国家为了保护自然环境提出《打赢蓝天保卫战三年行动计划》，其中一项举措就是提高汽车排放标准，要求推广使用达到国六排放标准的车辆；另一项举措是推广使用新能源汽车，对符合条件的新能源汽车免征车辆购置税。

很多车主在换车时发现，虽然爱车在自己的精心呵护下，无论是汽车的实物状态还是技术状况都完好无损，但却卖不出一个好价钱，与购车时的价格相差甚远。相当一部分原因是同类新车价格下降导致的车辆无形损耗。通常所说的成熟车型的技术水平和制造水平都比较高，价格也比较合理，在相当长一段时间内不会因为其他同类车型技术水平的进步，而迫使该车型价格发生大幅度下降。

二、了解车辆的功能性贬值和经济性贬值

1. 功能性贬值

车辆的功能性贬值是指由于科学技术的发展和生产力水平的提高使车辆发生无形损耗导致的车辆贬值。导致车辆无形损耗的外部原因很多，而车辆的功能性贬值特指由于科学技术和汽车制造技术的进步而引起的车辆贬值。由于车辆制造技术的进步和劳动生产力的提高，现在制造与被评估车辆相同或基本相同的新车的社会必要劳动时间会明显缩短，制造成本也会降低，而且随着同一车型的产量和销量的增加，制造成本还会进一步降低而产生相应的降价空间，这是市场上同一车型的价格不断降低的主要原因。同型号新车价格越低，二手车的功能性贬值越大。因此，车辆的功能性贬值是由车辆外部因素而不是内部因素引起的车辆现时价值的降低。

这类贬值又可分为一次性功能贬值和营运性功能贬值。

（1）一次性功能贬值　一次性功能贬值是由于技术进步引起劳动生产率的提高，现在再生产制造与原功能相同的车辆的社会必要劳动时间减少，制造成本降低而造成原车辆贬值。

如果在目前的市场上能够购买到与被评估车辆相同的且制造厂家继续生产的轿车，那么被评估车辆原购车价与新车的市场价之间的差值，可以看作该车辆的功能性贬值额。即认为新车当前的市场价已经反映了车辆的功能性贬值。这是最常用的确定车辆功能性贬值额的方法。但有些被评估车辆已经停产或淘汰，这种情况下只能根据参照车辆的价格利用类比法来计算。参考车辆是指与被评估车辆的类别、主要性能参数、结构特征相同，只是生产序号不同并做局部改动的车辆。当然，这些替代车辆的功能通常比原有车型有所改进和增加，因此其价值通常会比原车型价格所反映的价值要高。因此利用类比法对原车型进行鉴定估价时，一定要了解参照车辆在结构上的改进和性能上的提高等因素，测算全新的原车辆在目前市场上的价格。

新车降价对二手车价格有直接的影响，这不仅发生在相同品牌的车型上，不同品牌车型降价同样有交叉影响，新车每降价 5%，二手车就跟着折旧 3%～5%；使用 5 年以上的二手

车，如果新车一次降价超过10%，那么二手车也将出现2%以上的无形贬值；使用10年以上的老车，受低价位车型降价的影响较大，如果低价位车型价格下调，就会有客户选择新车而不购买使用了10年以上的二手车，造成二手车价格下降。

【案例2】

王某2018年初以17.98万元购买一辆轿车，2019年在北京市旧机动车交易市场上的报价为13万元。目前这款车的新车价格不到16万元，按照第一年折旧20%的行业规则，这个价格是比较合理的。原因在于这里进行折旧计算的底价是16万元，而不是原始购车价17.98万元。车主在决定卖车时心痛不已，一年就贬值了4万元，除去正常折旧，至少有2万元的无形损耗是随着新车降价凭空蒸发了。这2万元即可看做是该车的功能性贬值。

【案例3】

新车"出乎意料"的降价，有时对二手车经营公司带来的损失是灾难性的。2019年北京市某车商以135万元的价格收购了一辆顶级宝马。几天后这款车的价格降了30万元，车商不得已以不到100万元的价格出手，一次损失30万元。

（2）营运性功能贬值　由于技术进步，出现了新的、性能更优的车辆，它们的燃油消耗、故障率和配件价格等更低，致使原有车辆的功能相对新车型已经落后，原有车辆在完成相同工作任务时，在燃油、润滑油、配件和维修等方面的消耗增加，产生了一部分超额营运成本，这部分增加的营运成本即为车辆的营运性功能贬值。在对营运性车辆进行鉴定估价时不能忽视车辆的营运性贬值。下面通过例题说明车辆营运性贬值的计算方法。例题中车辆的更新重置成本是指在当前市场上购置一辆相同或基本相同的全新汽车所支付的全部成本。

【例题1】

A、B两辆8t载货汽车，假设A、B载货汽车还有5年的经济使用寿命，更新重置成本基本相同，各项营运成本的差别如下：

项目	A车	B车
百公里燃油消耗量	25L	22L
每年维修费用	3.5万元	2.8万元

求A车相对于B车的营运性贬值。

解： 两辆载货汽车按每天营运150km，每年平均出车250天，燃油价格按7.5元/L计算。则A车相对B车每年超额燃油费用为

$$(25-22)\times7.5\times150/100\times250=8437.5\ (\text{元})$$

A车每年超额维修费用为35000−28000=7000（元）

A车总的超额营运成本为8437.5+7000元=15437.5（元）

所得税率为33%，则税后超额营运成本为

$$15437.5\times(1-33\%)=13127.5\ (\text{元})$$

分析：此处的税后超额营运成本 13127.5 元是指车主先用已经交了 33%所得税的个人收入垫付了 15437.5 元的超额营运成本。由于是再营运性投入，不应双重征税，所交的 33%所得税得到退还。简单地讲就是，A 车的所有者对有购买意愿的买主说：你将来每年实际支出的超额营运成本不是 15437.5 元，而是扣除了所交所得税的 13127.5 元。

取载货汽车预期收益的折现率为 11%，在此后的 5 年经济使用寿命期中，A 车和 B 车的百公里燃油消耗量、每年维修费用、燃油的价格等都保持不变。按 11%的折现率可计算出 5 年的折现系数为 3.696。那么 A 车相对 B 车的营运性贬值为

$$13127.5\times3.696=48519.24\ (元)$$

在其他条件基本相同的情况下，由于 A 车相对于 B 车在以后 5 年的营运期内需要多支出 48519.24 元，因此，A 车的交易价格中应扣除它的这一营运性贬值额，它的交易价格应比 B 车少 48519.24 元。如果 A 车和 B 车的百公里燃油消耗量、维修费用等都不一样，两车的预期收益折现率也不相同，根据现值收益法原理可以计算出两车在营运成本上的差别，只是计算过程要复杂些。

测定营运性功能贬值的步骤为：

① 选定参照车辆，并与参照车辆对比，找出营运成本有差别的内容和差别的量值。

② 确定原车辆尚可继续使用的年限。

③ 查明当前的折现率。

④ 通过计算超额收益或成本降低额，最后计算出营运性功能贬值。

【例题 2】

某一被评估车辆甲，其出厂时的燃油经济性指标为百公里燃油消耗量 14 L，平均年维修费用为 2.5 万元。以目前新出厂的同型车辆乙为参照车辆，该车出厂时燃油经济性指标为百公里燃油消耗量 12 L，平均每年维修费用为 2 万元。如果甲、乙两车在营运成本的支出项目方面大致相同，被评估车辆尚可使用 5 年，每年平均出车日为 300 天，每日营运 150km，所得税税率为 33%，适用的折现率为 10%，试估算被评估车辆的营运性功能损耗（燃油价格取为 7.2 元/L）。

根据上述资料，对被评估车辆的功能性损耗估算如下：

① 被评估车辆每年油料的超额费用为

$$150\times(14-12)\times7.2\times300/100=6480(元)$$

② 被评估车辆每年维修的超额费用为

$$25000-20000=5000\ (元)$$

③ 被评估车辆的年超额营运成本为

$$6480+5000=11480\ (元)$$

④ 被评估车辆的税后年超额营运成本为

$$11480\times(1-33\%)=7691.6\ (元)$$

⑤ 将被评估车辆在剩余年限内的年超额营运成本净额折现累加，其功能性损耗为

$$7691.6\times\frac{(1+10\%)^5-1}{10\%\times(1+10\%)^5}=7691.6\times3.7908=29157.3\ (元)$$

2. 经济性贬值

经济性贬值是由于外部经济环境的变化所造成的贬值，外部经济环境包括经济政策、市场需求、通货膨胀、环境保护等方面。外界因素对车辆价值的影响不但是客观存在的，而且影响还相当大，在二手车的评估中不可忽视。

对于营运性车辆，通常采用以下两种方式计量其经济性损耗：一种是利用车辆年收益损失额折现累加估算；另一种是通过车辆利用率的变化估算。

（1）利用车辆年收益损失额折现累加估算经济性损耗　如果由于外界因素变化，导致车辆营运收益的减少额或投入成本的增加额能够估算出来，可以直接按车辆继续使用期间每年的收益损失额折现累加，以求得车辆的经济性损耗。计算公式为

$$\text{车辆的经济性损耗}=\text{车辆年收益损失额}\times(1-\text{所得税税率})\times\frac{(1+i)^{n}-1}{i(1+i)^{n}}$$

式中　n——车辆剩余使用年限；

　　　i——折现率。

使用上述公式时应注意，年收益损失额只考虑外界因素，不能把因技术落后等自身因素所造成的收益损失额归入此类。

经济性贬值是由车辆外部因素引起的。外部因素影响车辆价值的主要表现是造成营运成本上升或导致车辆闲置。由于造成车辆经济性贬值的外部因素很多，并且造成贬值的程度也不尽相同。所以在评估时只能统筹考虑这些因素，而无法单独计算所造成的贬值。其评估的思考方法如下：

1）车辆经济性贬值的估算主要以评估基准日以后是否停用、闲置或半闲置作为估算依据。

2）已封存或较长时间停用，且在近期内仍将闲置，但今后肯定要继续使用的车辆最简单的估算方法是按其可能闲置时间的长短及资金成本估算经济贬值。

3）根据市场供求关系估算其贬值。

【例题3】

某人欲出售一辆已使用了6年的出租车。由于国家行业政策及检测标准的变化，目前每年较过去平均需增加投入成本3500元，方能满足有关的规定要求。试估算该出租车的经济性损耗。

根据国家规定，出租车的使用年限为8年。从购车登记日起，至该车的评估基准日止，该车已使用年限为6年，剩余使用年限为2年。取所得税税率33%，适用的折现率为10%，则车辆的经济性损耗为

$$3500\times(1-33\%)\times\frac{(1+10\%)^{2}-1}{10\%\times(1+10\%)^{2}}$$

$$=3500\times67\%\times1.7355=4069.7\ (\text{元})$$

（2）通过车辆利用率的变化估算经济性损耗　如果由于外部因素的影响，导致车辆的利用率下降，可以按照以下公式估算车辆的经济性损耗率：

$$\text{车辆经济性损耗率}=\left[1-\left(\frac{\text{汽车的实际工作量}}{\text{汽车的正常工作量}}\right)^{x}\right]\times100\%$$

在上式中，x 为规模效益指数（$0<x<1$）。其调整计算的结果，说明车辆的运输量与投入成本之间并非呈线性关系。x 一般为0.6~0.7。在确定了车辆的经济性损耗率后，可按照以下公式计算车辆的经济性损耗：

车辆的经济性损耗=(重置成本-有形损耗-功能性损耗)×经济性损耗率

【例题4】

由于某行业企业生产普遍不景气，工作量不足，某专用汽车的利用率仅为正常工作量的55%，而且在该汽车的剩余使用年限内，这种情况也不会改变。经评估汽车的重置成本为20万元，成新率为60%，功能性损耗可以忽略不计，试估算该车辆的经济性损耗。具体估算过程如下：

① 计算车辆的经济性损耗率：

$$车辆的经济性损耗率=(1-0.55^{x})\times100\%$$

取 $x=0.7$，则车辆的经济性损耗率 $=(1-0.55^{0.7})\times100\%=(1-0.658)\times100\%=34.2\%$

② 车辆扣除有形损耗和功能性损耗后的价值为

$$200000\times60\%=120000\ (元)$$

③ 车辆的经济性损耗为

$$120000\times30.1\%\approx36120\ (元)$$

项目三　二手车技术状况鉴定

【学习目标】

1. 简单描述二手车技术状况鉴定所需要的工具。
2. 正确描述二手车静态、动态检查项目。
3. 正确叙述二手车路试前、路试及路试后应注意的事项。
4. 正确叙述仪器检查时的注意事项及检测结果分析方法。
5. 对二手车静态、动态时现时状况做出准确的判断。
6. 正确运用仪器对二手车现时状况做出准确的检测。

【工作任务】

1. 认识和了解二手车技术状况鉴定所需要的工具。
2. 在汽车整车实验室进行二手车鉴定评估实操演练时，掌握动态、静态评估的要点。
3. 运用相应的仪器对车辆进行评估。
4. 在技术鉴定过程中，能认真独立完成二手车技术状况检查任务工单。

任务一　掌握二手车技术状况的静态检查

二手车技术状况鉴定是二手车鉴定评估的基础与关键，鉴定方法主要有静态检查、动态检查和仪器检查 3 种。静态检查是指二手车在静态状态下，依据检查人员的技能和经验，辅以简单的量具，对二手车技术状况进行检查。

一、了解静态检查所需要的工具和用品

1）记录本和笔。通过看、闻、听，记录鉴定过程中的主要信息。

2）一个手电筒。运用手电筒检查发动机舱、汽车下面的暗处。

3）一些棉丝头或纸巾。取一些棉丝头或纸巾用于擦手、擦零件。

4）听诊器。对发动机和其他部件进行听诊，检查有无不正常声音。

5）一个卷尺或小直（钢）尺。用于检查车辆和车轮罩距离，以及车辆的周正情况。

6）一张光盘。用于检测 CD 唱机和导航。

7）一个小型工具箱。包括一个轮胎撬棒、轮胎深度尺、气压表、成套套筒棘轮扳手、一个火花塞套筒扳手、各种螺钉旋具（螺丝刀）、一把尖嘴钳等。

8）一个漆面检测仪。用于对汽车漆面进行整体检测。

9）一个 OBD 汽车电脑故障诊断仪。用于诊断汽车线路和发动机可能存在的故障与隐患。

静态检查的目的是快速、全面地了解二手车的大概技术状况。通过全面检查，发现一些较大的缺陷，如严重碰撞、车身或车架锈蚀或有结构性损坏、发动机或传动系统严重磨损、车厢内部设施不良、损坏维修费用较高等，为其价值评估提供依据。

二手车的静态检查主要包括识伪检查和外观检查两大部分。具体如下。

- 静态检查
  - 外观检查
    - 鉴别事故车辆：包括碰撞、水淹、火灾等事故
    - 检查发动机舱：包括机体外观、冷却系统、润滑系统、点火系统、供油系统、进气系统等
    - 检查客舱：包括驾驶操作机构、开关、仪表、警告灯、内饰件、座椅、电器部件等
    - 检查行李舱：包括行李舱锁、气压减振器、防水密封条、备用轮胎、随车工具、门控开关等
    - 检查车身底部：包括泄漏情况、排气系统、转向机构、悬架、传动轴等
  - 识伪检查
    - 鉴别走私车辆
    - 鉴别拼装车辆
    - 鉴别盗抢车辆

二、掌握车辆的识伪检查

在二手车交易市场不可避免会出现一些走私车辆、拼装车辆及盗抢车辆，如何鉴别这部分车辆，在二手车鉴定评估过程中是一项十分重要而艰难的工作。技术人员必须凭借所掌握的专业知识和丰富经验，结合有关部门的信息材料，对评估车辆进行全面细致的鉴别，将这部分车辆与其他正常车辆区分开，从而使二手车交易规范、有序地进行。

1. 鉴别盗抢车辆

盗抢车辆一般是指公安车管部门已登记上牌，在使用期内丢失的或被不法分子盗窃的，并已在公安部门报案的车辆。

对这类车辆的鉴别方法如下：

1）根据公安车辆管理部门的档案资料，及时掌握车辆情况，防止盗抢车辆进入市场交易。这些车辆从车主报案起到找到为止这段时期内，公安车管部门将这部分车辆档案材料锁定，不允许进行车辆过户、转籍等一切交易活动。

2）根据常见盗窃手段，主要检查汽车门锁是否过新，锁芯有无被更换过的痕迹，门窗玻璃是否为原装正品，窗框四周的密封胶是否有插入玻璃升降器开门的痕迹，转向盘锁或点火开关是否有破坏或调换的痕迹。

3）不法分子急于销赃，会对车辆、有关证件进行篡改和伪造，使被盗车辆面目全非。因此应重点核对发动机号码和车辆识别代号，钢印周围是否有变形或褶皱现象，钢印正反面是否有焊接痕迹。

4）查看车辆外观是否全车重新做过涂装，或者改变原车辆颜色。

打开发动机舱盖察看导线、管路的布置是否有条理，发动机和其他零部件是否正常、有无杂音。空调是否制冷、有无暖风，发动机及其他相关部件有无漏油现象。

检查内装饰材料是否平整，表面是否干净。尤其要仔细检查压条边沿部分，经过再装配的车辆内装饰压条边沿部分有明显手指印或其他工具碾压过后留下的痕迹，车顶部装饰材料或多或少会留下弄脏过的痕迹印。

2. 走私车辆和拼装车辆

走私车辆是指没有通过国家正常进口渠道进口的并未完税的车辆。

拼装车辆是指一些不法厂商和不法商人为了牟取暴利，非法组织生产、拼装，无产品合格证的假冒、低劣汽车。

这些汽车有些是境外整车切割、境内焊接拼装车辆；有些是进口汽车散件国内拼装的国外品牌汽车；有些是国内零配件拼装的国内品牌汽车；有些是旧车拼装车辆，即两辆或者几辆拼装成一辆汽车；甚至有的是国产或进口零配件拼装的杂牌汽车。

对走私车辆、拼装车辆，在二手车交易鉴定评估中，应首先确定这些车辆的合法性。对走私车辆、拼装车辆的鉴别方法如下：

1）运用公安车管部门的车辆档案资料，查找车辆来源信息，确定车辆的合法性及来源情况。这是一种最直接、有效的判别方法。

2）查验二手车的汽车产品合格证、维护手册。对进口车必须查验进口产品商验证明书和商验标志。

3）检查二手车外观。查看车身是否有重新做涂装的痕迹，特别是顶部下沿部位。车身的曲线部位线条是否流畅，尤其是小曲线部位，根据目前技术条件，没有专门的设备不可能处理得十分完美，会留下特别明显的再加工痕迹。检查门柱和车架部分是否有焊接的痕迹，很多走私车辆是在境外把车身切割后，运入国内再进行焊接拼凑起来的。查看车门、发动机舱盖、行李舱盖与车身的接合缝隙是否整齐、均匀。

4）查看二手车内饰。检查内装饰材料是否平整，内装饰压条边沿部分是否有明显的手指印或有其他工具碾压后留下的痕迹，车顶部装饰材料或多或少会留下被弄脏后的痕迹印。

5）打开发动机舱盖，检查发动机和其他零部件是否有拆卸后重新安装的痕迹，是否有旧的零部件或缺少零部件。查看导线、管路布置是否有条理，安装是否平整。核对发动机号码和车辆识别代号的字体和部位。

三、掌握车辆的外观检查

资源 3-1
泡水车检查

1. 鉴别事故车辆

机动车发生事故无疑会极大地损害车辆的技术性能，但由于车辆在交易前往往会进行整修、修复，因此正确判别车辆是否发生过事故对于准确判断车辆技术状况、合理评定车辆交易价格具有重要意义。对这类车辆的鉴别方法如下。

（1）检查车辆的周正情况　通常要求车体应周正，左右对称部位高度差不得大于 40mm。

在进行车体周正检测时，将送检车辆停放在外观检测工位上，首先检测人员用眼进行观察，检查汽车是否有严重的横向或纵向歪斜现象；然后用高度尺或钢卷尺、水平尺检测左右对称部位高度差是否超过规定值；最后检查车架和车身是否有较大变形，悬架是否断裂或刚度下降，左右轮胎气压搭配是否正常等，如果有异常，即使车体歪斜未超过规定值，也应予以排除后再进行检测，否则，车体不倾斜也会渐渐变得倾斜，甚至歪斜会越来越严重，引起操纵不稳、行驶跑偏、重心转移、轮胎磨损加剧等现象。

（2）检查油漆脱落情况　查看排气管、镶条、窗户四周和轮胎等处是否有多余油漆。如果有，说明该车已做过涂装或翻新。用一块磁铁（最好选用冰箱磁贴，这样不会损伤汽车漆面，且磁性足以承担此项工作）在车身周围移动，如遇到磁力突然减少的地方，说明该局部补了腻子，做了涂装。当用手敲击车身时，如敲击声发脆，说明车身没有补腻子做涂装；如敲击声沉闷，则说明车身曾补过腻子做了涂装。

如果发现了新漆的迹象，查找是否有车身制造不良或金属抛光的痕迹。沿车身看，查找是否不规则板材。如果发现车身或面板、车门、发动机舱盖、行李舱盖等配合不好，说明汽车可能已经遭受碰撞，以致这些板面对准很困难。换句话说，车架可能已经弯曲。

资源 3-2
汽车外观检查

（3）检查底盘线束及其连接情况　未发生事故的车辆在正常情况下，其连接部件应配合良好，车身没有多余焊缝，线束、仪表部件等应安装整齐、新旧程度接近。因此在检查车辆底盘时，应认真观察车底是否漏水、漏油、漏气，锈蚀程度与车体上部是否相符，是否有焊接痕迹，转向节臂、转向横直拉杆及球销有无裂纹和损伤，球销是否松旷，连接是否牢固可靠，车架是否有弯、扭、裂、断、锈蚀等损伤，螺栓、铆钉是否齐全、紧固，车辆前后是否有变形、裂纹，固定在车身上的线束是否整齐，新旧程度是否一致，这些都可以作为判断车辆是否发生过事故的线索。

2. 检查发动机舱

（1）检查发动机舱清洁情况　打开发动机舱盖，观察发动机表面是否清洁，是否有油污，是否锈蚀，是否有零部件损坏或遗失，导线、电缆、真空管是否松动。如果发动机上堆满灰尘，说明该车的日常维护不够；如果一尘不染，说明发动机刚刚经过清洁处理。

（2）检查发动机铭牌和排放信息标牌　查看发动机上有无发动机铭牌，如果有，检查上面是否有发动机型号、出厂编号、主要性能指标等，这可以判别发动机是不是正品；排放信息标牌应该在发动机舱盖下的适当位置或在风扇罩上。这在以后的发动机诊断或调整时需要。

资源 3-3
机舱检查

（3）检查冷却系统　发动机冷却系统对发动机有很大影响，应仔细检查发动机冷却系统相关零部件，主要检查冷却液、散热器、水管、冷却风扇、风扇传动带等。

检查发动机冷却液，检查散热器（冷却时）。打开发动机舱盖，首先检查散热器部分，检查的前提为冷车状态，否则很容易被溅出的水烫伤。打开散热器盖后，注意观察冷却液面上是否有其他异物飘浮，例如锈蚀的粉屑、不明的油污等。如果发现有油污浮起，表示可能有机油渗入到冷却液内；如果发现浮起的异物是锈蚀的粉屑，表示散热器内的锈蚀情况已经很严重。一旦发现有上述情况，都表示该车的发动机状况不是很好，需特别注意。现代汽车发动机常年使用防冻液作为发动机冷却液，如果冷却液已变成水，首先应了解其原因，并分析二手车可能有的问题，如发生过事故、发动机温度高、发动机漏水、发动机内烧水等；如果冷却液内有油污，一般可认为气缸垫处漏气；如果冷却液混浊，要向车主询问原因，并特别注意发动机温度。

（4）检查润滑系统　发动机润滑系统对发动机各个运动部件进行润滑，使其发挥出最佳的性能。若发动机润滑系统不良，将严重影响发动机的使用寿命和价值，应仔细检查。主要检查机油质量、机油液位、机油滤清器、机油泄漏等项目。

1）检查机油加注口。拧下加油盖，将其翻过来观察底部，这样可以在加油盖底部看到旧油甚至脏油的痕迹。如果加油盖底面有一层黏稠的深色乳状物，还有与油污混合的小水滴，这种情况可能是缸垫、缸盖或缸体有损坏，导致冷却液渗入机油中造成的。如果有这种情况发生，被污染的机油有可能对发动机内部造成损害，发动机可能需要大修。

2）检查机油液位。一般机油尺上都有高、低油位的显示孔，如果机油平面在这两个油位之间，则表示正常。将擦干净的机油尺从油箱中拉出来，检查机油尺上的油位。如果油位过低，应了解上次更换机油的时间和间隔里程，如果时间和间隔里程正常，说明发动机烧机油；如果机油平面过高，说明发动机严重窜气或漏水。

3）检查机油颜色。可以拿出一张白纸，拔出机油尺在纸上擦拭，观察机油颜色和杂质的情况。一般在换过机油后，车辆使用一段时间后机油颜色会变黑，这是正常的；如果机油出现其他颜色都是不正常的现象。如果发现机油的颜色变灰、变白或有乳化现象，说明机油中混入水，可能是发动机冷却系统和燃烧系统有连通泄漏情况。

4）检查机油滤清器。用棘轮扳手拆下机油滤清器，观察机油滤清器有无裂纹、密封圈是否完好、机油质量是否符合要求。

5）检查 PCV 阀。PCV 阀用于控制发动机曲轴箱通风，如其工作不良，会对发动机润滑造成严重影响。从气门室盖拔出 PCV 阀并晃动，它应顺利地发出“咔嗒”声；一个充满油污并不能自由发出“咔嗒”声的 PCV 阀说明发动机机油和滤清器没有定期更换，同时说明发动机需要更换新的 PCV 阀。

6）机油泄漏。机油泄漏是一种常见现象，机油泄漏的地方主要有：

① 气门室盖和气缸垫。气门室盖机油泄漏在行驶超过 80000km 的汽车上很普遍，大多数情况下修理不太难，也不太贵（安装新气门室盖垫片）。有些燃油喷射汽车更换气门室垫片需要做较多的工作。

② 油底壳垫。

③ 曲轴前、后油封。

④ 油底壳放油螺塞。

⑤ 密封垫。

⑥ 机油滤清器。

⑦ 机油散热器的机油管。

⑧ 机油散热器、机油压力感应塞。

（5）检查点火系统　点火系统工作性能的好坏直接影响发动机的动力性和经济性。对点火系统的外观检查主要是检查蓄电池、点火线圈、高压线、火花塞等零件的外观性能。

1）检查蓄电池。现代汽车蓄电池一般均为免维护蓄电池，仍以铅酸蓄电池为主，其寿命一般为两年多一点。蓄电池两接线柱应没有大量白色粉末（硫酸盐）附在上面，蓄电池液面高度应一致，并在规定的上下线之间。蓄电池外壳应干爽，绝对没有裂痕。如果液面过低，一般为发动机充电电流过大，液面经常处于过低状态，将大大降低蓄电池的寿命；如果有个别格液面过低，一般为个别格漏液，在蓄电池托盘上能够观察到漏液的痕迹。

2）检查火花塞。用火花塞套筒扳手拆下任意一个火花塞，观看火花塞的燃烧情况。火花塞位于发动机缸体内，可直接反映发动机的燃烧情况。若火花塞电极呈灰白色，而且没有积炭，则表明火花塞工作正常，燃烧良好。若火花塞严重积炭、电极严重烧蚀、绝缘体破裂、漏气、侧电极开裂，均会使点火性能下降，造成发动机动力不足，需要更换火花塞。火花塞需成组更换，费用较高。

3）检查点火线圈。观察点火线圈外壳有无破裂，若点火线圈外壳破裂，则容易受潮使点火性能下降，影响发动机的动力性。

4）检查高压线。查看点火线圈与分电器之间，以及分电器与火花塞之间的高压线，高压线应该清洁、布线整齐、无切割口、无擦伤部位、无裂纹或无排气烧焦处，否则高压线可能会漏电，需要更换高压线。而高压线需成套更换，费用较高。

（6）检查变速器油　变速器油的检查大多是通过油尺来进行，油尺标有最高油位和最低油位刻度，如果油量在这两个刻度之间就是正常的。如果油位过低，则表示应该加油了，但也可能表示这辆车有漏油的情况。检查变速器油最重要的是查看油是否变色。一般来说，变速器油应呈现红色，如果发现变成棕色，则表示该车的变速器可能发生了故障。如果闻到焦味，表示变速器磨损情况严重，一旦买回此类车，可能要花一笔不小的大修费用。

（7）检查空气滤清器　打开空气滤清器的盒盖，看看里面的清洁程度如何。如果灰尘很多，滤芯很脏，则表示这辆车的使用程度较高，而且该车的前一位车主对车的维护也较差，没有定期更换滤芯。由此可设想，一辆车的维护差，车况也不会太好。

（8）检查发动机主要附件是否完好　检查发动机、起动机、分电器、空调压缩机、转向助力泵等外观是否正常，是否有漏油、漏水、漏气、漏电现象，是否有松动现象。

（9）附属装置检查　如刮水器、收音机、仪表、反光镜、加热器、灯具、转向信号灯、喷水装置、空调设备等是否破损、残缺，并对附属装置进行动态检验。例如检查刮水器动作、喷水装置喷水、空调器制冷是否正常，以及各灯光和仪表是否正常工作等。

3. 检查客舱

（1）检查驾驶操纵机构

1）检查转向盘。将汽车处于直线行驶的位置，左右转动转向盘，最大游动间隙由中间位置向左或向右应不超过15°。如果间隙超过标准，说明转向系统的各部分间隙过大，转向系统需要维修。

资源 3-4
客舱检查

2）检查制动踏板、离合器踏板、加速踏板。检查离合器踏板、制动踏板、加速踏板有无弯曲变形及干涉现象。离合器踏板和制动踏板的踏脚胶是否磨损过度，通常，一块踏脚胶寿命是3万km左右，如果踏脚胶是新更换的，则说明此车已行驶3万km以上。用手轻压制动踏板，自由行程应在10mm左右，否则应调整制动踏板自由行程。轻轻踩下或用手推下离合器踏板，试一试离合器踏板有没有自由行程，离合器踏板的自由行程一般为30~45mm。

观察加速踏板是否磨损过度发亮，若磨损严重，说明此车行驶里程已很长。踩下加速踏板，测试加速踏板有无弹性，状况如何。若踩下加速踏板很轻松，说明节气门拉索松弛，需要检修；若踩下加速踏板较费劲，说明节气门拉索有阻滞、破损，可能需要更换。

坐在车上试试所有踏板有没有弹性，同时留心听听踏下踏板有没有异响。

3）检查驻车制动操纵杆。放松驻车制动，再拉紧驻车制动操纵杆，检查驻车制动操纵杆是否灵活、有没有失效，锁止机构是否正常。

大多数驻车制动操纵杆拉起时应在发出五六声“咔嗒”后使后轮制动。多次“咔嗒”声后不能拉起可能是制动操纵杆太紧。踏板操纵的驻车制动器释放机构施加制动时也应发出五六声“咔嗒”声。如果用踏板操纵的驻车制动器系统施加制动时，发出更多或更少“咔嗒”声，说明驻车制动器需要检修。

4）检查变速杆。用手握住变速杆球头，根据档位图，逐一将变速器换至各个档位，检查变速器换档操纵机构是否灵活。

观察变速器操纵机构防护罩是否破损，若有破损，异物（如硬币）就有可能掉入换档操纵机构内，引起换档阻滞，所以必须更换。

（2）检查开关　车上一般有点火开关、转向灯开关、车灯总开关、变光开关、刮水器开关、喇叭开关等。依次开启这些开关，检查这些开关是否完好，能否正常工作。

（3）检查仪表　一般汽车设有气压表、车速里程表、燃油表、机油压力表（或机油压力指示器）、冷却液温度表。应分别检查这些仪表是否能正常工作，有无缺失损坏。查看仪表板是否为原装，检查仪表板底部有没有更改线束的痕迹。要求安装汽车行驶记录仪的车辆是否按要求安装，能否正常工作。检查里程表，已经行驶的里程数是车辆行驶年龄的参照，一般家用车每年行驶19000~24000km。

（4）检查指示灯或警告灯　汽车上有很多指示灯或警告灯，如制动警告灯、机油压力警告灯、充电指示灯、远光指示灯、转向指示灯、燃油量警告灯、驻车制动指示灯等，应分别检查这些指示灯或警告灯是否能正常工作。

目前，新型轿车上采用了大量的电子控制设备，这些电子控制设备均设有故障灯，当这些灯亮时，表明此电子控制系统有故障，需要维修。汽车上电子控制设备主要故障灯有发动机故障灯、自动变速器故障灯、ABS故障灯、SRS故障灯、电控悬架故障灯等。电控系统的故障灯一般在仪表板上，其检查方法是：打开点火开关，观察这些故障灯是否在亮起动后3s内自动熄灭。若在3s内自动熄灭，则表明此电子控制系统自检通过，系统正常；若在3s内没有熄灭，或根本就不点亮，说明此电子控制系统自检不通过，系统有故障。

（5）检查座椅　驾驶人座椅、乘员座椅安装应牢固可靠。驾驶人座椅、前排乘员座椅、客车前面没有座椅的座椅及前面护栏不能起到必要防护作用的座椅应装置汽车安全带，且安全带应齐全、有效。

查看座椅的新旧程度，座椅表面应平整、清洁、无破损。座椅松动和严重磨损、凹陷，说明车常常载人，可推断该车经常行驶在高负荷的工况下。检查座椅前后调节是否灵活，检查座椅高低能否调节，检查座椅后倾调节角度。

如果是电动座椅，应检查是否在所有调节方向上都能工作。

（6）检查地毯和地板　检查地毯或地板胶是否残旧，从地毯磨痕可推断该车使用频繁程度；揭开地毯或地板胶，查看车厢底板是否有潮湿或生锈的痕迹，是否有烧焊的痕迹。

（7）检查杂物箱和托架　汽车设有杂物箱和托架，用以放置汽车维修手册、汽车维护记录等物件。仔细查看杂物箱和托架，可能会有旧单据记录汽车维修和维护信息。必须找到维护记录，大多数汽车刚出厂时都会有这样的记录，但是许多车主在保修期之后便不再填入任何信息。有些细心的车主保留着保修期前后的所有维修作业、机油更换、维护记录等资料。一定要仔细询问车主是否有其他记录，因为许多车主的维修记录保存在家里单独的文件夹中。

（8）检查电气设备

1）检查刮水器和风窗玻璃洗涤器。打开刮水器和风窗玻璃洗涤器，观察风窗玻璃洗涤器能否喷出洗涤液。观察刮水器是否在所有模式下都能正常工作，刮刷是否清洁，刮水器运转是否平稳，刮水器关闭时，刮水片应能自动返回初始位置。

一般情况下，刮水器有高速、低速两个位置，新型轿车一般还设有间歇位置，当间歇开关打开后，刮水器按一定周期自动停止和刮拭，每动作一次，停止 3~6s。

2）检查电动车窗。按下电动车窗开关，各车窗升降器应能平稳、安静地工作，无卡滞现象，各车窗能升起和落下。

3）检查电动外后视镜。按下电动外后视镜开关上的 UP（上升）按钮，然后再按 DOWN（下降）按钮，后视镜平面应先向上移动，再向下移动。

按下电动外后视镜开关上的 LEFT（向左）按钮，再按下 RIGHT（向右）按钮，电动后视镜平面应先向左移动，再向右移动。

4）检查电动门锁。如果汽车有电动门锁，试用一下，确保从外面能打开所有门锁，同时，确保操作门锁按钮能使所有车门开锁。

5）检查点烟器。按下点烟器，观察点烟器能否正常工作。点烟器插座是许多附件共用的插座，如电动剃刀、冷却器、民用频带收音机等。点烟器不能工作可能说明其他电路有故障。

6）检查音响和收音机。打开音响，检查能否正常工作，音质是否清晰。打开收音机开关，检查收音机能否工作。

7）检查电动天线。如果汽车安装了电动天线，当打开点火开关或按下天线按钮时，天线应能自动升高和降低，否则需要更换电动天线。

8）检查电动天窗。如果有电动天窗，操作一下观察工作是否平稳，关闭时是否密封良好。当打开天窗时，检查轨道上是否有漏水的痕迹。特别是在二手车上，这是天窗典型的问题。如果天窗上有玻璃板或塑料板，察看玻璃板或塑料板是否清洁、有没有裂纹。许多天窗上有遮阳板，当不想让阳光射进来时，可以向前滑动或转动遮阳板，从内部遮住天窗。

9）检查活顶。如果正在检查一辆活顶轿车，即使在冬天，也必须试试顶部机械系统。检查风窗玻璃顶部边缘的锁闩是否合适并能安全锁上，车顶降下和升起是否自始至终没有延迟或冲击。活顶轿车车顶最大的问题是塑料后窗因露天很容易褪色。检查车顶上所有可看到的接缝并检查塑料后窗的状况。

10）检查除雾器。检查除雾器时，如果系统工作正常，打开后窗除雾器几分钟后，后窗玻璃摸上去应该是热的。还应检查暖风器（即使是夏天）并确保风速开关在所有速度档均可正常工作。试一试风窗玻璃除霜器位置并在风窗玻璃底部感受一下热空气。如果没有热气，可能意味着除霜器导管丢失或破裂。

4. 检查行李舱

（1）检查行李舱开关拉索或电动开关　有些汽车在乘员舱内部有行李舱开启拉索或电动开关。确保其能够工作，并能不费劲地打开行李舱或舱盖。

（2）检查气压减振器　一般行李舱采用气体助力支柱，要检查气压减振器能否支撑起行李舱盖的质量。失效虚弱的气压减振器可能使行李舱盖自动倒下，这是很麻烦甚至危险的。

（3）检查密封条　行李舱密封条对行李舱内部储物、地板和车身的防护十分重要，所以应仔细检查密封条有无划痕、损坏脱落。

（4）检查行李舱地板　拉起行李舱中的橡胶地板垫或地毯，观察地板是否有铁锈、修理和焊接痕迹，或行李舱密封条不严引起的发霉迹象。

（5）检查备胎　如果是一辆行驶里程较短的汽车，其备胎应该是新标记，与原车轮胎标记相同，而不是花纹几乎磨光的轮胎。

(6) 检查随车工具　设法在行李舱中找到出厂原装的千斤顶、千斤顶手柄和轮毂盖带耳螺母拆卸工具。

(7) 检查门控灯　行李舱上有一个门控灯，当行李舱盖打开时，门控灯应点亮；否则，门控灯或门控灯开关损坏。

(8) 检查内部的油漆与外部油漆是否一致　在打开行李舱后，对内部进行近距离全面观察，检查油漆是否相配，行李舱内部油漆的颜色是否与外部的颜色相同，行李舱盖底部的颜色是否与外部的颜色相同。将行李舱、发动机舱盖底部、车门柱喷上与新的外部颜色相配的漆，常常是特别昂贵的，廉价的喷漆作业并不包括这些工作。行李舱中喷漆的颜色不相配表明已重喷了便宜漆或更换了面板或进行了其他一些碰撞修理。查看行李舱盖金属构件、地板垫、后排座椅后的纸板、线路或尾灯后部等地方是否喷漆过多。

5. 检查车身底部

车辆底盘检查要将车辆开进地沟或在举升器的工位进行。

(1) 检查泄漏情况　检查发动机固定是否可靠，检查发动机与传动系统的连接情况；燃油箱及燃油管路应固定可靠，不得有渗油、漏油现象；燃油管路与其他部件不应有磨蹭现象；软管不得有老化开裂、磨损等异常现象；在汽车底部很容易检查出泄漏源，从车底可以检查出的泄漏有冷却液泄漏、机油泄漏、制动液泄漏、变速器油泄漏、转向助力油泄漏、主减速器油泄漏、电控悬架油泄漏、减振器油泄漏、排气泄漏等。

(2) 检查排气系统　检查排气管、消声器是否齐全及固定情况，有无破损和漏气现象。现在大多数汽车具有带耐热橡胶环形圈的排气管支承，它连接车架支架与排气管支架。当这些装置在一些消声器商店里更换为通用金属带时，排气系统将承受更大的应力并使更多的噪声、热量和振动传递到汽车上。

要注意察看排气系统零件是否标准，排气管是否更换，要确保它们离制动管不能太近。在后轮驱动的汽车上，排气管越过后桥端部，要确保紧靠后桥壳外表的制动钢管没有因为与排气系统上的凸起相遇而压扁。

(3) 检查前、后悬架　可用手在汽车前后左右角分别用力下压，如放松后汽车车身能回弹，并能自由跳动两三次，说明该系统正常。如出现异响或不能自由跳动，则说明该减振器或悬架系统的弹簧等部件工作不良，舒适性自然就会变差。检查钢板弹簧有无裂纹、断片和缺片现象，中心螺栓和 U 形螺栓是否紧固，减振器是否漏油，车架与悬架之间的各拉杆和导杆应无松旷和移位现象。

(4) 检查转向机构　汽车转向机构性能的好坏对汽车行驶稳定性有很大影响，检查转时向系统时，除了检查转向盘自由行程之外，还应仔细检查以下几个方面：检查转向节臂、转向横直拉杆有无裂纹和损伤，有无拼焊现象；检查转向横直拉杆球销是否松旷、连接是否可靠；检查各运动部件在运动中有无干涉、摩擦现象；检查转向轴是否弯曲，其套管是否凹瘪；检查传动轴中间支撑轴承及支架、万向节等有无裂纹和松旷现象；检查前、后桥是否有变形、裂纹。

对于动力转向系统，还应该检查动力转向泵驱动带是否松动；转向油泵安装螺栓是否松动；动力转向系统油管及管接头处是否存在损伤或松动等。

(5) 检查车轮　检查车轮轮毂轴承是否松旷，用手晃动车轮，感觉是否有旷动，如果有，说明轮毂轴承松旷，车轴轴承磨损严重，需要更换车轮轴承；检查轿车轮胎胎冠上的花纹深度，不得小于 1.6mm，其他车辆转向轮的胎冠花纹深度不得小于 3.2mm，其余轮胎胎冠花纹深度不得小于 1.6mm。轮胎的胎面和胎壁上不得有长度超过 25mm、深度足以暴露出轮胎帘布层的破裂和割伤。

有的轮胎设有胎面磨耗（打滑）标记，当磨损量超过正常限度时，磨损标记就会显露出来。若标记已显露出来，则表明轮胎已磨损到极限状态，应更换。

（6）检查传动轴　对于后轮驱动的汽车，检查传动轴、中间轴及万向节等处有无裂纹和松动；传动轴是否弯曲、传动轴轴管是否凹陷；万向节轴承是否因磨损而松旷，万向节凸缘连接螺栓是否松动等。

（7）检查制动主缸、制动轮缸、制动管路　不得有漏气、漏油现象；软管不得有老化开裂、磨损异常等现象。

（8）检查电气线路　所有电气导线均应捆扎成束、布置整齐、固定卡紧、接头牢固并有绝缘套，在导线穿越孔洞时需装设绝缘套管。

（9）检查车架　检查车架是否有裂纹和影响车辆正常行驶的变形，螺栓和铆钉不得缺少和松动，车架不得进行焊接加工。

任务二　掌握二手车技术状况的动态检查

动态检查是指二手车在工作状态下，依据检测人员的技能和经验，辅以简单的量具，对二手车技术状况进行检查。二手车的动态检查包括无负荷时的工况检查和路试检查。

在对汽车进行静态检查之后，再进行动态检查，其目的是进一步检查发动机、底盘、电气电子设备的工作状况及汽车的使用性能。其检查的主要内容如图 3-1 所示。

一、了解路试前的准备工作

在进行路试之前，检查机油油位、冷却液液位、制动液液位、转向液液位、踏板自由行程、转向盘自由行程、轮胎胎压、各警告灯，各个项目检查结果均为正常后方可起动发动机，进行路试检查。

（1）检查机油油位　检查之前应将车停放在平坦的场地上。将点火开关钥匙拧到关闭位置，把驻车制动杆放到制动位置，变速杆置于空档位置。打开发动机舱盖，抽出机油尺，用抹布擦净机油尺上的油迹后，插入机油尺导孔，再拔出查看。油位在上下刻线之间，即为合适。如果超出上刻线，应放出机油；如果低于下刻线，可从加注口处添加，待 10min 后，再次检查油位。补充时应严格注意清洁并检查是否有渗漏现象。

（2）检查冷却液液位　检查冷却液液

汽车的动态检查
- 路试前的准备工作
- 发动机工作性能检查
  - 起动性能
  - 怠速运转情况
  - 动力性能
  - 气缸密封性能
  - 废气排放性能
  - 发动机异响
- 路试检查
  - 起步性能
  - 换档性能
  - 加速性能
  - 滑行性能
  - 操纵稳定性能
  - 舒适性能
  - 制动性能
  - 噪声
- 自动变速器路试检查
  - 升档检查
  - 升档车速检查
  - 升档发动机转速检查
  - 换档质量检查
  - 锁止功能检查
  - 发动机制动功能检查
  - 强制降档功能检查
- 路试后的检查

图 3-1　汽车的动态检查

位时，应在冷车状态下进行，检查后应扣紧散热器盖。补充冷却液时，应使用软水或同种防冻液。添加前要检查冷却系统是否有渗漏现象。

（3）检查制动液液位　正常制动液液位应在储液罐的上刻线与下刻线之间或标定位置处。当液位低于标定刻线或下刻线位置时，应把新的制动液补充到标定刻线或上刻线位置。

（4）检查动力转向液压油的油量　将动力转向储液罐的外表面擦干净，取下加注口盖，将标尺上的液体擦干净，重新将标尺装上（检查时，请不要拧紧加注口盖），取下标尺时，检查液体平面高度，标尺所示的刻度和意义与机油尺相同。如果液体平面高度低于标尺下限刻度，则需要添加同种的动力转向液，补充到上限刻度（F或H）为止。添加前应检查动力管路是否有渗漏现象。

（5）检查冷却风扇传动带　检查冷却风扇传动带的紧度，用拇指以88~98N的力按压传动带中间部位时，挠度应为10~15mm，如果不符合要求，可通过调节发动机支架固定螺栓的位置进行调整。

（6）检查制动踏板行程并确保制动灯工作良好　路试前，一定要检查制动系统并确保制动灯工作良好。检查制动踏板工作情况，踩下制动踏板25~50mm，应感到坚实而没有松软感，即使踩下半分钟也应如此。如果制动踏板有松软感，制动管路可能有空气，这意味着制动系统中某处可能有泄漏。

另外，还要检查驻车制动是否工作良好，是否能将汽车稳固地停住。

（7）检查燃油箱的油量　打开点火开关，观察燃油表，了解油箱大致储油量，也可打开加油口盖，观察或用清洁量尺测量。但要注意加油口盖的清洁，避免尘土脏物落入。

（8）检查轮胎气压　拧开轮胎气嘴的防尘帽，用轮胎气压表测量气压，轮胎的气压应符合轮胎的规定。气压不足，应进行充气；气压过高，应放出部分气体。轮胎气压过高或过低，均不宜进行路试，因为此时既不能正确判断汽车的性能状态，还可能出现意外事故。

二、掌握发动机工作性能检查

发动机工作性能检查主要是检查发动机的起动、怠速、异响、急加速性、曲轴箱窜气量、排气颜色等项目。

（1）检查发动机起动性能　正常情况下，用起动机起动发动机时，应在3次内起动成功。起动时，每次时间不超过5~10s，再次起动时间要间隔15s以上。若发动机不能正常起动，说明发动机的起动性能不好。

影响发动机起动性能的原因有很多，主要有油路、电路、气路和机械4个方面，如供油不畅、电动汽油泵没有保压功能、点火系统漏电、蓄电池接线柱锈蚀、空气滤清器堵塞、气缸磨损致使气缸压力过低、气门关闭不严等。

（2）检查发动机怠速运转情况　发动机起动后使其怠速运转，打开发动机舱盖，观察怠速运转情况，怠速时应平稳，发动机振动很小。观察仪表板上的发动机转速表，此时，发动机的怠速转速应为（800±50）r/min，不同发动机的怠速转速可能有一定的差别。若打开空调，发动机转速应上升，转速应在1000r/min左右。

对于汽油发动机，怠速不良的原因主要有点火正时、气门间隙配气正时或怠速调整不当，真空漏气；曲轴箱通风单向阀不密封或卡阻，怠速时不能关闭；排气再循环装置或燃油蒸发排放装置（如果安装）的误动作；点火系统或供油系统工作不良；气缸压缩压力过低或各缸压缩压力不一致等。

（3）检查发动机异响　使发动机怠速运转，倾听发动机有无异响、响声大小。然后，用手拨动节气门，适当增加发动机转速，倾听发动机的异响是否加大，或是否有新的异响出现。

正常情况下，无论转速和负荷怎样变化，发动机都是一种平稳而有节奏、协调而又平滑的轰鸣声。在额定转速内，若发动机发出敲击声、“咔嗒”声、“咯咯”声、尖叫声等均是不正常的响声。如果有来自发动机底部的低频隆隆声或爆燃声，则说明发动机严重损坏，需要对发动机进行大修。

（4）检查发动机急加速性　待发动机运转正常后，发动机温度达到 80℃以上，用手拨动节气门，从怠速到急加速，观察发动机的急加速性能，然后迅速松开节气门，观察发动机是否熄火或工作不稳。通常急加速时，发动机发出强劲且有节奏的轰鸣声。

（5）检查排气颜色　正常的汽油发动机排出气体是无色的，在严寒的冬季可见白色的水汽；柴油发动机带负荷运转时，发动机排出气体一般是灰色的，负荷加重时，排气颜色会深一些。

无论是汽油机还是柴油机，如果排气颜色发蓝，说明机油窜入燃烧室。冒黑烟意味着燃油系统输出的燃油太多。换句话说，混合气太浓，发动机不能将其完全燃烧。冒白烟意味着发动机烧自身冷却系统中的冷却液（防冻液和水），这可能是气缸垫烧坏，使冷却液从冷却液通道渗漏到燃烧室中；也可能是缸体有裂纹，冷却液进入气缸内。

如果是自动档汽车，汽车行驶时排出大量白烟可能是自动变速器有问题，而不是冷却液渗漏引起的。许多自动变速器有一根通向发动机的真空管，如果这根变速器真空管末端的密封垫或薄膜泄漏，自动变速器油可能被吸入发动机中，造成排气冒白烟。

三、掌握车辆路试检查

1. 车辆路试检查

通过一定里程的路试检查汽车的工况，路试一般行驶 20km 左右。

资源 3-5
动态检查

（1）检查离合器　正常情况下，离合器应该接合平稳，分离彻底，工作时无异响、抖动和不正常打滑等现象。踏板自由行程应符合汽车技术条件的有关规定，因车而定：桑塔纳轿车离合器踏板自由行程为 15 ~ 25mm，CA1020F 型汽车离合器踏板自由行程为 30 ~ 40mm，自由行程太小，说明离合器摩擦片磨损严重。

如果离合器发抖或有异响，说明离合器内部有零件损坏现象，应立即结束路试。

（2）检查变速器　从起步加速到高速档，再由高速档减至低速档，检查变速器换档是否轻便灵活；是否有异响，互锁自锁装置是否有效、是否有乱档现象，加速时是否有掉档现象；换档时变速杆不得与其他部件干涉。

（3）检查汽车动力性　汽车动力性能最常见的指标是从静态加速至 100km/h 的所需时间和最高车速，其中前者是最具意义的动力性能指标和国际流行的小客车动力性能指标。

检查加速性能时，汽车起步后，加速行驶，猛踩加速踏板。通常，急加速时，发动机发出强劲的轰鸣声，车速迅速提升。一般情况下，发动机排量越大，加速性能就越好。

检查汽车的爬坡性能。汽车在相应的坡道上，使用相应档位时的动力性能，是否与经验值相近，感觉爬坡性能是否正常。

若汽车提速慢，最高车速与原车设计值差距较大，上坡无力，则说明车辆动力性能差。

(4) 检查汽车制动性能　汽车起步后，先点一下制动，检查是否有制动；将车加速至20km/h进行一次紧急制动，检查制动是否可靠，有无跑偏、甩尾现象；再将车加速至50km/h，先用点制动的方法检查汽车是否立即减速、是否跑偏，再用紧急制动的方法检查制动距离和跑偏量。

《汽车运行安全技术条件》(GB 7258—2017) 中规定，汽车制动性能和应急制动性能的路试检测在平坦、硬实、清洁、干燥且轮胎与地面间附着系数不小于0.7的混凝土或沥青路面上进行，检验时发动机与传动系分离。汽车在规定初速度下的制动距离和制动稳定性要求见表3-1。

表3-1　制动距离和制动稳定性要求

机动车类型		制动初速度/(km/h)	制动距离/m		试车道宽度/m
			满载	空载	
乘用车		50	≤20.0	≤19.0	2.5
总质量≤3500kg	低速汽车	30	≤9.0	≤8.0	2.5
	一般汽车	50	≤22.0	≤21.0	2.5
其他汽车、汽车列车		30	≤10.0	≤9.0	3.0
三轮汽车		20	≤5.0		2.5
两轮摩托车		30	≤7.0		—
轮式拖拉机运输机组		20	≤6.5	≤6.0	3.0

(5) 检查行驶稳定性　车辆以50km/h左右中速直线行驶，双手松开转向盘，观察汽车行驶状况。此时，汽车应该仍然直线行驶并且不明显地转到任何一边，否则，说明汽车的转向轮定位不准，或车身、悬架变形。

车辆以90km/h以上高速行驶时，观察转向盘有无摆振现象，即所谓的“汽车摆头”。若汽车有高速摆头现象，通常意味着存在严重的车轮不平衡或不对中问题。

转向盘最大自由转动量不允许大于15°(最高设计车速不小于100km/h的机动车)。若转向盘的自由转动量过大，意味着转向机构磨损严重，使转向盘的游动间隙过大，导致转向不灵。

(6) 检查行驶平顺性　当汽车转弯或通过不平路面时，汽车前端若发出忽大忽小的“嘎吱”声或低沉噪声，可能是滑柱或减振器紧固装置松了，或轴承磨损严重。汽车转弯时，若车身侧倾过大，则可能是横向稳定杆衬套或减振器磨损严重。将汽车开到粗糙、有凸起路面上行驶，或通过铁轨、公路伸缩接缝，感受汽车的平顺性和乘坐舒适性。通常，汽车排量越大，行驶越平顺，但燃油消耗也越多。

(7) 检查驻车制动　如果在坡路上拉紧驻车制动器后出现溜车，说明驻车制动器有故障，其原因可能是驻车制动器拉杆调整过长，摩擦片与制动鼓或制动盘间隙过大或有油污，摩擦片磨损严重或打滑或制动鼓（盘）与摩擦片接触不良等。这些故障也是需要在修理厂解决的。通常，驻车制动力不应小于整车重量的20%。

驻车制动力、施加于驻车制动操纵装置上的力和操纵装置的储备行程均应符合《汽车运行安全技术条件》（GB 7258—2017）的要求。

2. 自动变速器的路试检查

（1）准备工作　路试前，应先让汽车以中低速行驶5~10min，让发动机和自动变速器都达到正常工作温度（50~80℃）。

（2）检查自动变速器油位　将车辆停放在平坦路面，如果在冷车状态下，油面应该在COOL范围内，油面过高说明应该放出一些油。如果在热车状态下，自动变速器达到正常工作温度（50~80℃），保持怠速运转，将变速杆依次挂入各个档位（要踩住制动踏板），最后挂入P位，然后观察自动变速器的油尺标志，在正常工作温度下，油面应该在HOT范围内，如果油面比较低，说明需要添加同型号变速器油。

（3）检查自动变速器油的质量　正常情况下，油液应该清洁无异味；如果油液为深暗或褐色，说明需要更换了，或是长期处于重负荷运转；如果油液中有烧焦的味道，可能是离合器或制动器片烧焦造成的。

（4）试车时　自动变速器应该在没有冲击、黏合、延迟的情况下平稳换档。如果在完全踏下加速踏板时，节气门不能全开，说明节气门开度不符合要求，应检查节气门拉索，或对整个供油系统（油路）进行检查。

行驶中，如果出现升档的车速明显高于规定值（参见技术手册），可能是节气门拉索或节气门位置传感器调整不当或损坏等故障。如果踩加速踏板较深但汽车提速缓慢，说明自动变速器打滑，很可能是变速器油面过低造成的。如果出现不能升档、无倒档、无超速档等现象，都说明该自动变速器有严重故障。

（5）车辆怠速检查　车辆怠速性能也会影响自动变速器，如果怠速转速过低，从N位到P位，或到D、R、2、3位时，会导致车辆发生振动。如果从N位到P位时，出现发动机熄火或在行驶过程中踩制动踏板停车出现发动机熄火时，也是怠速转速过低的缘故；或者是变速器阀体、档位开关、转速传感器故障等；如果怠速过高，从N位到P位会产生换档冲击，明显的表现就是自动换档时感觉到向前闯动。

四、掌握车辆路试后的检查

（1）检查各部件温度　检查冷却液、机油、齿轮油温度（正常冷却液温度不应超过90℃，机油温度不应高于90℃，齿轮油温度不应高于85℃）；检查运动零件过热情况。查看制动鼓、轮毂、变速器壳、传动轴、中间轴轴承、驱动桥壳（特别是减速器壳）等，不应有过热现象。

（2）检查“五漏”现象

1）在发动机运转及停车时散热器、水泵、气缸、缸盖、暖风装置及所有连接部位均无明显渗漏水现象。

2）汽车连续行驶距离不小于10km，停车5min后观察不得有明显渗漏油现象。

3）检查机油、变速器油、主减速器油、转向液压油、制动液、离合器油、液压悬架油等相关处有无泄漏。

4）检查发动机点火系统有无漏电现象。

5）检查汽车的进气系统、排气系统有无漏气现象。

任务三 掌握二手车技术状况的仪器检查

通过静态检查和动态检查，可以对汽车的技术状况进行定性判断，即初步判定车辆的运行情况是否基本正常、车辆各部件有无故障及导致故障的可能原因等。但对于汽车的某些项目进行严格鉴定（如司法鉴定）时，仅有定性判断是不够的，这就需要借助某些专用仪器或设备对车辆各项技术性能及各总成、部件的技术状况进行定量、客观的评价。

仪器检查是指使用仪器、设备对二手车的技术性能和故障进行检测和诊断，既定性又定量地对二手车进行技术检查。

一、掌握汽车动力性检测

汽车使用一段时间之后，其技术状况会发生改变，动力性也会发生改变。动力性是汽车重要的基本性能之一，它直接影响汽车运输效率的高低，汽车动力性直接取决于发动机的性能。

1. 发动机气缸密封性检测

发动机气缸密封性是由气缸活塞组、气门与气门座以及气缸盖、气缸体、气缸垫及相关零件的配合保证的。发动机在长期使用过程中，气缸活塞组零件逐渐磨损，气门与气门座磨损、烧蚀以及气缸体、气缸盖密封面变形，导致气缸漏气，密封性降低，从而导致发动机功率下降，油耗增加。因此，为了使发动机保持良好的工作状态，须对发动机的密封性进行检测。通常，通过检测气缸压缩压力来评价气缸的密封性。

气缸压缩终了时刻的压力与发动机的热效率和平均指示压力有密切的关系。影响气缸压缩压力的因素有气缸活塞组的密封性、气门与气门座的密封性以及气缸垫的密封性等。因此，通过测量气缸压缩终了时刻的压力，可以间接地判断上述各部位的技术状况。

（1）检测工具　检测气缸压缩压力的工具就是气缸压力表，如图3-2所示。气缸压力表一般由表头、导管、单向阀和接头等组成。单向阀关闭时，可保持压力表指针位置，便于读出气缸压缩压力的检测数值；单向阀打开时，指针归零，以便于下次测量。

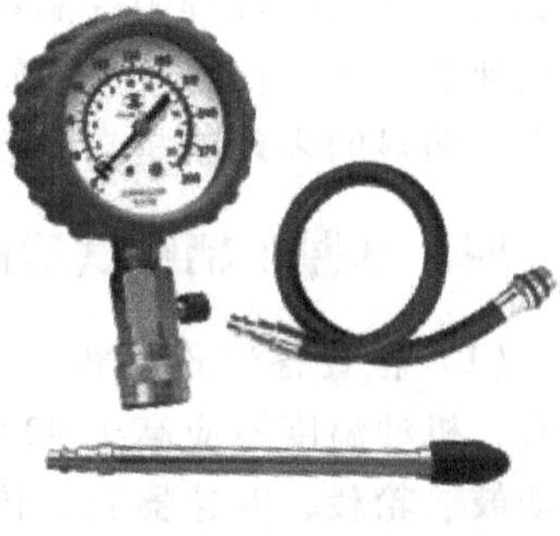

图3-2　气缸压力表

（2）检测方法

1）发动机运转到正常工作温度，用压缩空气吹净火花塞周围的脏物。

2）拆下全部火花塞或喷油器（柴油机），并按气缸顺序依次放置。从点火线圈上卸下次级线圈接头，拆下空气滤清器。

3）把气缸压力表的橡胶接头放在被测气缸的火花塞孔内，扶正压紧；或把螺纹管接头拧在火花塞孔上。

4）节气门置于全开位置。

5）用起动机带动曲轴旋转3~5s，在压力表表头指针指示最大压力时停止转动，取下气缸压力表，记录读数，然后按下单向阀使指针归零。

6）按上述方法依次测量各缸，每缸的测量次数不少于2次，每缸测量结果取算数平均数，按相反顺序依次装回火花塞、分缸线、空气滤清器。

（3）检测结果分析　发动机气缸压缩压力的技术标准按《汽车修理质量检查评定方法》（GB/T 15746—2011）的要求：在正常工作温度下，各缸压力差汽油机应不超过各缸平均压力的5%，柴油机应不超过8%。

测完气缸压力后，与标准值进行比较，可以做出以下几种情况的判断：

1）有的气缸在两三次测量中，检测结果差异较大，说明气门有时关闭不严。

2）相邻两缸压力读数偏低或很低，是由于相邻两缸间气缸衬垫烧蚀导致漏气或气缸盖螺栓未拧紧所致。

3）若气缸压力检测结果偏低，可向该火花塞孔内注入20~30mL润滑油，然后重新检测。若第二次检测结果比第一次高，接近标准压力，表明由于气缸、活塞环、活塞磨损严重或活塞环对口、卡死、断裂或缸壁拉伤等导致气缸密封性不良；若第二次检测结果与第一次近似，表明气缸密封性不良的原因在于进、排气门或气缸衬垫密封性不好。

4）如果一缸或数缸压力偏高，汽车行驶中又出现过热或爆燃现象，表明积炭过多或经过大修后缸径增大而改变了压缩比。

2. 汽车动力性台架检测

汽车动力性台架试验，主要是用无负荷测功仪检测发动机功率，用底盘测功机检测汽车的最大输出功率、最高车速和加速能力。室内台架试验不受气候、驾驶人员技术条件等客观因素的影响，只受测试仪本身精度的影响，测试易于控制，所以在汽车检测站得到广泛应用。

（1）汽车底盘输出功率的检测方法　通过底盘测功机检测车辆的最大底盘驱动功率，以评定车辆技术状况等级。

1）在动力性检测之前，必须按汽车底盘测功机说明书的规定进行试验前的准备。

2）汽车底盘测功机控制系统、道路模拟系统、引导系统、安全保障系统等必须工作正常。

3）在动力性检测过程中，控制方式处于恒速控制，当车速达到设定车速（误差±2km/h）并稳定5s后（时间过短，检测结果重复性较差），计算机方可读取车速与驱动力数值，并计算汽车底盘输出功率。

4）输出检测结果。

（2）发动机功率的检测方法　用发动机无负荷测功仪检测发动机功率，使用方便，检测快捷，在规范操作前提下，可对发动机动力性进行检测并管理有效数据。还可用于同一发动机调试前后、维修前后的功率对比，因此得到广泛使用。

1）起动发动机并预热至正常状态，同时接通无负荷测功仪电源，连接传感器。

2）按仪器使用说明书进行操作。

3）从测功仪上读取（或算出）发动机的功率值。

（3）数据处理

1）底盘测功机数据处理　目前底盘测功机显示的数值，有的是功率吸收装置吸收功率的数值，有的是驱动轮输出的最大底盘输出功率的数值。对于显示功率吸收装置所吸收功率数值的，在进行检测结果的数据处理时，必须加上汽车在滚筒上滚动阻力消耗的功率、台架机械阻力消耗的功率及风冷式功率吸收装置冷却风扇所消耗的功率。

其计算式应为

汽车底盘最大输出功率=功率吸收装置所消耗的功率+滚动阻力所消耗的功率+台架机械阻力所消耗的功率+风冷式功率吸收装置冷却风扇所消耗的功率

2）发动机最大输出功率的数据处理　所测定发动机最大输出功率应与发动机的额定功率相比较。

发动机最大输出功率的计算式为

$$\text{发动机最大输出功率 } P_{max} = \text{附件消耗功率 } P_1 + \text{传动系统消耗功率 } P_2 + \text{底盘最大输出功率 } DP_{max}$$

因此，在测得底盘最大输出功率 DP_{max} 之后，应加上传动系统消耗功率 P_2 及附件消耗功率 P_1，才可确定发动机最大输出功率 P_{max}。若该汽车发动机额定功率为净功率，不包括发动机附件消耗功率 P_1，则发动机最大输出功率 P_{max} 的数值为

$$P_{max} = P_2 + DP_{max}$$

用发动机无负荷测功仪测得的发动机功率 P，若该汽车发动机的额定功率为总功率，而不是净功率，则所测得的功率 P 应加上发动机附件消耗功率 P_1 后才可与额定功率相比较。

二、掌握汽车燃油经济性检测

汽车的燃油经济性一般采用燃油消耗量试验来评定。检测汽车的燃油消耗量一般使用燃油消耗检测仪，通过测定燃油消耗量的容积或质量来表示。可以通过汽车道路试验或在底盘测功试验台上模拟路试来检测其燃油消耗量，本节主要介绍汽车道路试验检测。

根据《汽车燃料消耗量试验方法　第 1 部分　乘用车燃料消耗量试验方法》（GB/T 12545.1—2008）以及《商用车燃料消耗量试验方法》（GB/T 12545.2—2001）的规定，汽车在路试条件下检测燃料消耗量的试验方法如下。

（1）试验规范　汽车路试的基本规范按照《汽车道路试验方法通则》（GB/T 12534—1990）。

（2）试验车辆载荷　除有特殊规定外，轿车为规定载荷的一半，试验时取整数；城市客车为总质量的 65%；其他车辆为满载，乘员质量及其装载要求按《汽车道路试验方法通则》（GB/T 12534—1990）规定。

（3）试验仪器　试验仪器及精度要求如下：

1）车速测定仪和汽车燃油消耗仪：精度 0.5%。

2）计时器：最小读数 0.1s。

（4）试验的一般规定

1）试验车辆必须清洁，关闭车窗和驾驶室通风口，只允许打开驱动车辆所必需的设备。

2）由恒温器控制的空气流必须处于正常调整状态。

（5）试验项目

1）直接档全节气门加速燃料消耗量试验。

2）等速燃料消耗量试验。

3）多工况燃料消耗量试验。

4）限定条件下的平均使用燃料消耗量试验。

在进行道路试验时，多以等速行驶燃料消耗量试验来检测汽车燃油消耗量，即汽车在常用档位（直接档），从车速 20km/h（当最低稳定车速高于 20km/h 时，从 30km/h 开始）开始，以 10km/h 的整数倍均匀选取车速，通过 500m 的测量路段，测定燃油消耗量 G（mL）和通过时间 t（s），每种车速往返试验各进行 2 次，直到该档最高车速的 90%以上（至少测定 5 个试验车速）。

2 次试验时间间隔（包括达到预定车速所需的助跑时间）应尽量缩短，以保持稳定的热状态。

各平均实测车速 v 及其相应的等速油耗量的平均值 Q_0 为

$$Q_0=\Delta/500\ (\mathrm{mL/m})=0.2\Delta\ (\mathrm{L/100km})$$

$$v=3.6\times500/t\ (\mathrm{km/h})$$

式中，t、Δ 是预选车速下的平均值。算出 Q_0 后应校正为标准状态下的 Q_c。标准状态指：大气温度 20℃，大气压力 100kPa，汽油密度为 0.742g/mL，柴油密度为 0.830g/mL。校正公式为

$$Q_c=Q_0(\mathrm{L/100km})/(C_1C_2C_3)$$

$$C_1=1+0.0025(20-T)$$

$$C_2=1+0.0021(P-100)$$

$$C_3=1+0.8(0.742-\rho)\text{（汽油车）}$$

$$C_3=1+0.8(0.830-\rho)\text{（柴油车）}$$

式中　C_1——环境温度校正系数；

C_2——大气压力校正系数；

C_3——燃油密度校正系数；

T——试验时的环境温度（℃）；

P——试验时的大气压力（kPa）；

ρ——试验时的燃油密度（g/mL）。

各种车速下油耗测试值对平均值的相对误差不应超过±2.5%。

（6）绘制等速燃料消耗量特性曲线　以车速为横坐标，百公里燃油消耗量为纵坐标，绘制出各等速燃料消耗量散点，根据各散点绘制等速燃料消耗量的特性曲线。图 3-3 所示为某些车型的等速百公里油耗特性曲线。

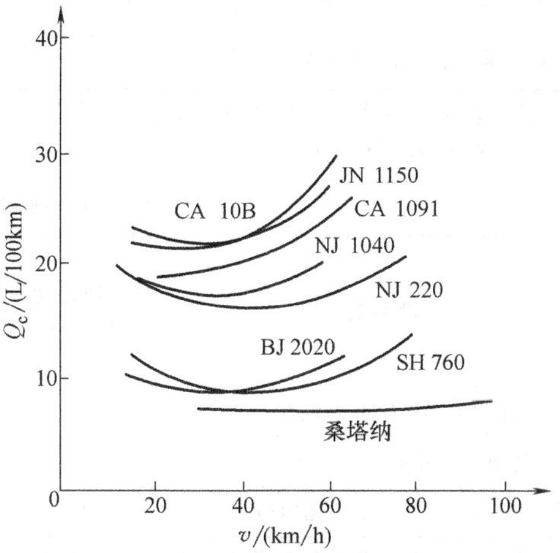

图 3-3　等速百公里油耗特性曲线

三、掌握汽车制动性能检测

汽车的制动性能好坏直接关系到交通安全。根据《机动车运行安全技术条件》（GB 7258—2017）规定，当汽车经台试制动性能检验后对其制动性能有质疑时，可用道路试验检测，并以满载路试的检验结果为准。

1. 制动性能路试检验项目

1）制动距离。

2）充分发出的平均减速度。

3）制动稳定性。

4）制动协调时间。

5）驻车制动坡度。

2. 路试制动性能检验方法

测试路面应为平坦（坡度不超过1%）、干燥和清洁的混凝土或沥青路面。轮胎与路面之间的附着系数不小于0.7，风速不大于5m/s。在试验路面上，应画出标准中规定的制动稳定性要求相应宽度试车道的边线。被测车辆沿着试验车道的中线行驶至高于规定的初速度后，置变速器于空档。当滑行到规定的初速度时急踩制动踏板，使车辆停止。

用速度计、第五轮仪或用其他测试方法测量车辆制动距离。

用速度计、制动减速度仪或用其他测试方法测量车辆充分发出的平均减速度与制动协调时间。充分发出的平均减速度应在测得公式中相关参数后计算确定。

3. 制动性能路试检测项目的技术要求

制动性能路试检测项目的技术要求见表3-2～表3-7。

表3-2　制动距离和制动稳定性要求

车辆类型	制动初速度/(km/h)	满载检验制动距离要求/m	空载检验制动距离要求/m	制动稳定性要求,车辆任何部位不得超出试车道宽度/m
座位数≤9的载客汽车	50	≤20	≤19	2.5
其他总质量≤3.5t的汽车	50	≤22	≤21	2.5
其他汽车、汽车列车及无轨电车	30	≤10	≤9	3.0

注：1. 对质量大于3.5t并小于等于4.5t的汽车，试车道宽度为3.0m。
2. 摘自GB 7258—2017。

表3-3　制动减速度和制动稳定性要求

车辆类型	制动初速度/(km/h)	满载检验充分发出的平均减速度/(m/s^2)	空载检验充分发出的平均减速度/(m/s^2)	制动稳定性要求，车辆任何部位不得超出试车道宽度/m
座位数≤9的载客汽车	50	≥5.9	≥6.2	2.5
其他总质量≤3.5t的汽车	50	≥5.4	≥5.8	2.5
其他汽车、汽车列车及无轨电车	30	≥5.0	≥5.4	3.0

注：1. 对质量大于3.5t并小于等于4.5t的汽车，试车道宽度为3.0m。
2. 摘自GB 7258—2017。

表 3-4 制动性能检验时制动踏板力或制动气压要求

项目		空载	满载
气压制动系统气压表指示气压/kPa		≤750	≤额定工作气压
液压制动系统踏板力/N	座位数≤9 的载客汽车	≤400	≤500
	其他汽车	≤450	≤700

表 3-5 空载状态驻车制动性能要求

车辆类型	轮胎与路面间的附着系数	停驻坡道坡度(车辆正方向)(%)	保持时间/min
总质量/整备质量<1.2t	≥0.7	15	≥2
其他车辆	≥0.7	20	≥2

表 3-6 驻车制动性能检验时操纵力

车辆类型	手操纵时操纵力/N	脚操纵时操纵力/N
座位数≤9 的载客汽车	≤400	≤500
其他车辆	≤600	≤700

表 3-7 制动协调时间 （单位：s）

汽车单车	≤0.6
汽车列车	≤0.8

四、掌握汽车排气污染物检测

随着汽车保有量的增加，汽车排气污染物造成的环境污染情况将日趋严重。所以对汽车排气污染物的监控与防治，已经刻不容缓。要做好汽车排气污染物的监控与防治，首先必须做好防治工作。用废气分析仪和烟度计测定排气污染物的浓度，目的是控制排气污染物的扩散，使其限定在被允许的范围内，以达到保护生态环境的目的。

1. 排气污染物的主要成分

汽车排放的主要污染物是一氧化碳（CO）、碳氢化合物（HC）、氮氧化合物（NO_x）硫化物和微粒物（由炭烟、铅氧化物等重金属氧化物和烟灰等组成）。

如果把汽油发动机 CO 排放量当作 1 的话，则液化气发动机的 CO 排放量为 1/2，而柴油发动机的 CO 排放量为 1/100。可以看出，柴油发动机与汽油发动机相比，其 CO 排出量要小得多。而且，柴油发动机的 HC 排出量也较少，但 NO_x 排出量则和汽油发动机差不多，且会排出令人讨厌的黑烟。

2. 排气污染物的危害

（1）一氧化碳（CO） 在内燃机中，CO 是空气不足或其他原因造成不完全燃烧时，所产生的一种无色、无味的气体。CO 进入人体后，非常容易和血液中的血红蛋白结合，它的亲和力是氧的 300 倍。因此，肺里的血红蛋白不与氧结合而与 CO 结合，致使人体缺氧，引起头痛、头晕、呕吐等中毒症状，严重时会造成死亡。

（2）碳氢化合物（HC） HC 是指发动机废气中的未燃部分，还包括供油系统中燃料的蒸发和滴漏。单独的 HC 只有在浓度相当高的情况下才会对人体产生影响，一般情况下作用不大，但它却是产生光化学烟雾的重要成分。

（3）氮氧化合物（NO_x） NO_x 是发动机大负荷工作时大量产生的一种褐色的有臭味的废气。NO_x 进入肺泡后能形成亚硝酸和硝酸，对肺组织产生剧烈的刺激作用。亚硝酸盐则能与人体内的血红蛋白结合，形成变性血红蛋白，可在一定程度上导致组织缺氧。NO_x 与 HC 受阳光中紫外线照射后发生化学反应，形成光化学烟雾。

（4）铅化合物 人们吸入含有铅微粒的空气后，铅会逐渐在人体内积累。当积累量达到一定程度时，铅将阻碍细胞中红细胞的生长，使心、肺等处发生病变；侵入大脑时则会引起头痛。

（5）炭烟 炭烟是柴油发动机燃料燃烧不完全的产物，内含大量的黑色炭颗粒。炭烟会降低道路上的能见度，并含有少量的带有特殊臭味的乙醛，往往会引起人们恶心和头晕。

（6）硫氧化物 汽车尾气中硫氧化物的主要成分为二氧化硫（SO_2）。当汽车使用催化净化装置时，就算很少量的 SO_2 也会逐渐在催化剂表面堆积，造成催化剂中毒，不但会降低催化剂的使用寿命，还危害身体健康，而且 SO_2 还是造成酸雨的主要物质。

（7）二氧化碳（CO_2） CO_2 为无色无毒气体，对人体无直接危害，但大气中大幅度增加的 CO_2 会吸收红外热辐射而形成温室效应，造成全球气温上升、南北极冰层融化，海平面上升，陆地腹地沙漠化趋势加剧，使人类和动植物赖以生存的生态环境遭到破坏。

排气污染物除以上几种物质外，还有臭气。它由多种成分组成，主要成分是燃料的不完全燃烧产物，如甲醛、丙烯醛等。当汽车在街道路口时，产生这些物质较多，它会刺激眼睛的黏膜。臭气的产生除了与燃烧条件有关外，还与燃料的组成有关。随着燃料中芳香烃的增加，排气中的甲醛略有减小，因此少许增加燃料中的芳香烃，可以适当减少臭气，但芳香烃更容易产生光化学烟雾。

汽车尾气排放所造成的公害，对汽油机而言，CO、HC 和 NO_x 是主要的有害成分，而光化学烟雾是由 HC 和 NO_x 转化而成的；对柴油机而言，CO 和 HC 比汽油机少得多，而炭烟却比汽油机大得多，是主要的有害成分。

3. 汽车排放污染物的检测

（1）两气体分析仪的结构与原理 分析仪从汽车排气管内收集汽车的尾气，并对气体中所含有的 CO 和 HC 的浓度进行连续测定。它主要由尾气采集部分和尾气分析部分构成。

1）尾气采集部分。如图 3-4 所示，尾气采集部分由探测头、过滤器、导管、水分离器和泵等构成。用探头、导管、泵从排气管采集尾气。尾气中的粉尘和炭粒用过滤器滤除，水分用水分离器分离出去。最后，将气体成分输送到分析部分。

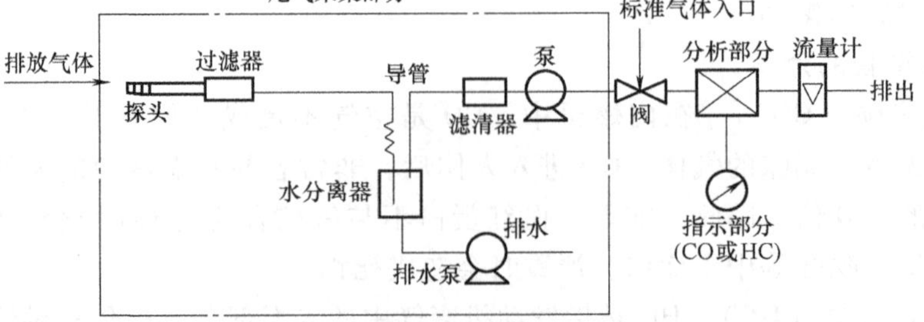

图 3-4 尾气分析仪结构示意图

2）尾气分析部分。这种分析仪的测量原理是一种气体只能吸收具有独特波长的红外线，而且吸收程度与被测气体的浓度有关。如CO能吸收4.55μm的红外线，CH_4能吸收2.3μm、3.4μm、7.6μm红外线。电容微音器式分析装置由红外线光源、测量室（测定室、比较室）、旋转扇和检测室构成。从采集部分输送来的多种气体共存在尾气中，通过非分散型红外线分析部分分析测定气体（CO、HC）的浓度，用电信号将其输送到浓度指示部分。

电容微音器式分析装置的工作原理如图3-5所示，两个红外线光源发出两组分开的射线，这些射线被两旋转扇片同相地遮断，从而形成射线脉冲，射线脉冲经滤清室、测量室进入检测室，测量室由两个腔室组成，一个是比较室，另一个是测定室。比较室中充有不吸收红外线的氮气，使射线能顺利通过。测定室中连续填充被测试的尾气，尾气中CO含量越高，被吸收的红外线就越多。检测室由容积相等的左右两个腔室组成，其间用一金属膜片隔开，两室中充有同摩尔数的CO。由于射到检测室左室的红外线在通过测定室时，一部分射线已被排气中的CO吸收，而通过比较室到达检测室右室的红外线并未减少，这样检测室左右两室吸收的红外线能量不同，从而产生了温差，温差导致了压力差，使作为电容器一个表面的金属膜片弯曲。弯曲振动的频率与旋转扇片的旋转频率相符。排气中的CO浓度越高，振幅就越大。膜片振动使电容改变，电容的改变引起电压的变化，从而产生交变电压。交变电压经放大、整流成直流信号，变为被测成分浓度的函数，因此可用仪表测量。而测定HC的浓度时，由于受到其他共存气体的影响，所以使用固体滤光片，巧妙地利用正己烷红外线吸收光谱。因此，样品室内共存的CO、CO_2、NO_x等HC以外的气体所产生的红外线被吸收，再经检测器窗口的选择和除去，仅让具有HC（正己烷）3.5μm附近的波长到达检测室内。HC（正己烷）被封入检测器，样品室中的HC（正己烷）吸收量也就被检测器检测出来。

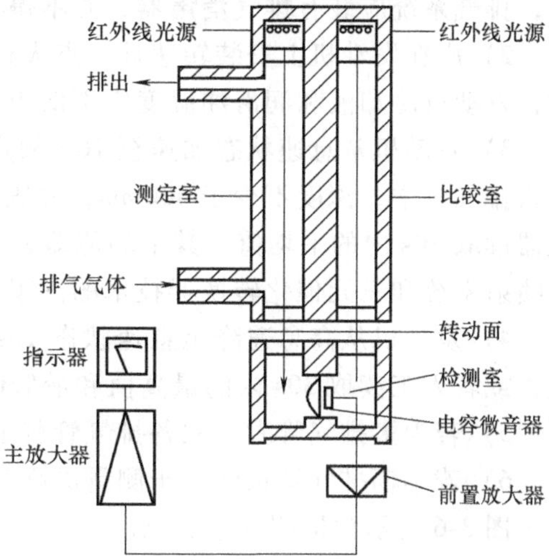

图3-5 电容微音器式分析装置

（2）四气体与五气体分析仪 测定CO、HC两气体的排气检测手段已无法有效反映汽车的排气测定，还需要测定汽车排气中的NO_x和CO_2。因此，采用四气体、五气体分析仪，四气体与五气体分析仪的区别在于五气体分析仪可检测一氧化氮（NO）。

五气体分析仪通过非分散红外线不同波长能量吸收的原理来测定CO、CO_2和HC的浓度，可获得足够的测试精度。而NO_x与O_2的浓度采用氧传感器和一氧化氮传感器测定。

氧传感器的基本形式是一个电解质阳极和一个空气阴极组成的金属-空气有限度渗透型电化学电池。氧传感器是一个电流发生器，其所产生的电流正比于氧的消耗率。通过在输出端子跨接一个电阻可产生电信号。如果通入传感器的氧只是被有限度地渗透，利用上述电信号可测得氧的浓度。

在汽车废气检测上应用的氧电池，使用一种塑料膜作为渗透膜，其渗透量受控于气体分子撞击膜壁上的微孔，如果气体压力增加，分子的渗透率增加。因此，输出的结果直接正比于氧的分压，在整个浓度范围内呈线性响应。由氧传感器输出的信号经放大后，送至仪器的数据处理系统的 A/D 输入端，进行数字处理及显示。

4. 排气污染物检验方法

（1）双怠速尾气排放检验（依据 GB 18285—2018）

1）应保证被检测车辆处于制造厂规定的正常状态，发动机进气系统应装有空气滤清器，排气系统应装有排气消声器，并不得有泄漏。

2）应在发动机上安装转速计、点火正时仪、冷却液和润滑油测温计等测量仪器。测量时，发动机冷却液和润滑油温度应不低于 80℃，或者达到汽车使用说明书规定的热车状态。

3）发动机从怠速状态加速至 70%额定转速，运转 30s 后降至高怠速状态。将取样探头插入排气管中，深度不少于 400mm，并固定在排气管上。维持 15s 后，由具有平均值功能的仪器读取 30s 内的平均值，其平均值即为高怠速污染物测量结果。对于使用闭环控制电子燃油喷射系统和三元催化转换器技术的汽车，还应同时读取过量空气系数（λ）的数值。

4）发动机从高怠速降至怠速状态 15s 后，由具有平均值功能的仪器读取 30s 内的平均值，或者人工读取 30s 内的最高值和最低值，其平均值即为怠速污染物测量结果。

5）若为多排气管时，取各排气管测量结果的算术平均值作为测量结果。

6）若车辆排气管长度小于测量深度时，应使用排气加长管。

图 3-6 所示为检测程序示意。

70%额定转速	50%额定转速		怠速转速	
30s	15s	30s	15s	30s
	插入探头稳定	读平均值	稳定	读平均值

图 3-6　检测程序示意

检测时应注意如下事项：

① 检验时，发动机怠速应符合规定。

② 检验结束后，抽出取样探头，待仪表回零后再检测下一辆车。

③ 取样探头不用时要吊挂，防止污染受损。

④ 过量空气系数（λ）：燃烧 1kg 燃料实际空气量与理论上所需空气量之质量比。

⑤ 在 GB 18285—2018 中规定：将轻型汽车高怠速转速规定为（2500±100）r/min，重型车的高怠速转速规定为（1800±200）r/min，如有特殊规定的，按照制造厂技术文件中规定的高怠速转速。

⑥ 在 GB 18285—2018 中规定：对于使用闭环控制电子燃油喷射系统和三元催化转换器技术的汽车进行过量空气系数（λ）的测定。发动机转速为高怠速时，λ 应在 1.00±0.05 之间，或者在制造厂规定的范围内。进行 λ 测试前，应按照制造厂使用说明书的规定预热发动机。

（2）自由加速试验不透光烟度法检验（依据 GB 3847—2018）

1）试验条件。

① 试验应在汽车上进行。

② 试验前不应长时间怠速，以免燃烧室温度降低或积污。

③ 关于取样和测量仪器的条件亦适用本试验。

④ 试验采用符合国家标准的商品燃料。

2）车辆准备。

① 车辆在不进行预处理的情况下也可以进行试验。出于安全考虑，必须确保发动机处于热状态，并且机械状态良好。

② 发动机应充分预热，例如：在发动机机油标尺孔位置测得的机油温度应至少为80℃；如果温度低于80℃，发动机也应处于正常运转温度。因车辆结构，无法进行温度测量时可以通过其他方法使发动机处于正常运转温度，如控制发动机冷却风扇等。

③ 采用至少3次自由加速过程或其他等效方法对排气系统进行吹拂。

3）试验方法。

① 目视检测车辆排气系统的相关部件是否泄漏。

② 发动机（包括所有装有废气涡轮增压的发动机），在每个自由加速循环的起点均处于怠速状态。对重型发动机，将加速踏板放开后至少等待10s。

③ 在进行自由加速测量时，必须在1s内，将加速踏板快速、连续地完全踩到底，使喷油泵在最短时间内供给最大油量。

④ 对每一个自由加速测量，在松开加速踏板前，发动机必须达到断油点转速。对带自动变速器的车辆，则应达到制造厂说明的转速（如果没有该数据值，则应达到断油转速的2/3）。关于这一点，在测量过程中必须进行检查，例如，通过监测发动机转速，或延长加速踏板踏到底后与松开加速踏板前的间隔时间，对于重型汽车，该间隔时间应至少为2s。

⑤ 计算结果取最后3次自由加速测量结果的算术平均值。在计算均值时可以忽略与测量均值相差很大的测量值。

5. 排放限值及测量方法

依据GB 3847—2018，对于新生产汽车下线、注册登记和在用汽车做出了规定。

（1）新生产汽车下线　按照规定进行下线车辆排放抽测。排放结果应小于表3-8所规定的排放限值。生产企业也可采用其他方法进行排放检测，但应证明其等效性。

新定型混合动力汽车污染物测试应在最大燃料模式下进行，车辆应具备明显可见的最大燃料消耗模式切换开关，方便切换为最大消耗模式，并能在最大燃料消耗模式下正常运行（包括怠速），便于进行排放测试，且开关位置应在汽车使用说明书中明确说明。

（2）注册登记和在用汽车　有手动选择行驶模式功能的混合动力电动汽车应切换到最大燃料消耗模式进行测试，如无最大燃料消耗模式，则切换到混合动力模式进行测试，在测试过程若发动机自动熄火并切换到纯电动模式，无须中止测试，应进行至测试结束。按照自由加速法或加载减速法规定的方法进行检测，其检测结果应小于表3-8规定的排放限值。

表3-8　在用汽车和注册登记汽车排放检验限值

类别	自由加速法	加载减速法		林格曼黑度法
	光吸收系统（m^{-1}）或不透光度（%）	光吸收系数（m^{-1}）或不透光度（%）①	氮氧化物②（10^{-6}）	林格曼黑度（级）
限值 *a*	1.2（40）	1.2（40）	1500	1
限值 *b*	0.7（26）	0.7（26）	900	

① 海拔高于1500m的地区加载减速法限值可以按照每增加1000m增加0.25m^{-1}幅度调整，总调整不得超过0.75m^{-1}。

② 2020年7月1日前限值 *b* 过渡限值为1200×10^{-6}。

五、掌握汽车前照灯检测

1. 汽车前照灯检测的作用

前照灯是汽车在夜间或在能见度较低的条件下，为驾驶人提供行车道路照明的重要设备，也是驾驶人发出警示，进行联络的灯光信号装置。前照灯必须有足够的发光强度和正确的照射方向。由于在行车过程中，汽车受到振动，可能引起前照灯部件的安装位置发生变动，从而改变光束的正确照射方向，同时，灯泡在使用过程中会逐步老化，反射镜也会受到污染而使其聚光性能变差，导致前照灯的亮度不足。这些变化，都会使驾驶人对前方道路情况辨认不清，或在与对面来车交会时造成对方驾驶人眩目等，从而导致事故的发生。因此，前照灯的发光强度和光束的照射方向被列为机动车运行安全检测的必检项目。

2. 前照灯安全检测的要求

（1）前照灯光束照射位置要求

1）机动车在检验前照灯的近光光束照射位置时，前照灯在距离屏幕 10m 处，光束明暗截止线转角或中点的高度应为 $0.6H \sim 0.8H$（H 为前照灯基准中心高度，下同），其水平方向位置向左向右偏差均不得超过 100mm。

2）四灯制前照灯其远光单光束灯的调整，要求在屏幕上光束中心离地高度为 $0.85H \sim 0.90H$，水平位置要求左灯向左偏不得大于 100mm，向右偏不得大于 170mm；右灯向左或向右偏均不得大于 170mm。

3）机动车装用远光和近光双光束灯时以调整近光光束为主。对于只能调整远光单光束的灯，调整远光单光束。

（2）前照灯发光强度要求　机动车每只前照灯的远光光束发光强度应达到表 3-9 的要求。测试时，其电源系统应处于充电状态。

表 3-9　前照灯远光光束发光强度要求　（单位：cd）

车辆类型	新注册车		在用车	
	两灯制	四灯制	两灯制	四灯制
汽车、无轨电车	15000	12000	12000	10000

注：四灯制的机动车其中两只对称的灯达到两灯制要求视为合格。

3. 汽车前照灯的检测

目前，各汽车检测机构和维修企业通常使用前照灯检测仪检测法。前照灯检测仪检测是将被检测的机动车按规定距离与前照灯检测仪对正（车辆摆正装置），从前照灯检测仪的显示屏上分别测量左右远、近光束的水平和垂直照射方位的偏移值。

前照灯检测仪分为聚光式、屏幕式、投影式和自动追踪光轴式等。目前，汽车检测站大多采用较为先进的自动追踪光轴式前照灯检测仪。无论哪种检测仪都是由接受前照灯光束的受光器、使受光器与汽车前照灯对正的找正装置、前照灯发光强度的指示装置与光轴偏斜量指示装置等组成的。

自动追踪光轴式前照灯检测仪的检测步骤如下。

（1）检测仪的准备

1）在前照灯检测仪不受光状态下，检查光度计和光轴偏斜指示计的指针是否能对准机械零点。若指针失准，可用零点调整螺钉将其调整至零点位置。

2）检查聚光透镜和反射镜的镜面有无污物或模糊不清的地方。若有，可用柔软的布或镜头纸等擦拭干净。

3）检查水准器的技术状况。若水准器无气泡，要进行修理；若气泡不在红线框内，可用水准器调节器或垫片进行调整。

4）检查导轨是否粘有泥土或小石子等杂物，要保证扫除干净。

（2）车辆的准备

1）清除前照灯上的油污。

2）轮胎气压应符合汽车制造厂的规定。

3）汽车蓄电池应处于充足电状态。

（3）检测开始

1）将汽车尽可能地与导轨保持垂直方向驶近检测仪，使前照灯与检测仪受光器相距3m。

2）将车辆摆正找准，使检测仪和汽车对正。

3）打开前照灯，接通检测仪电源，用上下、左右控制开关移动检测仪位置，使前照灯光束射到受光器上。

（4）检测注意事项

1）检测仪的底座一定要保持水平。

2）检测仪不要受外来光线的影响。

3）必须在汽车保持空载并乘坐1名驾驶人的状态下检测。

4）汽车有四只前照灯时，一定要把辅助照明灯遮住后再进行测量。

5）打开前照灯照射受光器，一定要让光电池灵敏度稳定后再进行检测。

6）仪器不用时，要用罩子把受光器盖好。

六、掌握汽车四轮定位检测

1. 汽车四轮定位的概念

汽车的转向车轮、转向节和前轴三者之间的安装具有一定的相对位置，这种具有一定相对位置的安装称为转向车轮定位，也称前轮定位。前轮定位包括主销后倾（角）、主销内倾（角）、前轮外倾（角）和前轮前束4个参数。这是对两个转向前轮而言，对两个后轮来说，也同样存在与后轴之间安装的相对位置，称为后轮定位。后轮定位包括车轮外倾（角）和逐个后轮前束。前轮定位和后轮定位统称为四轮定位。

2. 汽车四轮定位的重要性和必要性

为了提高汽车行驶的安全性、平顺性和乘坐的舒适性，汽车研发部门必须恰当地设计车轮定位角。正确的车轮定位可以保证汽车转向轻便，转向后能自动回正，汽车转向、急剧改变车速和高速行驶时，以及在坏路行驶或紧急制动时能保证行驶方向的稳定性；操作车辆时能稳定准确，路面振动小，坏路上车身没有明显摇摆，乘车舒适，轮胎寿命长。

（1）车轮正确定位的好处

1）延长轮胎的使用寿命。一组新的轮胎，有时表现为某一个轮胎使用不久就会发生异常磨损，有时发生在前轮，有时发生在后轮。在大多数情况下，轮胎的异常磨损或长途驾驶时爆胎的原因是车轮定位不准确。

2）提高操纵稳定性。不正确的车轮定位可以加剧转向轮，乃至整个转向系统的摆振；还可以造成行驶跑偏、高速时转向发飘、左右牵引、车轮不能自动回正、路面的振动无法被有效地吸收。正确的车轮定位则可以避免或排除上述故障。

3）减少转向机械和悬架的磨损。由于不同的车轮定位角可以使汽车处于不同的平稳关系中，因此不正确的车轮定位角不但会加剧轮胎的磨损，而且会造成悬架和转向系统传动部分的转动部件（如控制臂衬套、球头销、主销衬套等）的非正常磨损。

4）提高燃油经济性。所有的车轮定位角，都是为了使车轮在行驶中尽可能地垂直于地面，最大限度减少车轮滑移，使车轮滚动阻力减小，燃油经济性提高。正确的车轮定位，还可以保证 4 个车轮彼此平行，使滚动阻力最小，再加上正确的轮胎充气，可确保提高燃油经济性。

5）得到最佳的行驶平顺性。正确的车轮定位帮助前、后悬架恰如其分地工作，使行驶系统、转向系统所有部件处在正确关系中，路面的振动被有效地吸收，车辆行驶更平稳。

6）确保安全驾驶。正确的车轮定位最大的好处就是保证安全驾驶。它可以确保车辆的可操作性、操作的稳定性，在正常行驶中有正确、迅速的操纵响应。

正确的车轮定位校正是非常重要的。校正不适当，可能会造成转向困难，转向后车轮不能自动回正，行驶跑偏，产生不正常的噪声，轮胎异常磨损。

（2）什么情况下需要进行四轮定位

1）每行驶 10000km 或 6 个月后。

2）直线行驶时汽车往左或往右拉。

3）直行时需要紧握转向盘。

4）直行时转向盘不正。

5）感觉车身发飘或摇摆不定。

6）前轮或后轮单轮磨损。

7）安装新的轮胎后。

8）碰撞事故维修后。

9）换装新的悬架或转向有关配件后。

10）新车行驶 3000km 后。

3. 汽车四轮定位仪的主要功能

1）四轮定位仪除能测量传统的前轮前束、前轮外倾角、主销后倾角和主销内倾角等主要参数外，还具有测量后轮前束、后轮外倾角、后轴推力角、退缩角等功能，并增加了转向转动角差、最大转角等测量项目。

2）轮辋补偿功能。该功能可以对因轮辋变形、卡具位置不正而引起的前束、外倾角测量误差进行补偿。

实训　二手车技术状况鉴定

一、二手车技术状况静态检查任务工单

二手车静态检查鉴定评估任务工单

检查人员：　　　　　　检测日期：　　年　　月　　日　　工单号：

车辆号码		厂牌型号	
车架号		车辆类别	
发动机号		燃料种类	
检查项目	检查内容	描述	评分
（一）二手车识伪检查			
（二）发动机技术状况			
（三）车身状况			
（四）电气系统技术状况			
（五）底盘技术状况			
总结			

1. 思考题

（1）怎样检查二手车车身技术状况？

（2）检查二手车车厢、驾驶室时，要注意哪些关键事项？

（3）二手车底盘技术状况的目测检查内容有哪些？

2. 成绩评价

成绩评价方法	评分值	签　　名
组内评价(A)		
教师评价(B)		
综合成绩		

说明：
1. 组内评价分：小组总分=小组人数×82分，组内个人分之和≤小组总分。
2. 评价方法：工作任务动手程度(30%)，任务完成程度(50%)，组内讨论参与程度(10%)，课余参与程度(10%)，未参加工作任务、未交作业记0分。
3. 综合成绩=A×50%+B×50%。

二、二手车动态检查鉴定评估任务工单

二手车动态检查鉴定评估任务工单

检查人员：　　　　　　　　检测日期：　　年　　月　　日　　　工单号：

原始情况	车辆类型		车辆颜色		生产厂家	
	发动机号		装载质量/座位数/排量		燃料种类	
	VIN					
使用情况	初次登记日期		牌照号		车籍	
	已使用年限		累计行驶里程		工作性质	
	大修次数	发动机	( )次	工作条件		
		整车	( )次			
	维护情况			现时状态	□在用	□闲置
	事故情况					
检查核对交易证件	证件	□原始发票	□机动车登记证书	□机动车行驶证	□法人代码证 □身份证	□其他
	税费	□购置附加税	□车船使用税	□车辆保险	□交强险	□其他
评估目的	□交易	□置换	□拍卖	□清算	□保险	□抵押
路试前的准备	机油液位	□多	□合适	□低	质量	
	冷却液位	□多	□合适	□低	颜色	
	制动液位	□多	□合适	□低	燃油量	( )L
	离合器液压油	□多	□合适	□低	各警告灯	□正常 □故障
	动力转向液压油	□多	□合适	□低	□其他	
	制动踏板	□良好	□过大 □过小	□有异响	自由行程	( )mm
	转向盘	□良好	□过大	□过小	自由行程	( )(°)
	离合器踏板	□良好	□过大 □过小	□有异响	自由行程	( )mm

（续）

路试前的准备	加速踏板	□良好	□有异响	□松	□阻滞	
	前胎胎压	□正常	□低	□高	胎压值	
	后胎胎压	□正常	□低	□高	胎压值	
	备胎胎压	□正常	□低	□高	胎压值	
发动机性能检查	起动性能	□良好	□差	急速性能	□良好	□不平顺
	急加速性能（低—高档）	□良好	□差	急减速性能（高—低档）	□良好	□差
	排气颜色	□无色	□黑色	□蓝色	□白色	□其他
	排气气流	□良好	□不正常			
汽车路试检查	离合器	□正常	□异响	自由行程	□正常	□不正常
	变速器（低—高档）	□平顺	□不平顺	变速器（高—低档）	□平顺	□不平顺
	动力性能	□良好	□一般	□差	□其他	
	制动性能	□良好	□一般	□差	驻车制动	□良好 □差
	行驶稳定性	□良好	□一般	□差	□其他	
	平顺性	□良好	□一般	□差	□其他	
自动变速器	升档情况	□正常	□不正常	升档车速	□正常	□不正常
	升档时发动机转速		□良好	□一般	□差	□其他
	换档质量	□良好	□有冲击	发动机制动	□有	□无
路试后检查	油液温度	□正常	□不正常	运动部件温度	□正常	□不正常
	漏油现象	□有	□无	漏电现象	□有	□无
	漏气现象	□有	□无	漏水现象	□有	□无
车况说明						
调整系数	技术状况	□好 0.8	□一般 0.7	□差 0.6		×30%
	维修	□好 0.8	□一般 0.7	□差 0.6		×25%
	制造质量	□进口 0.8	□国产名牌 0.7	□国产非名牌 0.6		×20%
	工作性质	□私用 0.8	□公务用车 0.7	□营运 0.6		×15%
	工作条件	□好 0.8	□一般 0.7	□差 0.6		×10%
价值反映	账面价值			车主报价		
	重置成本		成新率		评估价格	
鉴定评估说明						

项目四　车辆的折旧指标与计算

【学习目标】

1. 能描述二手车的折旧指标参数类型。
2. 能运用车辆折旧计算的各种方法。

【工作任务】

1. 熟练掌握二手车使用年限法的计算具体过程。
2. 了解行驶里程法的计算过程。
3. 熟练掌握二手车部件鉴定法、整车观测法的具体过程。
4. 掌握二手车综合分析法、综合成新率法的具体计算过程。

在整个实操模拟练习过程中，应遵循相关的原则，灵活运用所学知识，并将知识融汇到实践中。通过实操练习，进一步加深对理论知识的运用和理解。

任务一　了解车辆的折旧指标

对车辆的有形和无形损耗以及实体性贬值和功能性贬值等进行理论建模，通过公式和参数对其进行精确计算，这不但会因太复杂而难以实现，而且在实际应用中也没有这样做的必要。在二手车的鉴定估价业务中，常用“系数”来表示车辆的新旧程度或保值特性，这些系数综合了多个对二手车车况交易有影响的因素，称为指标参数。常用的指标参数有有形损耗率、成新率、折旧率、保值率和折损率等，其中成新率应用最广也最重要。

1. 有形损耗率

车辆的有形损耗率又称为车辆的陈旧性贬值率，是指车辆的现时实体损耗状态与其全新状态的比率。车辆的有形损耗率反映车辆实物状态的损耗程度或车辆性能的劣化程度，表明车辆的陈旧程度。

一辆全新的车辆，如果不考虑因产权的占有而承受的沉没成本，因其实物状态没有发生任何损耗，实体性贬值为零，有形损耗率为0%。一辆完全报废的车辆，如果忽略其作为废品还存在的残留价值，那么从实物状态和功能上讲，该车已经被完全损耗掉了，作为车辆，它已经没有任何使用价值，这时它的有形损耗率为100%。处于上述两个极端情况之间的车辆，其有形损耗率则介于0%~100%之间。

2. 成新率

车辆的成新率是指车辆的现时实物状态或现时性能状态与其全新状态的比率。成新率表明车辆的综合状态还有几成新，是一个反映被评估车辆新旧程度的指标。二手车的成新率也可理解为其在二手车交易市场上的现时市场价值与现时市场上同型号新车价值的比率，因此成新率又称为二手车成新率。

根据定义，车辆有形损耗率与成新率之间的关系为

$$成新率=1-有形损耗率$$

车辆的成新率越高，其有形损耗率越低，表明车辆越新；反之，车辆状况越差。

需要指出的是，定义中当前市场上同型号新车价值是指在评估基准日该地区汽车市场上同型号（或基本相同的型号）新车的最低价格。之所以应用同型号新车的最低价格，主要是考虑到节省支出是二手车消费者的主要初衷之一，即便是购买新车，他们也不希望在购车时发生更多的额外成本。以市场上同型号新车的最低价格作为二手车剩余价值的折旧基准，意味着已经将车辆的功能性贬值和经济性贬值考虑在内，可让二手车买卖双方更易接收估价结果。

值得注意的是，由于购买汽车时实际存在的沉没成本，因此即使是全新的汽车，只要已经发生过产权转移，其成新率都不可能等于 100%。这就相当于车辆的贬值具有两头突变的特性：办理完购车手续，车辆就会贬值，市场价值就会“突然”降低；车辆达到报废年限时，其作为车辆的价值就会“突然”完全丧失，只剩下作为废旧物资的价值。

如果一辆二手车的成新率为 80%，一般并不意味它的价值（市场价格）还保持着其账面原值的 80%。如果新车的市场价格保持长期稳定，特别是从购买新车到现在该车型的价格都保持不变，二手车的成新率与账面原值的乘积即可看作二手车的价值。但如果新车的市场价格不稳定，而且这种不稳定常表现为不断的降价，那么二手车的价值会显著地小于其成新率与账面原值的乘积。此时，二手车的成新率与当前市场上相同车型新车的最低价格的乘积，即可作为该二手车交易市场价格的参照值。

3. 折旧率

车辆的折旧率是指二手车在交易市场上的现时市场价值相对当前市场上同型号新车价值的丧失比率。

根据定义，车辆折旧率在数值上等于其有形损耗率，车辆的有形损耗率、成新率以及折旧率之间的关系为

$$成新率=1-有形损耗率=1-折旧率$$

折旧率越高，车辆的车况就越差，剩余价值也越低。折旧率与成新率一样，都可以用来表示二手车价值（汽车残值）。例如，一辆二手车的成新率为 80%，则该二手车还保持有八成新，其折旧率为 20%，表明该二手车的价值相对于现时市场上同型号新车已经丧失了 20%的价值。通过下面的简单例子，可以加深对折旧率和折旧额的理解。

【案例 1】

假设一位轿车车主在收费存车处丢失了一辆购买了才两个月的轿车，消费者协会或法院确定车主应得赔偿额的方法是：假设在过去的两个月内同型号轿车的价格保持不变，那么购买轿车时发票上的价格（20 万元）即为丢失轿车的折旧基准价值，轿车每天的折旧率为 0.05%，则丢失的轿车在 60 天内的折旧额为［20(购车价)×0.05%(折旧率)×60(天)］万元=0.6 万元。看管轿车一方应赔偿的金额为（20-0.6）万元=19.4 万元。

4. 保值率

车辆的保值率又称为车辆残值率，是指车辆使用一段时间后，将其卖出时的交易价格与其新车原始购买价格（账面原值）的比值，是汽车性价比的重要组成部分。车辆保值率的高低取决于汽车的性能、价格变动幅度、可靠性、配件价格及维修便捷程度等多项因素，是汽车综合水平的市场价值体现。欧美国家的消费者十分看重车型的保值率，许多购车指导刊

物和网站都将汽车保值率视为车型推荐的主要理由。保值率高的车型的优势在于其价格比较稳定，受车市降价风潮的影响比较小。汽车保值率越高，其残值就越高，这意味着作为二手车出售时，市场交易价格一般也会比较高。

根据定义，车辆保值率计算公式如下：

$$保值率=\frac{二手车交易价格}{新车原始购买价格}\times 100\%$$

汽车保值率反映了在估价基准日的相对价值，它与汽车的制造质量和品牌知名度紧密相关。影响保值率的不仅是新车价格，更重要的是一个品牌车型经过长期市场竞争在消费者心目中形成的口碑，这个口碑反映了车型的成熟度，是该车型最好的广告。

汽车成新率也可理解为其残值（二手车交易价格）与当前市场上同型号新车的最低价格的比率。而汽车保值率是指其残值（二手车交易价格）与其原始新车购买价格（账面原值）的比值。汽车的价值都是逐渐降低的，因此汽车保值率一般小于其成新率。

为了挑选到一款高保值率的车型，建议注意以下几点：

1）新车型下线一年后再考虑是否购买。原因有两个：一是经过一年的市场“检阅”，价格中水分大都被挤掉了；二是车型可能存在的问题，在这一年的时间里基本都已暴露出来，问题是大是小，市场会给出比较客观的评判。

2）购买符合国家即将实施的法律规范的车型。避免购买即将更新换代的车辆，因为老车型的退市往往意味着其在二手车交易市场上较快贬值的开始。

3）慎选近期还未降价销售却很一般的车型。相对而言，已经大幅降价的车型，购车后再次出现较大幅度降价的可能性很小。另外，首次购车应购买口碑好的成熟车型，由于市场占有率高，一般不会在短期内停产，而且维修网点多，服务快捷便利，保值率相对较高。

4）购买一款车型的基本型或者舒适型。与豪华型相比，它们的降价空间会小一些。因为汽车的四大总成（发动机、底盘、车身与电气设备）一般变化不大，贬值机会较小，而一些额外的豪华配置的贬值速度是很快的。

5）买车前需要考虑车辆的日常使用成本，尤其是燃油量和配件价格等。车辆的使用成本是衡量其保值率的一个重要指标。

5. 折损率

与车辆保值率相对的概念为折损率，它表示车辆在评估基准日所丧失的价值与其账面原值的比率。

根据定义，二手车的保值率与其折损率之间的关系为

$$折损率=1-保值率$$

如果一辆使用了一年的汽车在评估基准日的保值率为80%，那么它的折损率即为20%，表明作为二手车出售时，已经损失了原车款的20%。

任务二　掌握二手车成新率的计算方法

目前在二手车的鉴定估价中，成新率的估算方法通常有以下几种，其中最为全面和常用的是综合分析法和综合成新率法。实际评估时，可根据被评估车辆的客观情况灵活选用不同的方法。

一、掌握使用年限法

1. 计算方法

使用年限法是通过确定被评估二手车的尚可使用年限与规定使用年限的比值来确定二手车成新率的一种方法。其计算公式为

$$C_Y = \frac{Y_g - Y}{Y_g} \times 100\% \tag{4-1}$$

式中 C_Y——使用年限成新率；

Y——二手车实际已使用年限（年或月）；

Y_g——车辆规定的使用年限（年或月）；

$Y_g - Y$——被评估二手车的尚可使用年限（年或月）。

使用年限法估算二手车的成新率是基于这样的假设：二手车在规定的使用寿命期间，实体性损耗与时间呈线性递增关系，二手车价值的降低与其损耗大小成正比。

2. 已使用年限

已使用年限一般取该车从新车在公安交通管理机关注册登记日起至评估基准日所经历的时间。这个时间可以用年或月或日为单位计算。如果以年为单位计算实际已使用年限，误差太大；如果以日为单位计算实际已使用年限，工作量较大，比较麻烦；以月为单位计算简单，误差较小，切合实际。

3. 规定使用年限

车辆规定使用年限是指《机动车强制报废标准规定》中对被评估车辆规定的使用年限。各类汽车规定使用年限见表 4-1。

表 4-1 各类汽车规定使用年限

车 型	使用年限/年
一般非营运性 9 座(含 9 座)以下载客汽车	无使用年限
旅游载客汽车和 9 座以上非营运载客汽车	10
载货汽车(不含微型载货汽车)	10
微型载货汽车和各类出租车	8

4. 使用年限法的前提条件

使用年限法计算成新率的前提条件是车辆在正常使用条件下，按正常使用强度（年平均行驶里程）使用。我国各类汽车年平均行驶里程见表 4-2。

表 4-2 我国各类汽车年平均行驶里程

汽车类别	年平均行驶里程/万 km	汽车类别	年平均行驶里程/万 km
微型、轻型货车	3~5	租赁车	5~8
中型、重型货车	6~10	旅游车	6~10
私家车	1~3	中低档长途客车	8~12
公务、商务车	3~6	高档长途客车	15~25
出租车	10~15		

利用使用年限法计算得到的成新率实际上反映的是车辆的时间损耗及时间折旧率，与车辆的日常使用强度和车况无关。《机动车强制报废标准规定》除了规定使用年限外，还规定了行驶里程，因此也可以使用行驶里程法进行估算。

二、了解行驶里程法

1. 计算方法

行驶里程法是通过确定被评估二手车的尚可行驶里程与规定行驶里程的比值来确定二手车成新率的一种方法，反映了二手车使用强度对其成新率的影响。其计算公式为

$$C_s = \frac{S_g - S}{S_g} \times 100\% = \left(1 - \frac{S}{S_g}\right) \times 100\% \tag{4-2}$$

式中 C_s——行驶里程成新率；

S——二手车实际累计行驶里程（km）；

S_g——车辆规定的行驶里程（km）；

$S_g - S$——被评估二手车的尚可行驶里程（km）。

2. 累计行驶里程与规定行驶里程

二手车累计行驶里程是指被评估二手车从开始使用到评估基准时点所行驶的总里程。车辆规定行驶里程是指《机动车强制报废标准规定》中规定的该车型的行驶里程。行驶里程较使用年限更真实地反映了二手车使用强度及使用过程中实际的物理损耗。

3. 行驶里程法的前提条件

行驶里程法计算成新率的前提条件是车辆里程表的记录必须是原始的，不能被人为更改过。由于里程表容易被人为变更，在实际应用中，较少单独采用此方法进行评估。

三、掌握部件鉴定法和整车观测法

1. 部件鉴定法

（1）计算方法　部件鉴定法（也称技术鉴定法）是指评估人员在确定二手车各组成部分技术状况的基础上，按其各组成部分对整车的重要性和价值量的大小加权评分，最后确定成新率的一种方法。

采用部件鉴定法估算二手车成新率的计算公式为

$$C_B = \sum_{i=1}^{n} (c_i \beta_i) \tag{4-3}$$

式中 C_B——部件鉴定法二手车成新率；

c_i——二手车第 i 项部件的成新率；

β_i——二手车第 i 项部件的价值权重。

（2）计算步骤

1）先确定二手车各主要总成、部件，再根据各部分的制造成本占整车制造成本的比重，确定其权重的百分比 β_i（$i=1, 2, \cdots, n$），表4-3为汽车各部分的价值权重参考表。

2）以新车对应的各总成、部件功能为满分（100分），功能完全丧失为零分，再根据被评估二手车各相应总成、部件的技术状态估算出其成新率 c_i（$i=1, 2, \cdots, n$）。

3）将各总成、部件估算出的成新率与权重相乘，得到各总成、部件的权重成新率

$(c_i\beta_i)$ $(i=1, 2, \cdots, n)$。

4）最后将各总成、部件的权重成新率相加，即得出被评估车辆的成新率。

表 4-3 汽车各部分的价值权重参考表

序号	车辆各主要总成、部件名称	价值权重(%)		
		轿车	客车	货车
1	发动机及离合器总成	26	27	25
2	变速器、万向传动装置总成	11	10	15
3	前桥、前悬架、转向系统总成	10	10	15
4	后桥、后悬架总成	8	11	15
5	制动系统	6	6	5
6	车架	2	6	6
7	车身	26	20	9
8	电器仪表	7	6	5
9	轮胎	4	4	5
合计		100	100	100

表 4-3 只能供评估人员参考，在实际评估时，应根据被评估车辆各部分价值占整车价值的比重，调整各部分的权重。

（3）特点及适用范围　部件鉴定法计算加权成新率费时费力，但评估值更接近客观实际，可信度高。它既考虑了二手车实体性损耗，同时也考虑了二手车维修或换件等追加投资使车辆价值发生的变化，一般用于价值较高的二手车评估。

2. 整车观测法

整车观测法是指评估人员采用人工观察的方法，辅助简单的仪器检测，判定被评估二手车的技术等级以确定成新率。整车观测法的主要技术指标包括二手车的现时技术状态、使用时间及行驶里程、主要故障经历及大修情况、整车外观和完整性等。二手车成新率评估参考表见表 4-4。

表 4-4 二手车成新率评估参考表

车况等级	新旧情况	有形损耗率(%)	技术状况描述	成新率(%)
1	使用不久	0~10	使用不久，行驶里程一般在 3 万~5 万 km，在用状态良好，能按设计要求正常使用	90~100
2	较新车	11~35	使用 1 年以上，行驶 15 万 km 左右，一般没有经过大修，在用状态良好，故障率低，可随时出车使用	65~89
3	二手车	36~60	使用 4~5 年，发动机或整车大修一次，维修后能较好地恢复原设计性能，在用状态良好，外观中度受损，恢复情况良好	40~64
4	老二手车	61~85	使用 5~8 年，发动机或整车经过二次大修，动力性、经济性、工作可靠性都有所下降，外观油漆脱落受损、金属件锈蚀程度明显；故障率上升，维修费用、使用费用明显上升，但车辆符合《机动车运行安全技术条件》，在用状态一般或较差	15~39
5	待报废处理车	86~100	基本达到或到达使用年限，通过《机动车运行安全技术条件》检查，能使用但不能正常使用，动力性、经济性、工作可靠性下降，燃料费、维修费增长速度快，车辆收益与支出基本平衡，排放污染和噪声污染达到极限	15 以下

表 4-4 中所示数据是判定二手车成新率的经验数据，供评估人员参考。整车观测法采用人工观察，成新率的估值是否客观取决于评估人员的专业水准和评估经验，虽简单易行，但其判断结果没有部件鉴定法准确，一般用于初步估算中、低档二手车的价格，或作为综合分析法的辅助手段。

四、掌握综合分析法

1. 估算方法

综合分析法是以使用年限法为基础，综合考虑二手车的实际技术状况、维护情况、原始制造质量、车辆用途及使用条件等多种因素对二手车价值的影响，根据综合调整系数确定成新率的一种方法。其计算公式为

$$C_F = C_Y K \times 100\% \tag{4-4}$$

式中　C_F——综合分析法成新率；

C_Y——使用年限成新率，计算公式见式（4-1）；

K——综合调整系数。

2. 综合调整系数

影响二手车成新率的主要因素有技术状况、维护情况、原始制造质量、车辆用途和使用条件 5 个方面，可采用表 4-5 推荐的综合调整系数，用加权平均的方法进行调整。

综合调整系数计算公式为

$$K = K_1 \times 30\% + K_2 \times 25\% + K_3 \times 20\% + K_4 \times 15\% + K_5 \times 10\% \tag{4-5}$$

式中　K——综合调整系数；

K_1——技术状况调整系数；

K_2——维护情况调整系数；

K_3——原始制造质量调整系数；

K_4——车辆用途调整系数；

K_5——使用条件调整系数。

表 4-5　二手车成新率综合调整系数参考表

序号	影响因素	因素分级	调整系数	权重(%)
1	技术状况	好	1.0	30
		较好	0.9	
		一般	0.8	
		较差	0.7	
		差	0.6	
2	维护情况	好	1.0	25
		较好	0.9	
		一般	0.8	
		差	0.7	
3	原始制造质量	进口车	1.0	20
		国产非名牌车	0.8	
		国产名牌(包括走私罚没车)	0.9	

（续）

序号	影响因素	因素分级	调整系数	权重(%)
4	车辆用途	私用	1.0	15
		公务、商务	0.9	
		营运	0.7	
5	使用条件	好	1.0	10
		一般	0.9	
		差	0.8	

表4-5中的因素分级和调整系数只是一个参考，实际确定综合调整系数时，应根据具体情况进行适当的调整，但各因素的调整系数取值不要超过1，综合调整系数计算结果也不能超过1。

3. 使用条件调整系数 K_5 的选取

由于我国地域辽阔，各地自然条件差别很大，车辆的使用条件对其成新率影响很大。使用条件可分为道路使用条件和特殊使用条件。

道路使用条件可分为好路、中等路和差路3类。好路指国家道路等级中的高速公路和一、二、三级道路，好路率在50%以上；中等路指符合国家道路等级四级道路，好路率在30%~50%；差路指国家道路等级以外的路，好路率在30%以下。

特殊环境使用条件：特殊环境使用条件主要指特殊自然条件，包括寒冷、沿海、风沙和山区等地区。

车辆使用条件调整系数取值范围为0.8~1.0。取值时应根据二手车实际使用条件适当取值。如果二手车长期在好路上行驶，其系数取1；如果二手车长期在中等路上行驶，其系数取0.9；如果二手车长期在差路或特殊环境使用条件下工作，其系数取0.8。

4. 特点及适用范围

综合分析法详细地考虑了影响二手车价值的各种因素，并用一个综合调整系数指标确定二手车成新率，评估值准确度较高，适用于具有中等价值的二手车评估。

五、掌握综合成新率法

1. 计算方法

综合成新率法采用定性和定量分析的方法，综合多种单一因素对二手车成新率的估算结果，并分别赋予不同的权重，计算加权平均成新率。这样可以尽量减小使用单一因素成新率计算给评估结果带来的误差，因此是一种较为科学的方法。以下介绍一种综合采用使用年限法、行驶里程法、部件鉴定法和整车观测法估算二手车成新率的方法。

综合成新率法的计算公式为

$$C_Z = C_1\alpha_1 + C_2\alpha_2 \tag{4-6}$$

式中　C_Z——综合成新率法成新率；

C_1——二手车理论成新率；

C_2——二手车现场查勘成新率；

α_1、α_2——权重系数，$\alpha_1+\alpha_2=1$。

权重系数的取值要求评估人员根据被评估二手车的实际情况而定。

2. 二手车理论成新率 C_1

二手车理论成新率包括使用年限法和行驶里程法计算的成新率，根据二手车实际使用的时间和行驶里程计算而得，是一种对二手车成新率的定量计算，其结果一般不能人为改变。实际计算中，可将使用年限成新率和行驶里程成新率加权平均得到二手车理论成新率。

计算公式为

$$C_1 = C_Y \times 50\% + C_S \times 50\% \tag{4-7}$$

式中　C_Y——使用年限成新率；

C_S——行驶里程成新率。

3. 二手车现场查勘成新率 C_2

二手车现场查勘成新率是由评估人员根据现场查勘情况而确定的一个综合评价值。具体确定步骤是评估人员先对二手车做技术状况现场查勘（包括静态检查和动态检查），得出鉴定评价意见，然后对整车和重要部件分别进行综合评分，累加评分，其结果就是二手车现场查勘成新率。

（1）二手车技术状况现场查勘

1）车身外观包括车身颜色、光泽、有无褪色及锈蚀情况，车身是否被碰撞过，车灯是否齐全，前后保险杠是否完整和其他车身情况等。

2）车内装饰包括装潢程度、颜色、清洁程度、仪表及座位是否完整和其他装饰情况等。

3）发动机包括发动机动力状况、有无更换部件（或替代部件）、有无修复现象、是否有漏油现象等。

4）底盘包括有无变形、有无异响、变速器状况是否正常、前后桥状况是否正常、传动系统工作状况是否正常、是否有漏油现象、转向系统情况是否正常和制动系统工作状况是否正常等。

5）电气系统包括电源系统是否工作正常、发动机点火器是否工作正常、空调系统是否工作正常和音响系统是否工作正常等。

以上查勘情况，一般应由评估委托方或车辆所有单位技术人员签名，以确认查勘情况是客观的、真实的，不存在与实际车况不相符的情况。确定查勘情况后，评估人员必须对被评估车辆做出查勘鉴定结论。上述资料经过整理，就可以编制成类似表4-6所示的二手车技术状况调查表。

表4-6　二手车技术状况调查表

<table>
<tr><td>明细表序号</td><td>2</td><td>车辆牌号</td><td colspan="2">粤J×××××</td><td>厂牌型号</td><td>270610280554</td></tr>
<tr><td>生产厂家</td><td colspan="2">东风本田</td><td>已行驶里程</td><td>7万km</td><td>规定行驶里程</td><td>60万km</td></tr>
<tr><td>购置日期</td><td>2018.8.2</td><td>登记日期</td><td colspan="2">2018.8.5</td><td>规定使用年限</td><td></td></tr>
<tr><td>大修情况</td><td colspan="6">无</td></tr>
<tr><td>改装情况</td><td colspan="6">无</td></tr>
<tr><td>耗油量</td><td>8L/100km</td><td>是否达到环保要求</td><td>是</td><td>事故次数及情况</td><td colspan="2">无</td></tr>
<tr><td colspan="7">现场查勘情况</td></tr>
</table>

（续）

车身外观部分	颜色	灰色	光泽	好	褪色	无	锈蚀	无
	有无被碰撞	无	严重程度	无	修复	无	车灯是否齐全	是
	前、后保险杠是否完整	是	其他：					
车内装饰部分	装潢程度	一般	颜色	灰色	清洁	良好	仪表是否齐全	是
	座位是否完整	是						
发动机总成	动力状况评分	90	有无更换部件	无	有无修补现象	无	有无替代部件	无
	漏油现象	严重□　一般□　轻微□　无√						
底盘各部分	有无变形	无	有无异响	无	变速器状况	良好	后桥状况	良好
	前桥状况	良好	传动状况	良好	漏油现象	严重□　一般□　轻微□　无√		
	转向系统情况	良好			制动系统情况	良好		
电气系统	电源系统是否工作正常	是	发动机点火器是否工作正常	是	空调系统是否工作正常	是	音响系统是否工作正常	是
	其他							
鉴定意见			该车外观良好，未达到报废标准，具有可再交易性，车辆无大修和事故，无大碰撞痕迹；动力、转向和制动性能良好，车内电气设备齐全，内部装饰配置为标配，汽车整体维护情况良好，购买后能够正常使用					

资产所有单位技术人员签字：×××　　　　评估人员签字：×××

（2）二手车现场查勘成新率 C_2 评定　在上述对二手车进行技术状况现场查勘的基础上，对整车和重要部件进行定性分析并以评分形式给予量化，可参考表4-7。总分就是二手车现场查勘成新率。

表4-7　二手车现场查勘成新率评定表

序号	项目名称	达标程度	参考标准分	评分
1	整车（满分20分）	全新	20	15
		良好	15	
		较差	5	
2	车架（满分15分）	全新	15	10
		一般	7	
3	前后桥（满分15分）	全新	15	10
		一般	7	
4	发动机（满分30分）	全新	30	24
		轻度磨损	25	
		中度磨损	17	

（续）

序号	项目名称	达标程度	参考标准分	评分
4	发动机（满分30分）	重度磨损	5	24
5	变速器（满分10分）	全新	10	7
		轻度磨损	8	
		中度磨损	6	
		重度磨损	2	
6	转向及制动系统（满分10分）	全新	10	8
		轻度磨损	8	
		中度磨损	5	
		重度磨损	2	
总分（现场查勘成新率）（%）			100	74

必须指出的是，被评估二手车理论成新率和现场查勘成新率的权重分配、使用年限成新率和行驶里程成新率的权重分配，要根据被评估二手车类型、使用状况、维修状况综合考虑，合理确定，这与二手车鉴定评估人员的实践工作经验和专业判断能力有很大的关系，需要在实践中及时学习和总结。

六、成新率评估实例

【案例2】

2020年6月15日，客户王先生驾驶其奥迪2.8L轿车到哈尔滨某奥迪专卖店进行二手车置换业务，以下是鉴定估价师对该车的检查鉴定情况。

1. 手续检验

该车出厂日期为2015年5月，初次登记日期为2015年5月31日，年检有效期至2020年6月，已行驶里程为52000km。该车所有证件、手续齐全，真实合法。

2. 车辆使用背景

该车属私家车，有车库保管，仅为上下班使用，长年工作在市区内，工作条件较好，使用强度不大，日常维护也好。

3. 车辆配置

V形6缸24气门2.8L多点电喷发动机、手自一体变速器、前排双气囊、电动座椅、倒车雷达、CD机、行李架、ABS+EBD系统、车载电话、HID氙气前照灯、电动后视镜、四门电动车窗、助力转向系统、前后盘式制动器、中控锁及防盗系统、真皮转向盘及座椅、铝合金轮毂。

4. 车况检查

（1）静态检查

1）左前翼子板有钣金迹象，但涂装质量上乘，前后保险杠表面有碰伤痕迹，整体外观尚好。

2）车辆的内部装饰清洁整齐，座椅皮面维护较好，电器部件工作良好。

3）发动机舱内布置整齐合理，但清洁度差，尘土较多，机油量在中线。

4）将车开进地沟检查发现：发动机保护钢板有剐蹭痕迹，其他部件尚好。

（2）动态检查

1）车辆起动后非常安静，无抖动现象，车辆起步加速反应良好，车速在 60km/h 情况下，车辆悬架平稳，没有振抖、异响，轮胎噪声正常，突然加速车辆也无特别的声响，滑行效果良好，乘坐人员反映车辆舒适性不错。在高速公路上，以 110km/h 的速度行驶时车辆运行平稳，无振抖、异响、跑偏、摆偏、转向盘发抖等现象。

2）动态试验后车辆润滑油、冷却液温度正常，运动零件无过热，无漏水、漏油、漏电等现象。

5. 试用综合分析法评估该车的成新率

评估如下：

1）初次登记日为 2015 年 5 月，评估基准日为 2020 年 6 月，则已使用年限 $Y=61$ 月，使用年限按 15 年计算，$Y_g=180$ 月。

2）根据技术鉴定情况，该车无须进行项目修理或换件，参考表 4-5 得到以下调整系数。

① 该车技术状况好，车辆技术状况调整系数 $K_1=0.9$。

② 该车使用、维护好，维护情况调整系数 $K_2=0.9$。

③ 此奥迪 2.8L 轿车是国产名牌车，原始制造质量调整系数 $K_3=0.9$。

④ 该车为私人用车，车辆用途调整系数 $K_4=1.0$。

⑤ 该车主要在市内行驶，使用条件好，使用条件调整系数 $K_5=1.0$。

3）综合调整系数为

$$\begin{aligned}K&=K_1\times30\%+K_2\times25\%+K_3\times20\%+K_4\times15\%+K_5\times10\%\\&=0.9\times30\%+0.9\times25\%+0.9\times20\%+1.0\times15\%+1.0\times10\%=0.925\end{aligned}$$

4）利用综合分析法计算成新率为

$$C_F=\left(1-\frac{Y}{Y_g}\right)K\times100\%=\left(1-\frac{61}{180}\right)\times0.925\times100\%=61.15\%$$

【案例 3】

2021 年 10 月，郑州某通信公司委托当地一会计师事务所对欲处置的雪佛兰开拓者进行评估。

1. 车辆概况

车牌号：豫 A×××××；车型：SY6460TAD；发动机号：××××××××；车架号：××××××××××××××××；乘员数（包括驾驶人）：5 人；生产商：沈阳通用汽车公司；登记日期：2016 年 10 月。

2. 性能参数及配置

发动机型号：LG3；排量：4300mL；最大功率：140kW/4400r/min；最大转矩：340N · m/2800r/min；最高转速：6000r/min；气缸数：6 个；气缸排列形式：V 形；气缸压缩比：9.5∶1；达到排放标准：欧Ⅱ；燃油供给方式：多点电喷；冷却系统：水冷；三元催化：标准配置；前悬架：双叉臂式独立悬架；后悬架：整体桥可变刚度钢板弹簧非独立悬架；驱动方式：可调四驱；动力助力转向：标准配置；助力转向方式：液压；前制动器：盘

式；后制动器：鼓式；最高车速：172km/h；原地起步加速时间（0—100km/h 所需的时间）：12.8s；整车整备质量：1930kg；经济油耗（汽车在100km理想状态下的最低油耗）：11L；长×宽×高：4640mm×1793mm×1742mm。

3. 运用综合成新率法计算成新率

计算如下：

（1）计算理论成新率 C_1　由于该车的里程表已坏，所以理论成新率直接由年限法成新率计算而得。该车登记日期为2016年10月，评估基准日为2021年10月，已使用5年，根据《机动车强制报废标准规定》，规定使用年限按照15年计算，所以：

$$C_1=(1-\text{已使用年限}/\text{规定使用年限})\times100\%$$
$$=(1-5/15)\times100\%=67\%$$

（2）计算现场查勘成新率 C_2　评估人员在现场对该车的查勘过程中，分别对车辆的发动机、底盘、车身、内饰及电气系统进行鉴定打分，详见表4-8。所以：

$$C_2=\text{现场查勘打分值}/100=70\%。$$

表4-8　车辆鉴定表

序号	项目	鉴定标准	鉴定情况	实际分数
1	发动机、离合器总成	35分 (1)气缸压力是否符合标准 (2)机油是否泄漏,冷却系统是否漏水 (3)燃油消耗量是否在正常范围内 (4)气缸内圆度不大于0.125mm (5)在高中低速时没有断火现象和其他异常现象	燃油消耗超标,-10分 气缸圆度超标,-10分 其他符合要求	15分
2	前桥总成	8分 工字梁应无变形和裂纹,转向系统操作轻便灵活,转向节不应有裂纹	符合要求	8分
3	后桥总成	10分 圆锥主动齿轮轴在1400~1500r/min时,各轴承温度不高于60℃,差速器及半轴的车轮符合要求,不应有敲击声或高低变化声响,各接合部位不允许漏油	有漏油,-5分	5分
4	变速器总成	8分 (1)变速器在运转中,齿轮在任何档位均不应有脱档、跳档及异常声响 (2)变速杆不应有明显抖动,密封部位不漏油,变速杆操作灵便 (3)变速器壳体各孔圆度误差不大于0.0075mm	符合要求	8分
5	车架总成	14分 车架应无变形,各焊缝应无裂纹及损伤,连接件齐全无松动	符合要求	14分
6	车身总成	15分 车身无碰伤、脱漆、锈蚀,门窗玻璃完好,密封良好,座椅完整	车身有脱漆,-5分	10分
7	轮胎	2分 根据磨损量确定	较好	2分
8	其他	8分 (1)制动系统:气压制动的储气筒、制动管不漏气 (2)电气系统:电源点火、信号、照明应正常	符合要求	8分
		100分		70分

（3）取权重系数 $\alpha_1=0.4$，$\alpha_2=0.6$，则运用综合成新率法计算的成新率为

$$C_z=(C_1\alpha_1+C_2\alpha_2)=(67\%\times0.4+70\%\times0.6)=68.8\%$$

项目五　二手车评估的基本方法

【学习目标】

1. 简单描述现行市价法的运用前提和使用范围。
2. 正确描述重置成本法的基本原理及特点。
3. 能正确地运用重置成本法对二手车进行准确的鉴定估价。
4. 掌握收益现值法的应用原则及基本原理。
5. 简单描述价格清算的使用范围和影响因素。
6. 正确描述折旧法的基本原理及适用范围。
7. 正确描述撰写二手车鉴定评估报告书的基本要求及内容。

【工作任务】

1. 组织学生进行市场调研，根据市场调研情况，选择合适的评估标准和评估方法对被评估车辆进行准确的估价。

2. 给出既定的实际案例，学生能对案例进行正确的分析，并能准确地估算出车辆的实际价值。

3. 在验车及审核手续环节，对被评估车辆进行正确的拍照，能对被评估车辆做出准确的判断。

4. 完成鉴定评估后，能准确地撰写汽车评估报告书。

任务一　了解现行市价法评估

一、了解现行市价法的基本原理

1. 现行市价法的定义

现行市价法又称市场法、市场价格比较法，是指通过比较被评估车辆与最近售出类似车辆的异同，并将类似车辆的市场价格进行调整，从而确定被评估车辆价值的一种评估方法。现行市价法是最直接、最简单的一种评估方法。基本思路是：通过市场调查，选择一个或几个与被评估车辆相同或类似的车辆作为参照物，分析参照物的构造、功能、性能、新旧程度、地区差别、交易条件及成交价格等，并与被评估车辆对照比较，找出两者的差别及差别所反映在价格上的差额，经过调整，计算出被评估车辆的价格。

2. 现行市价法的基本原理

任何一个正常的投资者在购置某项资产时，他所愿意支付的价格不会高于市场上具有相同用途的替代品的现行市价。

现行市价法是二手车评估中最为直接、最具说服力的评估方法之一。原因如下：

1）充分利用类似车辆的成交价格信息。

2）以获得的信息为基础判断和估测被评估二手车的价值。

3）运用经市场检验的结论来评估二手车，很容易被买卖双方当事人接受。

二、了解现行市价法的应用原则

1. 现行市价法应用的前提条件

1）需要有一个充分发达、活跃的二手车交易市场，即要有二手车交易的公开市场。在这个市场上有众多的卖者和买者，有充分的参照物可取，交易充分平等，这样可以排除交易的偶然性和特殊性。汽车在汽车交易市场上交易越频繁，与被评估二手车相类似的车辆价格越容易获得。因此，市场成交的二手车价格可以准确反映市场行情，评估结果更公平公正，双方都更容易接受。

2）参照物与被评估车辆有可比较的指标，且技术参数等资料是可搜集到的，并且价值影响因素明确，可以量化。

在运用现行市价法评估二手车时，关键是要能够找到与被评估车辆相同或相类似的参照物，并且参照物应是近期的，可比较的。近期是指参照物交易时间与车辆评估基准日时间相近，一般在一个季度之内。可比较是指车辆在规格、型号、功能、性能、内部结构、新旧程度及交易条件等方面不相上下。

2. 现行市价法的使用范围

运用现行市价法进行评估时，是从卖者的角度来考虑被评估二手车的变现值，二手车评估价值的大小直接受市场的制约。因此，现行市价法特别适用于产权转让的畅销车型的评估。畅销车型的数据充分可靠，市场交易活跃，评估人员熟悉其市场交易情况，采用现行市价法评估二手车所需的时间会很短。

三、了解现行市价法的特点及评估方法

1. 现行市价法的特点

现行市价法是以市场为导向，而市场价格已经综合反映了车辆的各种因素，所以现行市价法评估已包含了该车辆的有形损耗的贬值、无形损耗的贬值及经济性贬值。在用此方法进行评估时，不再专门计算功能性贬值和经济性贬值。其特点如下。

（1）现行市价法的优点

1）能够客观反映二手车目前的市场情况，其评估的参数、指标估值能反映市场现实价格。

2）评估结果易于被各方理解和接受。

（2）现行市价法的缺点

1）需要公开及活跃的市场作为基础。然而我国二手车市场还只是刚刚建立，发育不完全、不完善，寻找参照物有一定的困难。

2）可比因素多且复杂，即使是同一个生产厂家生产的同一型号、同一天登记的产品，由于由不同的车主使用，其使用强度、使用条件、维护水平等多种因素不同，其实体损耗、新旧程度都各不相同，从而造成二手车评估价值有所不同。

2. 现行市价法评估的步骤

现行市价法评估的步骤如图5-1所示。

（1）搜集被评估车辆资料　搜集评估对象的资料，主要包括车辆的类别名称、型号和

性能、生产厂家及出厂年月、车辆目前使用情况、实际技术状况以及剩余使用年限等相关资料。

（2）选定参照对象　选定的类比车辆必须具有可比性，可比性因素包括：

1）车辆型号、车辆制造厂家。

2）车辆地域。不同地区的交易市场，同样车辆的价格有较大的差别。

3）车辆使用性质。是私用、公务、商务车辆，还是营运车辆。

4）车辆使用年限、行驶里程数。

5）车辆实际技术状况。

6）交易动机和目的。不同交易动机和目的，往往有较大的差别；车辆出售的目的是清偿还是转让；买方是转手倒卖获利还是购买自用。

7）市场状况。市场处于衰退萧条或是复苏繁荣，交易量如何，新车价格趋势如何，目前该车型的市场保有量如何等。

8）成交数量。单台交易与成批交易的价格会有一定差别。

9）成交时间。应采用近期成交的车辆作为参照对象。车辆市场价格会随时间的变化而变化。

（3）分析、类比　对被评估车辆与选定的参照对象进行认真的分析、类比。尽可能予以量化、调整。

（4）计算评估值

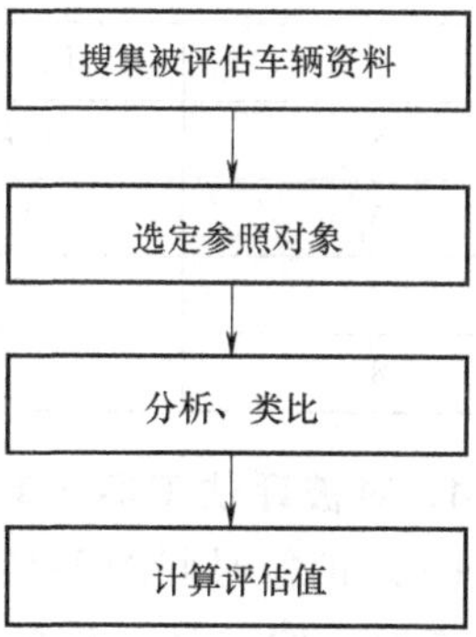

图 5-1　现行市价法评估步骤

3. 具体计算方法

现行市价法确定单台车辆价值通常采用直接法和类比法。

（1）直接法　直接法是指在市场上能找到与被评估车辆完全相同的车辆的现行市价，并将其价格直接作为被评估车辆评估价格的一种方法。

完全相同是指车辆型号相同，使用条件和技术状况相同，生产和交易时间相近。寻找同型号的车辆有时是比较困难的，通常情况下，如果参照车辆与被评估车辆类别相同、主参数相同、结构性能相同，只是生产序号不同并只有局部改动，且交易时间相近的，即认为是完全相同，可作为直接评估过程中的参照物。

（2）类比法　类比法是指评估车辆时，在公开市场上找不到与之完全相同的车辆，但能找到与之相类似的车辆，并以此为参照物，将其价格做相应的差异调整，从而确定被评估车辆价格的一种方法。

所选参照物的交易时间与评估基准日越接近越好，实在无近期交易的参照物，也可以选择远期的，再进行日期修正。其基本计算公式如下。

1）模型一：

评估价格＝市场交易参照物价格＋Σ被评估对象比交易参照物优异的价格差额－Σ交易参照物比被评估对象优异的价格差额

2）模型二：

评估价格＝参照物价格×（1±调整系数）

现行市价法评估的关键是全面了解市场情况，了解的情况越多，评估的准确性越高。

四、现行市价法评估实例介绍

某评估人员在用现行市价法对某车进行评估时选择两个近期成交的与被评估车辆类别、结构基本相同，经济技术参数相近的车辆作为参照物。参照物与被评估车辆的主要可比因素见表 5-1。

表 5-1 被评估车辆及参照物主要可比因素

序号	主要可比因素	被评估车辆	参照物 A	参照物 B
1	交易价格/元	—	60000	58000
2	交易时间	—	5 个月之前	3 个月之前
3	销售条件	公开市场	公开市场	公开市场
4	已使用时间/年	4	4	5
5	尚可使用时间/年	6	6	5
6	成新率(%)	60	65	55
7	年平均维修费用	10000	10000	12000
8	百公里油耗/L	14	13	15

1. 对被评估车辆与参照物之间的差异进行量化比较

（1）销售时间的差异　搜集到的资料表明，在评估之前至评估基准日之间的一年内，物价指数大约每月上升 0.5%，各参照物与被评估车辆由于时间差异所产生的差额如下。

1）被评估车辆与参照物 A 相比较晚 5 个月，差额为

$$60000\times 5\times 0.5\% = 1500\ (\text{元})$$

2）被评估车辆与参照物 B 相比较晚 3 个月，差额为

$$58000\times 3\times 0.5\% = 870\ (\text{元})$$

（2）车辆性能的差异

1）按每日营运 150km，每年平均出车 280 天，计算各参照物与被评估车辆每年由于燃料消耗的差异所产生的差额。燃料价格按每升 5.0 元计算。

A 车每年比被评估车辆少消耗的燃料费用为

$$(14-13)\times 5.0\times 150/100\times 280 = 2100\ (\text{元})$$

B 车每年比被评估车辆多消耗的燃料费用为

$$(15-14)\times 5.0\times 150/100\times 280 = 2100\ (\text{元})$$

2）各参照物与被评估车辆每年由于维修费用的差异所产生的差额如下。

A 车每年比被评估车辆少花费的维修费用差额为

$$10000-10000 = 0\ (\text{元})$$

B 车每年比被评估车辆多花费的维修费用差额为

$$12000-10000 = 2000\ (\text{元})$$

3）由于营运成本不同，各参照物比被评估车辆每年的差异如下。

A 车比被评估车辆每年少花费的营运成本为

$$2100+0 = 2100\ (\text{元})$$

B 车比被评估车辆每年多花费的营运成本为

$$2100+2000=4100（元）$$

4）取所得税税率为 30%。则税后各参照物比被评估车辆少（多）花费的营运成本如下。

A 车比被评估车辆少花费的营运成本为

$$2100\times(1-30\%)=1470（元）$$

B 车比被评估车辆多花费的营运成本为

$$4100\times(1-30\%)=2870（元）$$

5）适用的折现率为 10%，则在剩余的使用年限内，各参照物每年比被评估车辆少（多）花费的营运成本如下。

A 车比被评估车辆少花费的营运成本折现累计为

$$1470\times\frac{(1+10\%)^6-1}{10\%\times(1+10\%)^6}=1470\times4.3553=6402（元）$$

B 车比被评估车辆多花费的营运成本折现累计为

$$2870\times\frac{(1+10\%)^5-1}{10\%\times(1+10\%)^5}=2870\times3.7908=10880（元）$$

（3）成新率的差异

1）A 车与被评估车辆由于成新率的差异所产生的差额为

$$60000\times(60\%-65\%)=-3000（元）$$

2）B 车与被评估车辆由于成新率的差异所产生的差额为

$$58000\times(60\%-55\%)=2900（元）$$

2. 根据被评估车辆与参照物之间差异的量化结果，确定车辆的估值

（1）初步确定车辆的评估值

1）与参照物 A 相比分析调整差额，初步的评估结果为

$$车辆评估值=60000+1800-6402-3000=52398（元）$$

2）与参照物 B 相比分析调整差额，初步的评估结果为

$$车辆评估值=58000+870+10880+2900=72650（元）$$

（2）综合分析，确定被评估二手车的评估值　从上述初步估算的结果可知，按两个不同的参照物进行比较测算，评估结果相差 20252 元，由于参照物 A 的已使用年限、尚可使用年限、年平均维修费用与被评估车辆相似程度更大，所以取参照物 A 的加权系数为 60%，参照物 B 的加权系数为 40%。加权平均后车辆的评估值为

$$车辆评估值=52398\times60\%+72650\times40\%=60499（元）$$

由此例看出销售价格为 6 万元左右的车，其初步结果相差达 1 万元左右，说明只有参照物数量足够多，可比因素充分，评估的价格才会更加真实、准确。

任务二　掌握重置成本法评估

一、掌握重置成本法的基本原理

1. 重置成本法的定义

重置成本法是指在现时市场调节下重新购置一辆全新状态的被评估车辆所需的全部成本（即完全重置成本，简称重置全价），减去被评估车辆的各种陈旧贬值后的差额作为被评估车辆现时价格的一种评估方法。

2. 重置成本法的基本原理

（1）重置成本法的理论依据　在市场经济条件下，任何一个理性的购买者在购买某项资产时所愿意支付的价格，都不会超过与被评估对象具有同等效用的全新资产的最低成本，这就是重置成本法的理论依据。

重置成本是购买一辆全新的与被评估车辆相同的车辆所支付的最低金额。按重新购置车辆所用的材料、技术的不同，可把重置成本区分为复原重置成本（简称复原成本）和更新重置成本（简称更新成本）。复原成本指用与被评估车辆相同的材料、制造标准、设计结构和技术条件等，以现时价格复原购置相同的全新车辆所需的全部成本。更新成本指利用新型材料、新技术标准、新设计等，以现时价格购置相同或相似功能的全新车辆所支付的全部成本。一般情况下，在进行重置成本计算时，如果同时可以取得复原成本和更新成本，应选用更新成本；如果不存在更新成本，则考虑选用复原成本。

（2）车辆的贬值　和其他机器设备一样，车辆价值也是一个变量，它随其本身的运动和其他因素变化而相应变化。影响车辆价值量变化的因素，除了市场价格、供需关系外，还有以下几种。

1）车辆的实体性贬值。实体性贬值又称有形损耗，是指机动车在存放和使用过程中，由于物理和化学原因而导致的车辆实体发生的价值损耗，即由于自然力的作用而发生的损耗。二手车一般都不是全新状态，因此大都存在实体性贬值。确定实体性贬值，要依据新旧程度，包括车身表面及内部构件、部件的损耗程度。假如用损耗率来衡量，一辆全新的车辆，其实体性贬值为0%；而一辆完全报废的车辆，其实体性贬值为100%；处于其他状态下的车辆，其实体性贬值率位于0%～100%之间。

2）车辆的功能性贬值。功能性贬值是由于科学技术的发展导致的车辆贬值，即无形损耗。这类贬值又可细分为一次性功能贬值和营运性功能贬值。

一次性功能贬值是由于技术进步引起劳动生产率的提高，现在再生产制造与原功能相同的车辆的社会必要劳动时间减少、成本降低而造成原车辆的价值贬值。具体表现为原车辆价值中有一个不被社会承认的超额投资成本。

营运性功能贬值是由于技术进步，出现了新的、性能更优的车辆，致使原有车辆的功能相对新车型已经落后而引起的价值贬值。具体表现为原有车辆在完成相同工作任务的前提下，在燃料、人力、配件材料等方面的消耗增加，形成了一部分超额运营成本。

3）车辆的经济性贬值。经济性贬值是指由于外部经济环境变化所造成的车辆贬值。外部经济环境包括宏观经济政策、市场需求、通货膨胀、环境保护等。经济性贬值是由于外部环境而不是车辆本身所引起的。

二、掌握重置成本法的计算方法

重置成本法的计算公式为正确运用重置成本法评估二手车提供了思路，评估操作中，重要的是依此思路，确定各项评估技术、经济指标。

1. 重置成本的形式

重置成本有两种形式，即复原重置成本和更新重置成本。选择重置成本时，在获得复原重置成本和更新重置成本的情况下，应选择更新重置成本。主要原因如下：

1）复原重置成本大于更新重置成本，因此引起的功能性损耗增加。

2）科技的进步，劳动生产率的提高，新工艺、新设计的采用被社会普遍接受。

3）使用新型设计、工艺制造的车辆，无论是使用性能还是成本损耗，都会优于旧的车辆。

2. 复原重置成本与更新重置成本的区别和联系

两者的相同点：

1）采用的都是车辆现时价格。

2）对于某些车辆，其设计、损耗、款式几十年都不变，更新重置成本和复原重置成本是一样的。

两者的区别在于技术、设计、标准方面的差异。

无论是更新重置成本还是复原重置成本，车辆的功能、型号、级别等都要与被评估的二手车一致。否则，会直接影响重置成本价格。

3. 重置成本的计算

在资产评估中，重置成本估算的方法很多，对于二手车评估定价一般采用如下两种方法。

（1）重置核算法　重置核算法又称直接法或细节分析法，以现行市价核算被评估车辆重置成本。也就是将车辆按成本构成分成若干组成部分，先确定各组成部分的现时价格，然后相加得出待评估车辆的重置全价。计算公式为

$$重置成本=直接成本+间接成本$$

直接成本是指直接可以构成车辆成本的支出部分。具体来说是按现行市价的购买价格，加上运输费、购置附加费、消费税、人工费等。间接成本是指购置车辆发生的管理费、专项贷款发生的利息、注册登记手续费等。

根据不同的评估目的，二手车重置成本全价的构成一般分下述两种情况考虑：

1）属于所有权转让的经济行为或为司法、执法部门提供证据的鉴定行为，可按被评估车辆的现行市场成交价格作为被评估车辆的重置全价，其他费用忽略不计。

2）属于企业产权变动的经济行为（如企业合资、合作和联营，企业合并、分设和兼并等），其重置成本构成除了考虑被评估车辆的现行市场购置价格以外，还要考虑国家和地方政府对车辆加收的其他税费，如车辆购置附加费、教育费附加、车船使用税等一并计入重置成本全价。

（2）物价指数法　物价指数法也可称为物价指数调整法，是在二手车原始成本基础上，

通过现时物价指数确定其重置成本。计算公式为

$$车辆重置成本=车辆原始成本\times\frac{车辆评估时物价指数}{车辆购买时物价指数}$$

或

$$车辆重置成本=车辆原始成本\times(1+物价变动指数)$$

物价指数是国家统计部门或物价管理部门以及政府机关发布的物价动态数据。物价指数分定基物价指数和环比物价指数。所谓定基物价指数，是指按时间顺序编制的物价指数数列中，每一个指数都以某一固定时期作为基期，从而反映物价的长期动态。所谓环比物价指数，是指按时间顺序编制的物价指数数列中，每一个指数都以其相邻的前一时期为基期，从而反映物价的逐期变化程度。在上述公式中，物价指数的选样必须是定基物价指数，物价指数的基期应和车辆的购置期一致，物价指数的计算期应和车辆评估的基准期一致。

如果被评估车辆是淘汰产品或是进口车辆，查询不到现时市场价格时，物价指数法是一种很有用的方法。运用物价指数法时要注意以下问题。

1）一定要先检查被评估车辆的账面购买原价。如果购买原价不准确，则不能用物价指数法。

2）物价指数一定要选用国家权威部门提供的数据。不能选用无依据、不明来源的数据。

3）如果选用物价指数的计算期与评估基准日之间有一段时间差，评估人员应依据近期内的物价指数变化趋势并结合市场情况的变化予以适当调整。

三、掌握重置成本法的特点及评估方法

1. 重置成本法的特点

（1）重置成本法的优点

1）比较充分地考虑了车辆的损耗，评估结果更趋于公平合理。

2）有利于二手车的评估。

3）在不易计算车辆未来收益或难以取得市场（二手车交易市场）参照物条件下可广泛应用。

（2）重置成本法的缺点

1）评估工作量较大，且经济性贬值不易准确计算，确定成新率时主观影响较大。

2）对极少数的进口车辆，不易查询到现时市场报价，一些停产或国内自然淘汰的车型，由于不可能查询到相同车型的市场报价，因此，难以准确地确定它们的重置成本或重置成本全价。

2. 重置成本法的估算

其基本计算公式可表述为

$$被评估车辆的评估值=重置成本-实体性贬值-功能性贬值-经济性贬值$$

$$被评估车辆的评估值=重置成本\times成新率$$

以上两种计算模型中，前式综合考虑了二手车的现行市场价格和各种影响二手车价值量变化的因素，可信度更高，但是这些影响因素较多且有一定的不确定性，所以在一定程度上影响了评估值。

后式则以成新率综合考虑了各种贬值对二手车价值的影响，是一种定性和定量相结合的评估方法，是目前市场上应用最广泛的一种评估方法。计算公式为

$$P=BC \tag{5-1}$$

式中　P——被评估车辆的评估值（元）；

B——被评估车辆的现时重置成本（元）；

C——被评估车辆的现时成新率。

四、重置成本法评估实例介绍

【例题 1】 使用年限法评估二手车

王女士于 2017 年 9 月购置了一辆某品牌轿车，作为上下班代步用。购买价格为 97800 元，初次登记日期是 2017 年 9 月，于 2021 年 12 月进入二手车交易市场估价交易。经现场查勘，车身外观较好，发动机运转平稳，无异常响声，制动系统良好。该车行驶里程为 8 万 km，在评估时，该车的现行市场销售价格为 79800 元，其他税费不计，试评估该车的现时市场价值。

解：根据题意可知：

（1）初次登记日期为 2017 年 9 月，评估基准日为 2021 年 12 月，已使用年限：$Y=51$ 月。

（2）该车为轿车，规定使用年限为 15 年，即：$Y_g=180$ 月。

（3）该车的现时重置成本：$B=79800$ 元。

（4）该车的使用年限成新率：$C_Y=\left(1-\frac{Y}{Y_g}\right)\times100\%=\left(1-\frac{51}{180}\right)\times100\%=71.67\%$。

（5）该车的评估值：$P=BC_Y=79800\times71.67\%=57192$（元）。

【例题 2】 综合分析法评估二手车

2016 年 7 月刘先生购置了一辆国产知名品牌轿车，作为家庭用车。于 2021 年 7 月进入某二手车交易市场进行交易。该车行驶里程为 13 万 km，已知该车新车市场价格为 490000 元。经评估人员现场查勘，技术状况较好，使用维护好，该车主要是在市内行驶。试用重置成本——综合分析法评估该车的价值。

解：根据题意可知：

（1）评估价值采用重置成本——综合分析法，计算公式为

$$P=BC_F=B\left(1-\frac{Y}{Y_g}\right)K\times100\%$$

（2）初次登记日期为 2016 年 7 月，评估基准日为 2021 年 7 月，则：$Y=60$ 月。

（3）该车为轿车，按规定使用年限为 15 年，即：$Y_g=180$ 月。

（4）该车的现时重置成本：$B=490000$ 元。

（5）综合调整系数 K 的确定。

1）技术状况较好，车辆技术状况调整系数 $K_1=0.9$。

2）使用维护好，维护情况调整系数 $K_2=0.9$。

3）该车为国产名牌，制造质量调整系数 $K_3=0.9$。

4）该车为私人用车，车辆用途调整系数 $K_4=1.0$。

5）该车主要在市内行驶，使用条件调整系数 $K_5=1.0$。

6）综合调整系数为

$$
\begin{aligned}
K &= K_1\times30\%+K_2\times25\%+K_3\times20\%+K_4\times15\%+K_5\times10\% \\
&= 0.9\times30\%+0.9\times25\%+0.9\times20\%+1.0\times15\%+1.0\times10\%=92.5\%
\end{aligned}
$$

（6）计算成新率 C_F 为

$$
C_F=\left(1-\frac{Y}{Y_g}\right)K\times100\%=\left(1-\frac{60}{180}\right)\times92.5\%\times100\%=61.67\%
$$

（7）计算评估值 P 为

$$
P=BC_F=490000\times61.67\%=302183(\text{元})
$$

任务三　掌握收益现值法评估

一、掌握收益现值法的基本原理

1. 收益现值法的定义

收益现值法是将被评估的车辆在剩余寿命期内预期收益用适用的折现率折现为评估基准日的现值，并以此确定评估价格的一种方法。

采用收益现值法对二手车进行评估所确定的价格，是指为获得该车辆以取得预期收益的权利所支付的货币总额。

2. 收益现值法的基本原理

收益现值法是基于人们之所以想占有某车辆，主要是考虑这辆车能为自己带来一定的收益这样的假设。如果某辆车的预期收益小，车辆的价格就不可能高；相反，车辆的预期收益大，评估车辆的价格肯定高。任何一个理智的投资者在决定投资购买某辆二手车时，他所愿意支付的货币金额不会高于评估时求得的该车未来预期收益的折现值。

二、掌握收益现值法的应用原则

1. 收益现值法应用的前提

1）被评估的二手车必须是经营性车辆，具有继续经营和获得收益的能力。

2）被评估的二手车继续经营的收益能够且必须用货币金额来表示。

3）影响被评估车辆未来经营风险的各种因素能够转化为数据加以计算，并体现在折现率中。

4）被评估车辆的预期获利年限可以预测。

2. 收益现值法应用的范围

运用收益现值法进行评估时，是以车辆投入使用后连续获利为基础的。在机动车的交易中，人们购买的目的往往不是在于车辆本身，而是车辆获利的能力。因此，该方法较适用于投资营运的车辆。

三、掌握收益现值法的特点及评估方法

1. 收益现值法的特点

与现行市价法相比，收益现值法有以下几个特点。

（1）收益现值法的优点

1）与投资决策相结合，具有投资色彩，较适用于投资营运车辆。

2）直观、容易被交易双方接受。

3）能真实和较准确地反映车辆本金化的价格。

（2）收益现值法的缺点

1）购买者对预期收益额预测难度大。

2）受较强的主观判断和未来不可预见因素的影响。

2. 收益现值法评估计算

收益现值法评估值的计算，实际上就是对被评估车辆未来预期收益进行折现的过程。被评估车辆的评估值等于剩余寿命期内各期的收益现值之和，其基本计算公式为

$$P=\sum_{t=1}^{n}\frac{A_t}{(1+i)^t}=\frac{A_1}{(1+i)^1}+\frac{A_2}{(1+i)^2}+\cdots+\frac{A_n}{(1+i)^n} \tag{5-2}$$

式中　P——评估值（元）；

A_t——未来第 t 个收益期的预期收益额（元）；

n——收益年期（二手车剩余使用年限）；

i——折现率；

t——收益期，一般以年计。

当 $A_1=A_2=\cdots=A_n=A$ 时，即第 $1\sim n$ 个收益期的预期收益额均为 A 时，有

$$P=\sum_{t=1}^{n}\frac{A_t}{(1+i)^t}=A\left[\frac{1}{(1+i)^1}+\frac{1}{(1+i)^2}+\cdots+\frac{1}{(1+i)^n}\right]=A\frac{(1+i)^n-1}{i(1+i)^n} \tag{5-3}$$

式中　$\frac{A_t}{(1+i)^t}$——第 t 个收益期的现值系数；

$\frac{(1+i)^n-1}{i(1+i)^n}$——年金现值系数。

3. 收益现值法各评估参数的确定

（1）收益年期 n 的确定　收益年期指从评估基准日到车辆达到报废所剩余的年限。对于各类汽车来说，按《机动车强制报废标准规定》确定该参数是很方便的。如果收益年期估计过长，就会高估车辆价格；反之，则会低估价格。因此，必须根据车辆的实际状况对剩余寿命做出正确的评定。

（2）预期收益额 A_t 的确定　收益现值法运用中，预期收益额的确定是关键。预期收益额是指被评估对象在使用过程中，可能带来的年纯收益额。对于预期收益额的确定应注意两点：

1）无论对于所有者还是购买者，判断某车辆是否有价值，首先应判断该车辆是否会带来收益。对其收益的判断，不仅仅是看现在的收益能力，更重要的是预测未来的收益能力。

2）收益额的构成。以企业为例，目前有几种观点：一是缴纳企业所得税后的利润；二是企业缴纳所得税后的利润与提取折旧额之和扣除投资额；三是利润总额。

针对二手车的评估特点与评估目的，为估算方便，推荐选择第一种观点，目的是准确反映预期收益额。

（3）折现率 i 的确定　折现率是特定条件下的收益率，表明车辆取得该项收益的收益率水平。折现率是指将未来预期收益额折算成现值的比率。折现率包含无风险利率和风险报酬率两部分。即

$$折现率(i)=无风险利率+风险报酬率$$

无风险利率是指资产在一般条件下的获利水平，风险报酬率则是指冒风险取得报酬与车辆投资中为承担风险所付代价的比率。由于每个行业、每个企业都有具体的资金收益率，因此在利用收益现值法对二手车评估，选择折现率时，应该对本行业、本企业历年收益率指标进行对比分析。但是，最后选择的折现率应不低于国家债券或银行存款的利率。

四、收益现值法评估实例介绍

【例题 3】

在某二手车交易市场，张先生准备将一辆 10 座的旅游车用作载客营运。按《机动车强制报废标准规定》，该车辆剩余年限为 4 年，适用的折现率为 9%，经预测得出 4 年内各年预期收益额分别为 12000 元、10000 元、8000 元、7000 元，试用收益现值法评估该车辆目前的价格。

解：根据题意可知：

$$P=\sum_{t=1}^{n}\frac{A_t}{(1+i)^t}=\frac{A_1}{(1+i)^1}+\frac{A_2}{(1+i)^2}+\cdots+\frac{A_n}{(1+i)^n}$$

$$=\frac{12000}{(1+9\%)^1}+\frac{10000}{(1+9\%)^2}+\frac{8000}{(1+9\%)^3}+\frac{7000}{(1+9\%)^4}$$

$$=11009+8417+6178+4959$$

$$=30563\ (元)$$

【例题 4】

某人拟购置一辆较新的轿车作为个体出租车经营使用，经调查得到以下数据和情况：车辆登记日是 2019 年 6 月，已行驶里程为 1.3 万 km，目前车况良好，能正常运行。如作为出租车使用，全年可出勤 300 天，每天平均毛收入 450 元。评估基准日是 2021 年 6 月。每天油费 75 元。每年的日常维修费 1.2 万元，平均大修费用 0.8 万元，牌照、保险、杂费 3.0 万元，人员劳务费 1.5 万元，出租车标付费 0.6 万元。根据目前银行储蓄年利率、国家债券、行业收益等情况，确定资金预期收益率为 15%，风险报酬率为 5%。试用收益现值法估算该车的价值。

解：根据题目条件，评估方法采用收益现值法。

从车辆登记日起至评估基准日止，车辆投入运行已2年。根据国家有关规定和车辆状况，车辆剩余使用寿命为6年。

预期收益额的确定思路是：将一年的毛收入减去车辆使用的各种税和费用，包括驾驶人的劳务费等，以计算其税后纯利润。

具体计算步骤如下：

（1）预计年收入：450×300=13.5（万元）

（2）估测车辆的预期收益：

① 预计年支出：

每天油费75元，每年油费：75×300=2.25（万元）。

日常维修费：1.2万元。

平均大修费用：0.8万元。

牌照、保险、杂费：3.0万元。

人员劳务费：1.5万元。

出租车标付费：0.6万元。

② 故车辆带来的年收入为

$$13.5-2.25-1.2-0.8-3.0-1.5-0.6=4.15(\text{万元})$$

（3）确定车辆的折现率。该车剩余使用寿命为6年，预计资金收益率为15%，再加上风险报酬率5%，故折现率为20%。折现率（i）= 无风险利率+风险报酬率，即

$$i=15\%+5\%=20\%$$

（4）计算车辆的评估值：

$$P=\sum_{t=1}^{n}\frac{A_t}{(1+i)^t}=A\left[\frac{1}{(1+i)^1}+\frac{1}{(1+i)^2}+\cdots+\frac{1}{(1+i)^n}\right]$$

$$=A\frac{(1+i)^n-1}{i\cdot(1+i)^n}=4.15\times\frac{(1+i)^6-1}{(1+i)^6\cdot i}=3.3255(\text{万元})$$

任务四　了解价格清算法评估

一、了解价格清算法的基本原理

（1）价格清算法的定义　价格清算法是指以清算价格为标准，对二手车进行的价格评估。清算价格是指企业由于破产或其他原因，被要求在一定期限内将车辆快速变现的价格。

（2）价格清算法的基本原理　价格清算法在原理上基本与现行市价法相同，所不同的是企业迫于停业或破产，急于将车辆拍卖、出售，清算价格往往大大低于现行市场价格。

二、了解价格清算法的适用范围

企业破产、抵押、停业清理时要售出的车辆适用于价格清算法。

（1）企业破产　当企业或个人因经营不善造成严重亏损不能清偿到期债务时，企业应依法宣告破产，法院以其全部财产依法清偿其所欠的债务，不足部分不再清偿。

（2）抵押　抵押是以所有者资产作为抵押物进行融资的一种经济行为，是合同当事人一方用自己特定的财产向对方保证履行合同义务的担保形式。提供财产的一方为抵押人，接受抵押财产的一方为抵押权人。抵押人不履行合同时，抵押权人有权利将抵押财产在法律允许的范围内变卖，从变卖抵押物价款中优先受偿。

（3）清理　清理是指企业由于经营不善导致严重亏损，已临近破产的边缘或因其他原因将无法继续经营下去，为弄清企业财物现状，对全部财产进行清点、整理和查核，为经营决策（破产清算或继续经营）提供依据，以及因资产损毁、报废而进行清理、拆除等的经济行为。

运用价格清算法评估车辆价格时应注意以下三点：

1）以具有法律效力的破产处理文件或抵押合同及其他有效文件为依据。

2）车辆在市场上可以快速出售变现。

3）所卖收入足以补偿因出售车辆导致的附加支出总额。

三、了解价格清算法的影响因素

在二手车评估过程中，影响清算价格的主要因素包括破产形式、债权人处置车辆的方式、车辆清理费用、拍卖时限、公平市价、参照车辆价格、车辆的现行市价和车辆的拍卖方式等。

（1）破产形式　如果企业丧失车辆处置权，则以买方出价决定车辆售价；如果企业未丧失处置权，则以双方议价决定车辆售价。

（2）债权人处置车辆的方式　按抵押时的合同契约规定执行，如公开拍卖或收回已有。

（3）车辆清理费用　在企业破产等情况下评估车辆价格时，应对车辆清理费用及其他费用给予充分的考虑。如果这些费用太高，拍卖变现后所剩无几，则失去了拍卖还债的意义。

（4）拍卖时限　一般来说，规定的拍卖时限长，售价会高些；时限短，则售价会低些。这是由资产快速变现原则产生的特定买卖市场所决定的。

（5）公平市价　公平市价是指车辆交易时，使交易双方都满意的价格。在清算价格中，卖方满意的价格一般不易求得。

（6）参照车辆价格　参照车辆价格是指在市场上出售相同或类似车辆的价格。一般来说，市场参照车辆价格高，车辆出售的价格就会高，反之则低。

（7）车辆的现行市价　与被拍卖车辆相同或类似的车辆的现行市价价格高，被拍卖车辆的清算价格通常也会高，反之则低。

四、价格清算法评估实例介绍

二手车评估清算价格的方法主要有以下3种。

（1）现行市价折扣法　现行市价折扣法是指对清理车辆，首先在二手车市场上寻找一个相适应的参照物，然后根据快速变现原则估定一个折扣率并据此确定其清算价格。

（2）模拟拍卖法（也称意向询价法）　模拟拍卖法是以向被评估车辆的潜在购买者询价的办法取得市场信息，最后经评估人员分析确定其清算价格的一种方法。用这种方法确定的清算价格受供需关系影响很大，要充分考虑其影响的程度。

（3）竞价法　竞价法是由法院按照法定程序（破产清算）或由卖方根据评估结果提出一个拍卖的底价，在公开市场上由买方竞争出价，谁出的价格高就卖给谁。

【案例1】

一辆旧富康轿车，经调查在二手车市场上成交价为5万元，根据销售情况调查，折价20%可以当即出售，则该车辆清算价格为5×(1-20%)=4万元。

【案例2】

有一辆大型农用机，拟评估其拍卖清算价格，评估人员向2个农场主、2个农机公司经理和2个农机销售员征询相关的车辆信息、技术状况、使用情况等，得到该农用机的估价分别为6万元、7.3万元、4.8万元、5万元、6.5万元和7万元，平均价为6.1万元。评估人员确定其清算价格为5.8万元。

任务五　掌握折旧法评估

一、掌握折旧法评估的基本原理

折旧是指企业的固定资产在预计的使用年限内由于磨损和损耗而逐渐转移的价值。机动车作为固定资产，按现行财务制度规定应计提固定资产折旧。机动车折旧是指机动车随着时间的推移或在使用中，由于损耗而转移到产品中去的那部分价值。这部分转移的价值以折旧费的形式计入成本费用，并从企业营业收入中得到补偿。

重置成本全价减去二手车已使用年数的累计折旧额，即是二手车现有的价值，评估时应以这个价值作为评估价。车辆鉴定评估时，如果发现车辆有某些功能完全丧失，需要维修和换件的，还应考虑扣减相应的维修费用。计算公式为

被评估二手车的评估值=重置成本全价-累计折旧额-维修费用

二、掌握折旧法的比较、选择与适用范围

1. 折旧法的比较

（1）采用等速折旧法计提折旧　即将二手车的转移价值平摊到其使用年限中，它的优点是计算简单，容易理解。但是，随着二手车使用时间的推移，也存在以下不足：

1）随着磨损程度逐渐增加，使用后期的维修费支出将会高于使用前期的维修费支出，即便各个使用年度负担的折旧费相同，二手车使用成本（折旧费与维修费之和）也会不同。这种方法没有考虑二手车使用过程中相关支出平摊到各个使用年度的均衡性。

2）当代科学技术进步飞快，导致了二手车无形损耗（功能性损耗和经济性损耗）加

快，等速折旧法没有反映出这种损耗的摊配比例。

(2) 采用加速折旧法计提折旧　采用加速折旧法计提折旧，克服了等速折旧法的不足。因为这种方法前期计提的折旧费较多而维修费较少，后期计提的折旧费较少而维修费较多。其优点主要体现在两个方面：

1）保持了各个使用年度负担的二手车使用成本的均衡性。

2）反映了由于技术的进步带来的价值损耗。

2. 折旧法的选择

在二手车估价中，推荐使用加速折旧法。

3. 折旧法的适用范围

由于折旧法采用的是经济使用年限，且可以采用加速折旧法计算二手车的价值转移，使二手车剩余价值相对较小，这对二手车收购方来说是比较有利的。因此，折旧法比较适用于二手车收购。

三、掌握折旧法的计算方法

1. 评估模型

折旧法的评估模型，其计算公式为

$$P=B-\sum D_t-F_s \tag{5-4}$$

式中　P——二手车评估值（元）；

B——二手车重置成本全价（元）；

D_t——二手车折旧额（元）（$t=1, 2, 3, \cdots, N$，N 为预计使用年限）；

$\sum D_t$——二手车已使用年限内的累计折旧额（元）；

F_s——二手车需要的维修费用（元）。

2. 折旧额的计算

车辆年折旧额的计算方法有两种：等速折旧法和加速折旧法。由于市场情况是随着时间的变化而变化的，因此，推荐使用加速折旧法。

(1) 等速折旧法　等速折旧法也称为平均折旧法，是指用车辆的原值减去残值后，除以车辆使用年限，以求得每年平均计提折旧额的方法。计算公式为

$$D_t=(K_0-S_v)/N \tag{5-5}$$

式中　D_t——二手车年折旧额（元）；

K_0——二手车原值（元）；

S_v——二手车残值（元）；

N——二手车预计使用年限（一般取规定使用年限）（年）。

(2) 加速折旧法　加速折旧法也称递减折旧法，是指在汽车使用早期多提折旧，在使用后期少提折旧的一种方法。

此方法的理论依据是：汽车在使用初期发生的故障少，需要的修理费用少，提供的服务多，为企业创造的效益高，理应多提折旧；在汽车的使用后期，随着汽车磨损程度的加剧，需要的修理费用越来越多，单位时间提供的服务量逐年减少，理应少提折旧。这样，可使汽车在各年承担的总费用比较接近，利润比较平稳，也弥补了等速折旧法的不足。

采用加速折旧法求年折旧额的方法有两种：年份数求和法和双倍余额递减法。

1）年份数求和法。年份数求和法是指每年的折旧额可用车辆原值减去残值的差额乘以一个逐年递减的系数来确定。其计算公式为

$$D_t=(K_0-S_v)\times\frac{N+1-t}{\frac{N(N+1)}{2}} \tag{5-6}$$

式中　D_t——二手车年折旧额（元）；

K_0——二手车原值（实际评估时，取评估基准日的重置全价）（元）；

S_v——二手车残值（元）；

N——二手车预计使用年限（一般取规定使用年限）（年）；

t——已使用年限数（实际评估中，把已使用的总月数折算为年度数计算）；

$\frac{N+1-t}{\frac{N(N+1)}{2}}$递减系数（也称为年折旧率）。

2）双倍余额递减法。双倍余额递减法是根据每年二手车剩余价值和双倍的等速法折旧率计算二手车折旧的一种方法。

这种方法计算时不考虑二手车预计净残值，其计算公式为

$$年折旧额=该年二手车剩余价值\times年折旧率$$

其中

$$年折旧率=\frac{2}{预计使用年限}\times100\% \tag{5-7}$$

双倍余额递减折旧法求年折旧额的计算公式为

$$D_t=[K_0(1-a)^{t-1}]a=K_0a(1-a)^{t-1}$$

式中　D_t——二手车年折旧额（元）；

K_0——二手车原值（实际评估时，取评估基准日的重置全价）（元）；

a——年折旧率，$a=2/N\times100\%$，N为预计使用年限；

t——已使用年限数（实际评估中，把已使用的总月数折算为年度数计算）。

应用时，要把评估基准日当年所有已使用的月份数折算为年数。

由于采用双倍余额递减法确定二手车折旧率时，不考虑二手车的净残值因素，因此在连续计算各年折旧额时，如果发现使用双倍余额递减法计算的折旧额小于采用等速折旧法计算的折旧额，就应改用等速折旧法计提折旧。

3. 收购估价和鉴定估价的区别

二手车的收购估价和鉴定估价，其实质都是对二手车的现时价格进行评估。但两者相比较有明显的区别，主要体现在以下几个方面。

（1）两者估价的主体不同　二手车收购估价的主体是买卖双方，它是以购买者的身份与卖方进行价格谈判，根据供求价格规律可以讨价还价，自由定价；而二手车鉴定估价的主体是公正性、服务性的中间人，应遵循独立性的原则，通过对被评估车辆进行技术鉴定的全面判断来反映其客观价格，不可随意变动。

（2）两者的评估目的不同　二手车收购估价是购买者估算车辆价格，以把握事实真相，

心中有数地与卖方讨价还价，是以经营为目的的；二手车鉴定估价是接受委托人委托，为被评估车辆将要发生的经济行为提供价值依据，是以服务为目的的。

（3）两者估价的思想和方法不同 二手车收购估价接受国家有关评估法规的指导，根据估价目的，参照评估的标准和方法进行，具有灵活性，可以讨价还价；二手车鉴定估价，要求严格遵守国家颁布的有关评估法规，按特定的目的选择与之相匹配的评估标准和方法，具有约束性。

（4）两者估价的价值概念不同 虽然收购估价与鉴定估价的价值概念都具有交易价值和市场价值的含义，但收购价格由于受快速变现原则的作用，其价格大大低于“市场价格”。

四、折旧法的收购估价实例介绍

【例题 5】

2018 年 2 月，北京某 4S 店欲收购一辆南京菲亚特轿车，车辆基本情况如下。车型：南京菲亚特西耶那 1.5ELX；型号：NJ7153；注册登记日期：2015 年 3 月；行驶里程：38000km；车辆基本配置：排量 1.461L，发动机型号 178E5027，直列 4 缸 8 气门多点电喷发动机，5 速手动变速器，发动机最大功率 62.5kW，转向助力系统，ABS+EBD，前门电动车窗、防眩目后视镜，中控锁（无遥控装置），发动机防盗系统，手动空调系统，单碟 CD 及调频收音机+4 扬声器音响系统，钢轮毂。

经核对，相关税费票据、证件（照）齐全有效。该车目前市场行情价为 7.8 万元，试确定其收购价格（残值忽略不计）。

解：根据题意可知：

（1）采用折旧法计算收购价格。

（2）已使用年限：$t=3$ 年；规定使用年限：$N=15$ 年。

（3）重置成本价格：$K_0=78000$ 元，残值忽略不计，即 $S_v=0$。

（4）分别以等速折旧法、年份数求和折旧法和双倍余额递减折旧法计算累计折旧额：

① 采用等速折旧法计算二手车的累计折旧额。

年折旧额： $D_t=(K_0-S_v)/N=78000/15=5200$（元）

累计折旧额计算结果见表 5-2。

表 5-2 等速折旧法计算累计折旧额

年 份	重置成本 K_0/元	折旧率	年折旧额/元	累计折旧额/元
2015.3—2016.2	78000	1/15	5200	5200
2016.3—2017.2		1/15	5200	10400
2017.3—2018.2		1/15	5200	15600

② 采用年份数求和折旧法计算二手车的累计折旧额。

递减系数为
$$\frac{N+1-t}{\frac{N(N+1)}{2}}=\frac{16-t}{120}$$

年折旧额：$D_t=(K_0-S_v)\times\frac{N+1-t}{\frac{N(N+1)}{2}}$，计算结果见表 5-3。

表 5-3　年份数求和折旧法计算累计折旧额

年　份	重置成本 K_0/元	递减系数	年折旧额/元	累计折旧额/元
2015.3—2016.2	78000	15/120	9750	9750
2016.3—2017.2		14/120	9100	18850
2017.3—2018.2		13/120	8450	27300

③ 采用双倍余额递减折旧法计算二手车的累计折旧额。

年折旧率：$a=\frac{2}{15}$。

年折旧额：$D_t=K_0a(1-a)^{t-1}$，计算结果见表 5-4。

表 5-4　双倍余额递减折旧法计算累计折旧额

年　份	重置成本 K_0/元	年折旧率	年折旧额/元	累计折旧额/元
2015.3—2016.2	78000	2/15	10400	10400
2016.3—2017.2	67600	2/15	9013	19413
2017.3—2018.2	58587	2/15	7812	27225

（5）计算二手车收购价格。

二手车收购价格计算公式为
$$P=B-\sum D_t-F_s$$

题目没有给出需要修理的项目及费用，因此，本例中 $F_s=0$。二手车收购价格按剩余价值最小（或按累计折旧额最大）的收购。从表 5-2~表 5-4 可知，等速折旧法、年份数求和折旧法和双倍余额递减折旧法 3 种折旧方法计算的累计折旧额中，年份数求和折旧法计算的累计折旧额最大，因此，该二手车的收购价格为
$$P=B-\sum D_t=78000-27300=50700（元）$$

【例题 6】

某公司转让一辆桑塔纳轿车，经与旧机动车交易中心洽谈，由交易中心收购该车辆。该车初次登记日期为 2014 年 2 月，转让日期为 2017 年 8 月，已使用 3 年 6 个月，该型号车辆现行市价为 8 万元，规定使用年限为 15 年，残值忽略不计。试用年份数求和法计算收购价。

解：（1）已知该桑塔纳轿车已使用年限为 3 年 6 个月，$Y=48$ 月，$Y_g=120$ 月。

（2）递减系数为$\dfrac{N+1-t}{\dfrac{N(N+1)}{2}}=\dfrac{16-t}{120}$。

（3）年折旧额 $D_t=(K_0-S_v)\times\dfrac{N+1-t}{\dfrac{N(N+1)}{2}}$，计算结果见表 5-5。

表 5-5　年份数求和折旧法计算累计折旧额

年　份	重置成本 K_0/元	递减系数	年折旧额/元	累计折旧额/元
2014.2—2015.1	80000	15/120	10000	10000
2015.2—2016.1		14/120	9333	19333
2016.2—2017.1		13/120	8667	28000
2017.2—2018.1		12/120	8000	36000

表 5-5 是按 4 年计算的累计折旧额，但车辆实际使用年限只有 3 年 6 个月，因此，计算得到的累计折旧额应减去第 4 年的半年折旧额，即

$$\sum D_t=28000+8000/2=32000\ （元）$$

（4）计算二手车收购价格。

$$P=B-\sum D_t-F_s$$

题目没有给出需要修理的项目及费用，因此，本例中 $F_s=0$。

该二手车收购价格为

$$P=B-\sum D_t=80000-32000=48000\ （元）$$

任务六　掌握二手车鉴定评估报告的撰写

二手车鉴定评估报告是二手车鉴定评估机构完成既定的鉴定估价工作后，向委托方和有关方面提交的说明二手车鉴定评估过程和结果的书面报告。它是对鉴定估价的评估目的、时间、原则、依据、方法、过程和评估结论等基本情况的总结性工作报告。

二手车鉴定评估报告既是二手车鉴定评估机构完成对二手车估价意见，提交给委托方的公正性的报告，也是二手车鉴定评估机构为其所完成的鉴定评估结果承担相应法律责任的证明文件。

一、掌握撰写二手车鉴定评估报告的基本要求

国家国有资产管理局发布了《关于资产评估报告书的规范意见》，对资产评估报告书的撰写提出了比较系统的规范要求。结合二手车鉴定评估的实际情况，二手车鉴定评估报告基本要求如下。

1. 基本要求

1）评估报告应有委托单位或个人的名称、鉴定评估机构的名称和印章，二手车交易市

场法人代表或其委托人和二手车鉴定评估师的签字，以及提供报告的日期。

2）二手车鉴定评估报告必须依照客观、公正、实事求是的原则由评估机构独立撰写，如实反映鉴定评估的工作情况。

3）鉴定评估报告要写明评估的目的、范围、被评估车辆的状态及产权归属。

4）鉴定评估报告应说明评估工作遵循的原则和依据的法律法规，简述鉴定评估过程，写明评估的方法。

5）鉴定评估报告要写明评估基准日，且不得随意更改。在评估过程中，所采用的税率、费率、利率和其他价格标准，均采用评估基准日的标准。

6）评估报告应有明确的鉴定估价结果，鉴定结果应有被评估车辆的成新率。评估结果应有被评估车辆的原值、重置价值和评估值等。

7）鉴定评估报告还应有齐全的附件。

2. 二手车交易的证件

二手车交易的证件主要包括机动车来历证明、机动车行驶证、机动车号牌、机动车登记证书、道路运输证、机动车安全技术检验合格标志、准运证及其他证件。

（1）机动车来历证明　机动车来历证明是二手车来源的合法证明。主要是为了杜绝盗抢车、走私车、拼装车和报废车的非法交易，避免二手车交易市场成为非法车辆销赃的场所，切实维护消费者的合法权益。

1）新车来历证明，是指经国家工商行政管理机关验证盖章的机动车销售发票。通常在购置新车时，可在当地的工商行政管理局机动车市场管理分局办理工商验证手续。其中没收的走私、非法拼（组）装汽车、摩托车的销售发票是国家指定的机动车销售单位的销售发票。

2）二手车来历凭证，是指经国家工商行政管理机关验证盖章的二手车交易发票。

3）由人民法院调解、裁定或判决转移的机动车，来历证明是人民法院出具的发生法律效力的判决书、裁定书和调解书。

4）经公安机关破案发还的被盗抢且已向原机动车所有人理赔完毕的机动车，来历证明是保险公司出具的权益转让证明书。

5）更换发动机、车身及车架的来历证明，是销售单位开具的发票或修理单位开具的发票。

6）中奖、赠予、继承和协议抵偿债务的机动车的来历证明，是中奖、赠予、继承和协议抵偿债务的相关文书和公证机关出具的公证书。

（2）机动车行驶证　机动车行驶证是由公安车辆管理机关依法对机动车进行注册登记核发的证件，它是机动车取得合法行驶权的凭证。机动车行驶证是机动车上路行驶必须携带的证件，也是二手车过户、转籍必不可少的证件。在二手车鉴定评估的手续检查中，机动车行驶证是鉴定二手车合法性的凭证之一。机动车行驶证上载明的内容如图 5-2 所示。

（3）机动车号牌　机动车号牌是由公安车辆管理机关依法对机动车进行注册登记核发的号牌，它和机动车行驶证一同核发，其号牌字码与行驶证号牌应该一致。严禁无号牌的机动车辆上路行驶，严禁将机动车号牌转借，严禁涂改和伪造机动车号牌。

（4）机动车登记证书　机动车登记证书是二手车鉴定评估人员必须认真查验的证件。2002 年之前购买的汽车大部分没有此证，在车辆交易时，应先到车辆管理部门补办此证，补证时需要携带机动车所有人身份证明和校验车辆。机动车登记证书载明的内容如图 5-3 所示。

中华人民共和国机动车行驶证
Vehicle License of the People's Republic of China

号牌号码 Plate No. 豫
车辆类型 Vehicle Type 小型普通客车
所有人 Owner
住址 Address
使用性质 Use Character 非营运
品牌型号 Model 大众牌FV6462HADCG
车辆识别代号 VIN LFV2B
发动机号码 Engine No. RH
注册日期 Register Date 2023-01-08
发证日期 Issue Date 2023-01-08
河南省郑州市公安局交通管理局

号牌号码 豫V
档案编号 4101
核定载人数 5人
总质量 2186kg
整备质量 1616kg
核定载质量 --
外廓尺寸 4593×1860×1665mm
准牵引总质量
备注
检验记录
汽油

图 5-2　机动车行驶证载明的内容

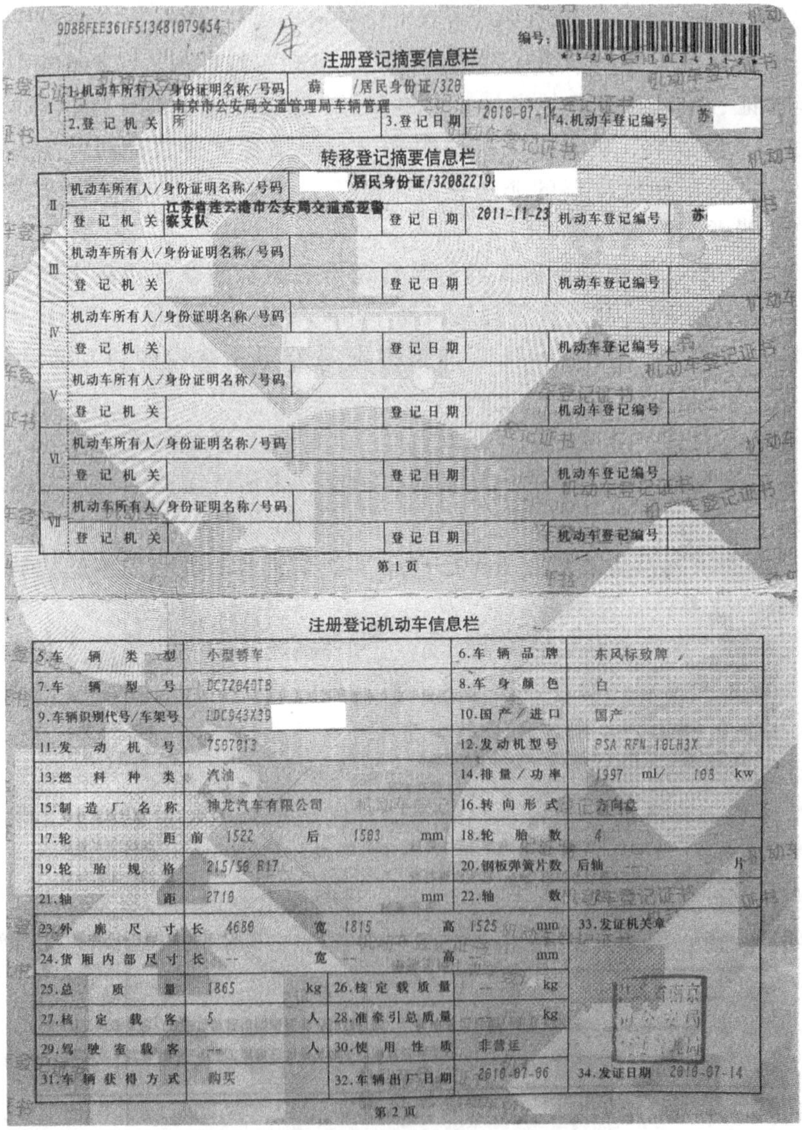

9D8BFEE361F513481079454

编号:

注册登记摘要信息栏

I	1.机动车所有人/身份证明名称/号码	薛　/居民身份证/320			
	2.登记机关	南京市公安局交通管理局车辆管理所	3.登记日期	2010-07-14	4.机动车登记编号 苏

转移登记摘要信息栏

II	机动车所有人/身份证明名称/号码	/居民身份证/32082219			
	登记机关	江苏省连云港市公安局交通巡逻警察支队	登记日期	2011-11-23	机动车登记编号 苏
III	机动车所有人/身份证明名称/号码				
	登记机关		登记日期		机动车登记编号
IV	机动车所有人/身份证明名称/号码				
	登记机关		登记日期		机动车登记编号
V	机动车所有人/身份证明名称/号码				
	登记机关		登记日期		机动车登记编号
VI	机动车所有人/身份证明名称/号码				
	登记机关		登记日期		机动车登记编号
VII	机动车所有人/身份证明名称/号码				
	登记机关		登记日期		机动车登记编号

第 1 页

注册登记机动车信息栏

5.车辆类型	小型轿车	6.车辆品牌	东风标致牌
7.车辆型号	DC7204DTB	8.车身颜色	白
9.车辆识别代号/车架号	LDC943X39	10.国产/进口	国产
11.发动机号	7587813	12.发动机型号	PSA RFN 10LH3X
13.燃料种类	汽油	14.排量/功率	1997 ml/ 108 kw
15.制造厂名称	神龙汽车有限公司	16.转向形式	方向盘
17.轮距	前 1522 后 1503 mm	18.轮胎数	4
19.轮胎规格	215/50 R17	20.钢板弹簧片数	后轴 -- 片
21.轴距	2710 mm	22.轴数	
23.外廓尺寸	长 4680 宽 1815 高 1525 mm	33.发证机关章	
24.货厢内部尺寸	长 -- 宽 -- 高 -- mm		
25.总质量	1865 kg	26.核定载质量	-- kg
27.核定载客	5 人	28.准牵引总质量	-- kg
29.驾驶室载客	-- 人	30.使用性质	非营运
31.车辆获得方式	购买	32.车辆出厂日期	2010-07-06
		34.发证日期	2010-07-14

第 2 页

图 5-3　机动车登记证书载明的内容

（5）道路运输证　道路运输证是县级以上人民政府交通主管部门设置的道路运输管理机构对从事旅客运输（包括城市出租客运）、货物运输的单位和个人核发的随车携带的证件，营运车辆转籍过户时，应到运管机构及相关部门办理营运过户有关手续。需要注意的是，道路运输证只有运营车辆有，非运营车辆没有此证。

（6）机动车检验合格标志　机动车检验合格标志是机动车通过定期的安全技术检验后，向交管部门申领的检验合格标志。国家规定，机动车必须定期检验，只有通过尾气检测、汽车外观、车灯、制动、底盘等检测，并且在无违法记录的情况下，才能发放检验合格标志。

（7）其他证件　即买卖双方相关证明或居民身份证。这些证件主要是向注册登记机关证明机动车所有权转移的车主身份和居住住址。

3. 二手车的税费缴纳凭证

二手车税费缴纳凭证主要包括车辆购置附加费、机动车保险费、车船使用税及客、货运附加费等。

（1）车辆购置附加费　车辆购置附加费又叫汽车购置税，是指购买汽车时所要缴纳的税。车辆购置税的纳税人为购置（包括购买、进口、自产、受赠、获奖或以其他方式取得并自用）应税车辆的单位和个人，税率为 10%。除汽车外，摩托车、电车、挂车、农用运输车也要缴纳车辆购置税。

1）车辆购置附加费的征收范围

① 国内生产和组装并在国内销售和使用的大客车、小客车、通用型载货汽车、越野车、客货两用汽车、摩托车、牵引车、半挂牵引车，以及其他运输车（如厢式车、集装箱车、自卸汽车、液罐车、粉状粒状物散装车、冷冻车、保温车、牲畜车、邮政车等）和挂车、半挂车、特种挂车等。

② 国外进口的上述所列车辆。

2）免征车辆购置附加费的车辆

① 设有固定装置的非运输车辆。

② 外国驻华使领馆自用车辆，联合国所属驻华机构和国际金融组织自用车辆。

③ 其他经交通运输部、财政部批准免征购置附加费的车辆。

（2）机动车保险费　机动车辆保险，就是各种机动车辆在使用过程中发生意外事故造成车辆本身以及第三者人身伤亡和财产损失后的一种经济补偿制度。而保险费是为了防止因机动车辆发生意外事故，避免用户发生较大损失而向保险公司所交付的费用。主要的保险险种有车辆损失险、第三者责任险、盗抢险、车轮单独损失险及交强险等，其中交强险自2007 年 11 月属于强制险，车辆所有人必须投保此险种。

（3）客、货运附加费　客、货运附加费是向从事客、货营运的单位或个人征收的专项基金。客运附加费是用于公路汽车客运站、客运点设施建设的专项基金；货运附加费是用于港航、站场、公路和车船技术改造的专项基金。

（4）车船使用税　凡在中华人民共和国境内拥有车船的单位和个人，都应该依照规定缴纳车船使用税，这项税收按年征收，分期缴纳。按照《中华人民共和国车船税法》，车船税征收标准的具体情况见表 5-6。

表 5-6　车船税税目税额表

税目		计税单位	年基准税额	备注
乘用车（按发动机气缸容量（排气量）分档）	1.0L（含）以下的	每辆	60～360元	核定载客人数9人（含）以下
	1.0L以上至1.6L（含）的		300～540元	
	1.6L以上至2.0L（含）的		360～660元	
	2.0L以上至2.5L（含）的		660～1200元	
	2.5L以上至3.0L（含）的		1200～2400元	
	3.0L以上至4.0L（含）的		2400～3600元	
	4.0L以上的		3600～5400元	
商用车	客车	每辆	480～1440元	核定载客人数9人以上，包括电车
	货车	整备质量每吨	16～120元	包括半挂牵引车、三轮汽车和低速载货汽车等
挂车		整备质量每吨	按照货车税额的50%计算	
其他车辆	专用作业车	整备质量每吨	16～120元	不包括拖拉机
	轮式专用机械车		16～120元	
摩托车		每辆	36～180元	
船舶	机动船舶	净吨位每吨	3～6元	拖船、非机动驳船分别按照机动船舶税额的50%计算
	游艇	艇身长度每米	600～2000元	

4. 二手车车辆手续的审核

以置换业务为例，在进行二手车置换时所需要审核的车辆手续及文件，见表5-7。置换业务所需要的手续有买卖双方证件、机动车行驶证、机动车登记证书、发票（原始发票、过户票）、购置税、车船税、车辆保险、车钥匙、车辆说明书、维护手册、年检标志、违章查询及产品合格证审核说明等。审核这些证件和税费的真实性、合法性和有效性。

表 5-7　置换业务所需要的手续及文件

使用范围/支持文件			（1）购买新车和出售二手车是同一个人	（2）购买新车和出售二手车是同一法人团体	（3）购买新车和出售二手车的为直系亲属①	（4）购买新车和出售二手车的来自同一公司且是同一法人代表
新车销售相关文件	1	新车销售合同	√	√	√	√
	2	新车销售发票	√	√	√	√
二手车相关文件	3	机动车登记证书	√	√	√	√
	4	机动车行驶证	√	√	√	√
	5	二手车经销商/经纪公司开出的二手车购买发票	√	√	√	√
买方/卖方相关文件	6	买方身份证或户口本	√		√	
	7	卖方的身份证及他/她的户口本或结婚证			√	
	8	相关法人代表的身份证				√
	9	法定组织机构代码证及法定机构营业执照		√		√

① 直系亲属包括父母、子女、兄弟姐妹、祖父母、外祖父母、孙子女、外孙子女，且上述亲属关系明示于户口本或结婚证。

（1）车辆手续审核——身份证　适用私人用户：确定机动车所有人是否与有效证件一致，身份证是否在有效期内。如果是暂住人口，要审核暂住证信息是否与有效证件一致，暂住证常住户口所在地址与身份证地址是否一致，要详细登记暂住地址信息，审核暂住证是否在有效期内。如果用户是外国人，则要审核其护照。审核用户身份证如图 5-4 所示。

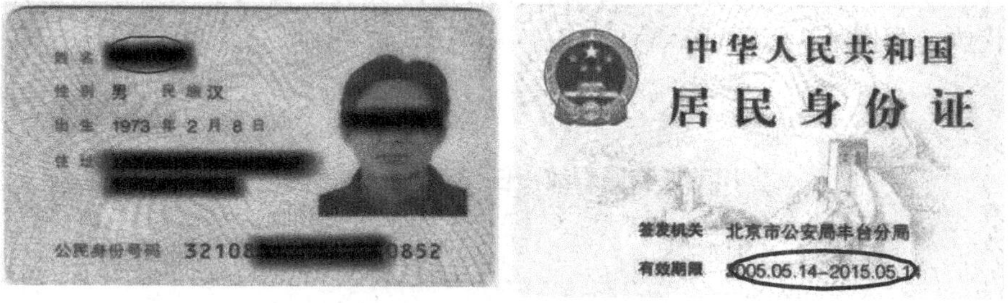

图 5-4　用户身份证审核

（2）车辆手续审核——营业执照　适用商务用户：确定有效证件是否与机动车所有者一致，审核营业执照期限。商务用户还需提供委托书、委托人身份证明。根据国家最新政策，组织机构代码证、税务登记证和营业执照三证合一，新版营业执照是竖版的，如图 5-5 所示。

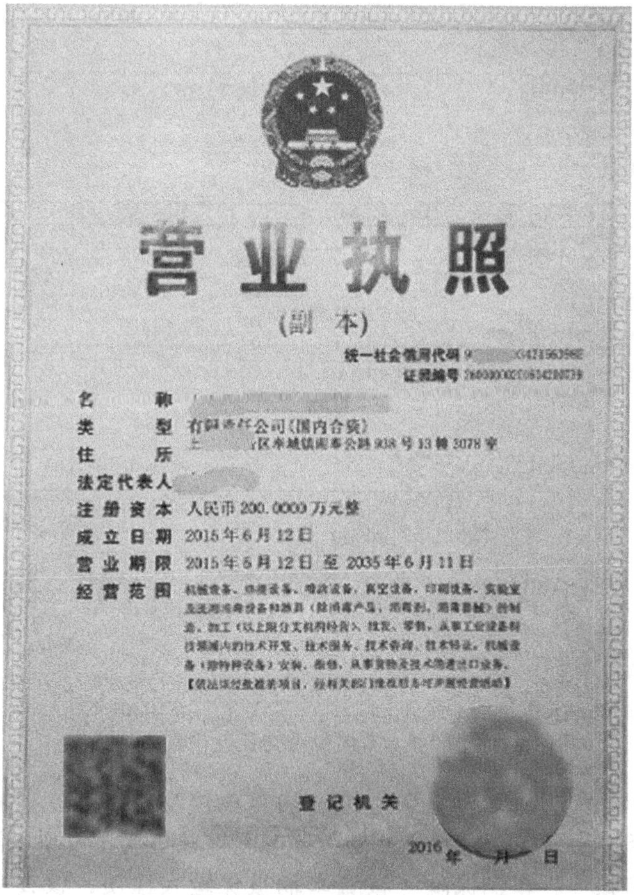

图 5-5　营业执照

（3）车辆手续审核——购置税　2019 年 7 月 1 日起，按照《车辆购置税法》规定，纳税人在全国范围内新办车辆购置税纳税业务，税务机关不再打印、发放纸质车辆购置税完税证明。纳税人办理完成车辆购置税纳税业务后，在公安机关交通管理部门办理车辆注册登记时，不需向公安机关交通管理部门提交纸质车辆购置税完税证明。

（4）车辆手续审核——车船税　目前，车船税由机动车交通事故责任强制保险（简称交强险）代收，如图 5-6 所示。

中国银行保险监督管理委员会监制　　　　限在江苏销售

机动车交通事故责任强制保险单（电子保单）

收费确认时间：2022-07-08 18:12:02
投保确认时间：2022-07-08 18:12:02
生成保单时间：2022-12-25 14:33:28

销售渠道：个人营销
销售网点地址：
销售网点名称：　　销售人员：刘丹丹
销售人员证件号：　　联系电话：

中华联合财产保险股份有限公司
CHINA UNITED PROPERTY INSURANCE COMPANY LIMITED

NO：BD0332223207080
保险单号：02223207081003:

尊敬的客户：您可通过登录 http://query.cic.cn 网址、拨打 95585 服务专线或通过承保公司柜台查询保单和理赔信息。

被保险人						
被保险人身份证号(组织机构代码)		32082219				
地址					联系电话	159****8088
被保险人机动车	号牌号码	苏(	机动车种类	六座以下客车	使用性质	家庭自用车
	发动机号码	750	识别代码（车架号）	LDC943X39A		
	厂牌型号	东风标致 DC7204DTB轿车	核定载客	5	核定载质量	0.000千克
	排量	1.997L	功率	--	登记日期	2010-07-14
责任限额	死亡伤残赔偿限额	180000	无责任死亡伤残赔偿限额	18000		
	医疗费用赔偿限额	18000	无责任医疗费用赔偿限额	1800		
	财产损失赔偿限额	2000	无责任财产损失赔偿限额	100		
与道路交通安全违法行为和道路交通事故相联系的浮动比率 -30.00 %						
保险费合计（人民币大写）：陆佰陆拾伍元整			（¥：665.00元）	其中救助基金（1%）¥：6.65元		
保险期间：2022年08月07日00:00:00起至2023年08月06日23:59:59						
保险合同争议解决方式		诉讼				
代收车船税	整备质量	1,425.000千克	纳税人识别号	32082219		
	当年应缴	¥360元	往年补缴¥：	0元	滞纳金	¥：0元
	合计（人民币大写）：	叁佰陆拾元整		（¥：360元）		
	完税凭证号（减免税证明号）			开具税务机关		
特别约定	1. 保险期间内，如发生本保险合同约定的保险事故造成被保险车辆损失或第三者财产损失，保险人与被保险人沟通一致的情况下，保险人可采取实物赔付方式承担保险责任，进行保险赔付。 2. 江苏保险咨询投诉热线4008012378。					
重要提示	1. 请详细阅读保险条款，特别是责任免除和投保人、被保险人义务。投保确认码：02CICP32002207[illegible]22844158 2. 收到本保险单后，请立即核对，如有不符或疏漏，请及时通知保险人并办理变更或补充手续。 3. 尊敬的客户：为保障您的利益，请在收到本保险单一周内拨打我公司24小时服务热线9558[illegible] 4. 保险费应一次性交清，请您及时核对保险单和发票（收据），如有不符，请及时与保险人联系。 5. 投保人应如实告知对保险费计算有影响的或被保险机动车因改装、加装、改变使用性质[illegible]危险程度增加的重要事项，并及时通知保险人办理批改手续。 6. 被保险人应当在交通事故发生后及时通知保险人。（保险人签章）					
保险人	公司名称：中华联合财产保险股份有限公司连云港中心支公司 公司地址：连云港市灌南县新街口商贸城A区-008室 邮政编码：223500　服务电话：95585　签单日期：2022年07月08日					

电子保单专用章

核保：自动核保　　制单：蔡浩　　经办：陈磊

图 5-6　车船税由交强险代收

（5）车辆手续审核——机动车发票　核查购车单位基本信息、车辆基本信息、销售单位名称与发票章是否一致，核查工商验证是否备案。审核机动车发票如图 5-7 所示。

（6）车辆手续审核——车辆保险　核查车辆被保险人性质，核查车辆承保险种，核查车辆保险有效性。

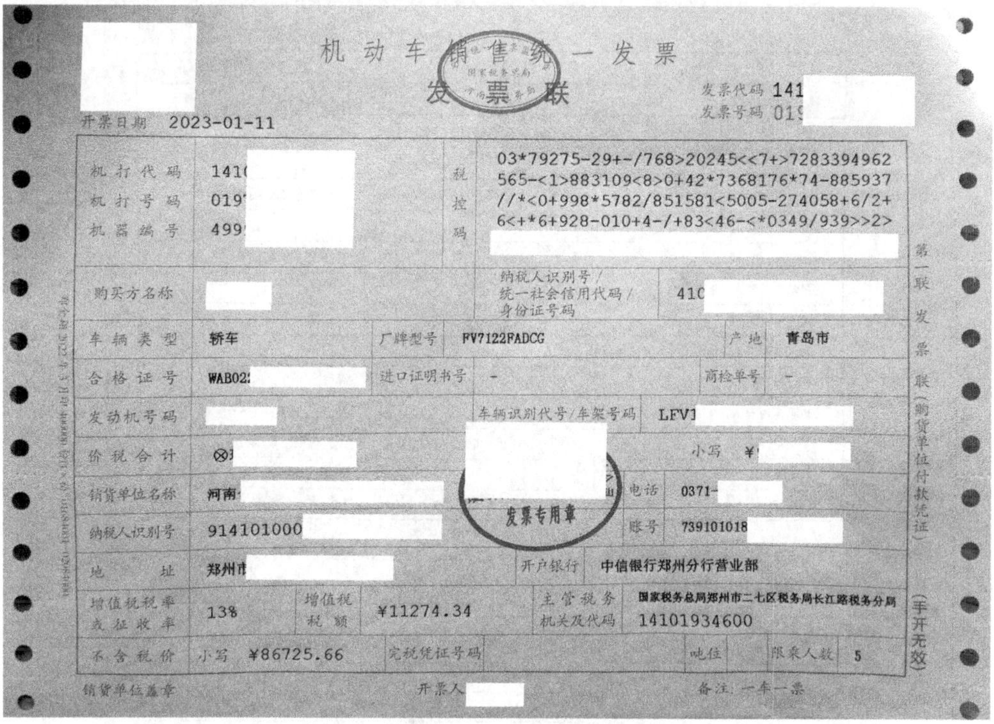
机动车销售统一发票
发票联
发票代码 141
发票号码 019
开票日期 2023-01-11

机打代码	1410	税控码	03*79275-29+-/768>20245<<7+>7283394962 565-<1>883109<8>0+42*7368176*74-885937 //*<0+998*5782/851581<5005-274058+6/2+ 6<+*6+928-010+4-/+83<46-<*0349/939>>2>
机打号码	019		
机器编号	499		
购买方名称		纳税人识别号/统一社会信用代码/身份证号码	410
车辆类型	轿车	厂牌型号	FV7122FADCG
产地	青岛市		
合格证号	WAB02	进口证明书号	-
商检单号	-		
发动机号码		车辆识别代号/车架号码	LFV1
价税合计	⊗	小写	¥
销货单位名称	河南	电话	0371-
纳税人识别号	914101000	账号	739101018
地址	郑州市	开户银行	中信银行郑州分行营业部
增值税税率或征收率	13%	增值税税额	¥11274.34
主管税务机关及代码	国家税务总局郑州市二七区税务局长江路税务分局 14101934600		
不含税价	小写 ¥86725.66	完税凭证号码	
吨位		限乘人数	5

销货单位盖章　　开票人　　备注：一车一票

第一联　发票联（购货单位付款凭证）（手开无效）

发票专用章

图 5-7　机动车发票

（7）车辆手续审核——机动车登记证书　核查机动车所有人基本信息，核查登记日期是否与行驶证一致，核查机动车基本信息，核查使用性质（营运、非营运），核查车辆出厂日期是否与登记日期相差过长（库存车辆），核查历史变更记录。审核机动车登记证书如图 5-8 所示。

（8）车辆手续审核——车钥匙　核查车辆原厂钥匙配置数量，后配的钥匙没有原厂标识，审核车钥匙如图 5-9 所示。

（9）车辆手续审核——车辆说明书和维护手册　审核车辆说明书和维护手册，如图 5-10 所示。

5. 车辆手续交接清单

车辆手续交接清单如图 5-11 所示。

二、掌握二手车鉴定评估报告书的基本内容

1. 鉴定评估报告书的基本内容

鉴定评估报告书的基本内容包括评估的依据、鉴定评估目的、评估对象、评估基准日、评估原则、评估方法和标准、评估过程、评估结论、特殊说明及报告附件等。

（1）评估的依据　评估过程中应有相应的法律依据，这些依据包括《国有资产评估管理办法》《国有资产评估管理办法施行细则》《机动车强制报废标准规定》《二手车流通管理办法》《机动车登记规定》。另外，还应有行为依据，即旧机动车鉴定评估委托书。产权依据和评定及取价依据也是必不可少的。委托鉴定评估车辆的机动车登记证书编号属于产权依据。技术标准资料、技术参数资料、技术鉴定资料均属于评定及取价依据。

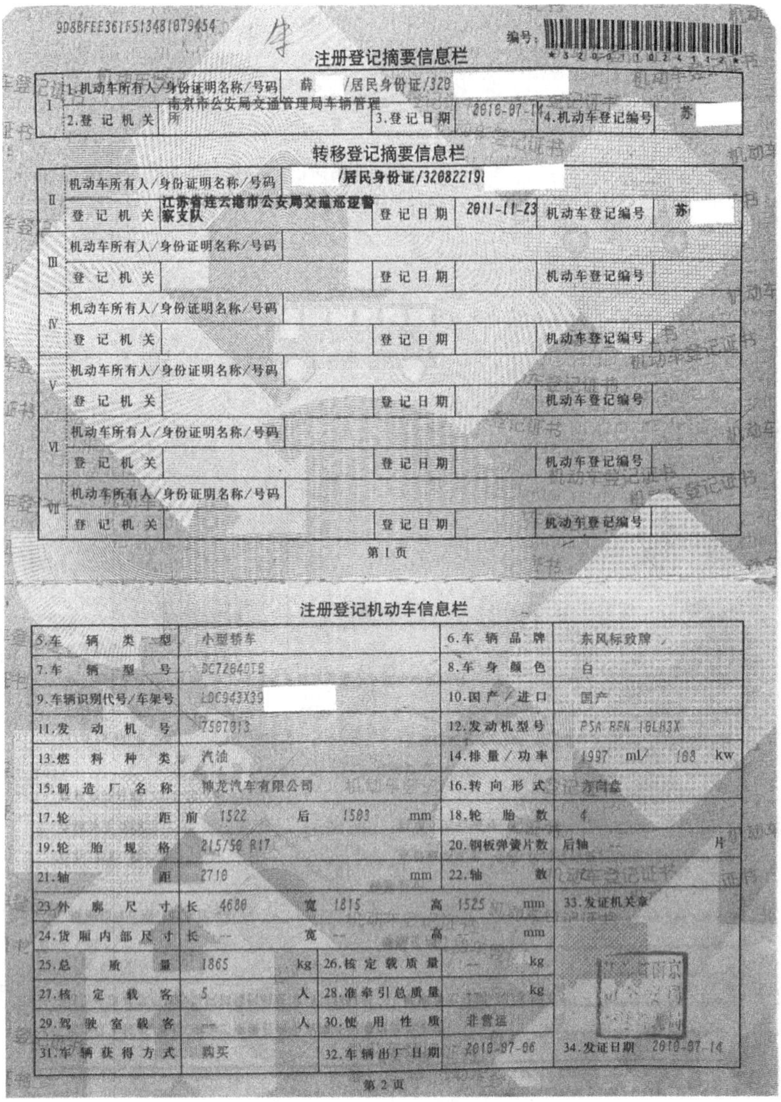

9D8BFEE361F513481079454　　编号：*320071102414*

注册登记摘要信息栏

Ⅰ	1.机动车所有人/身份证明名称/号码	薛　/居民身份证/320			
	2.登记机关	南京市公安局交通管理局车辆管理所	3.登记日期	2010-07-14	4.机动车登记编号	苏

转移登记摘要信息栏

Ⅱ	机动车所有人/身份证明名称/号码	/居民身份证/32082219				
	登记机关	江苏省连云港市公安局交通巡逻警察支队	登记日期	2011-11-23	机动车登记编号	苏
Ⅲ	机动车所有人/身份证明名称/号码					
	登记机关		登记日期		机动车登记编号	
Ⅳ	机动车所有人/身份证明名称/号码					
	登记机关		登记日期		机动车登记编号	
Ⅴ	机动车所有人/身份证明名称/号码					
	登记机关		登记日期		机动车登记编号	
Ⅵ	机动车所有人/身份证明名称/号码					
	登记机关		登记日期		机动车登记编号	
Ⅶ	机动车所有人/身份证明名称/号码					
	登记机关		登记日期		机动车登记编号	

第 1 页

注册登记机动车信息栏

5.车辆类型	小型轿车	6.车辆品牌	东风标致牌
7.车辆型号	DC7204DTB	8.车身颜色	白
9.车辆识别代号/车架号	LDC943X39	10.国产/进口	国产
11.发动机号	7587013	12.发动机型号	PSA RFN 10LH3X
13.燃料种类	汽油	14.排量/功率	1997 ml/ 108 kw
15.制造厂名称	神龙汽车有限公司	16.转向形式	方向盘
17.轮距	前 1522 后 1503 mm	18.轮胎数	4
19.轮胎规格	215/50 R17	20.钢板弹簧片数	后轴 -- 片
21.轴距	2710 mm	22.轴数	
23.外廓尺寸	长 4680 宽 1815 高 1525 mm	33.发证机关章	
24.货厢内部尺寸	长 -- 宽 -- 高 -- mm		
25.总质量	1865 kg	26.核定载质量	-- kg
27.核定载客	5 人	28.准牵引总质量	-- kg
29.驾驶室载客	-- 人	30.使用性质	非营运
31.车辆获得方式	购买	32.车辆出厂日期	2010-07-06
34.发证日期	2010-07-14		

第 2 页

图 5-8　机动车登记证书

图 5-9　车钥匙审核

图 5-10　车辆说明书和维护手册审核

□公户　　□私户

客户名称　　　　联系电话

车型　　　　　　车牌号码

序号	内容	收取		交付		备　注		
		原件	复印件	原件	复印件			
1	购车发票							
2	机动车登记证书							
3	机动车行驶证							
4	购置税本及发票							
5	车船税发票							
6	保险单及发票							
7	车钥匙							
8	车辆说明书							
9	维护手册							
10	年检标志							
11	车辆违章							
12	身份证							
13	组织机构代码							
14	公章							

收取人签字确认：

交付人签字确认：

日　期：

图 5-11　车辆手续交接清单

（2）鉴定评估目的　根据委托方的要求，鉴定评估目的有交易、置换、拍卖、抵押、保险、司法裁决、转籍及咨询等。

（3）评估对象　鉴定评估对象是指被评估的车辆，须简要写明评估车辆的号牌号码、发动机号、车辆识别代号、注册登记日期、车辆购置税证号码、年检合格证及车船使用税缴纳有效期。

（4）评估基准日　写明被评估车辆的鉴定评估基准日的具体日期，如 2023 年 1 月 1 日。

（5）评估原则　鉴定评估应遵循“客观性、独立性、公正性、科学性”的原则。

（6）评估方法和标准　简要说明在评估二手车时，所选用的评估方法和标准，并说明选择此方法及标准的主要原因，无论选用哪种评估方法，都要有评估计算的主要步骤。

（7）评估过程　评估过程主要包括接受委托、验证、现场查勘、市场调研、评定估算及提交报告等过程。评估过程从接受委托之日起到提交报告之日为止。

（8）评估结论　给出车辆的评估价格。

(9) 报告附件 二手车鉴定评估报告附件包括产权证明文件、评估立项批文、二手车鉴定评估登记表及作业表、鉴定评估的计算说明。

2. 鉴定评估报告书的撰写示例

(1) 序言 ××××××鉴定评估机构接受××××××的委托，根据国家有关资产评估的规定，本着客观、独立、公正、科学的原则，按照公认的资产评估方法，对车辆进行了鉴定评估。本机构鉴定评估人员按照必要的程序，对委托鉴定评估车辆进行了实地查勘与市场调查，并对其在××××年××月××日所表现的市场价值做出了公允反映。现将车辆评估情况、鉴定评估结果报告如下。

(2) 委托方与车辆所有方简介

1) 委托方：×××××××公司，委托方联系人：××××，联系电话：×××××。

2) 根据机动车行驶证所示，委托车辆车主×××。

(3) 评估目的 根据委托方的要求，本项目评估目的：

□交易 □转籍 □拍卖 □置换 □抵押 □担保 □咨询 □司法裁决

(4) 评估对象 评估车辆的厂牌型号（××× ）；号牌号码（××× ）；发动机号（×××）；车辆识别代号/车架号（×××××× ）；登记日期（××××年××月××日）；年检合格至××××年××月；购置附加税（费）证（××××××）；车船使用税（××××××），该车手续齐全有效。

(5) 鉴定评估基准日 鉴定评估基准日××××年××月××日。

(6) 评估原则 严格遵循“客观性、独立性、公正性、科学性”原则。

(7) 评估依据

1) 行为依据：机动车鉴定评估委托书第×××号。

2) 法律、法规依据：《国有资产评估管理办法》《国有资产评估管理办法实施细则》《机动车强制报废标准规定》《二手车流通管理办法》《机动车运行安全技术条件》《二手车鉴定评估技术规范》《机动车登记规定》及其他相关的法律、法规等。

3) 产权依据：

委托鉴定评估车辆的机动车登记证书编号：×××

4) 评定及取价依据：

技术标准资料：GB 7258—2017《机动车运行安全技术条件》等相关技术标准。

技术参数资料：××××××××××××轿车技术参数。

技术鉴定资料：(略)

其他资料：(略)

(8) 评估方法 □重置成本法 □现行市价法 □收益现值法 □价格清算法 □其他

(9) 评估过程 按照接受委托、验证、现场查勘、市场调研、评定估算及提交报告的程序进行。

(10) 评估结论 车辆评估价格：××××××元，金额大写：××××××。

(11) 特别事项说明 特别事项是指在已确定评估结果的前提下，评估人员认为需要说明在评估过程中已发现可能影响评估结论，但非评估人员执业水平和能力所能评定估算的有关事项以及其他问题。

(12) 评估报告法律效力

1) 本项评估结论有效期为90天，自评估基准日至××××年××月××日止。

2）当评估目的在有效期内实现时，本评估结果可以作为作价参考依据。超过 90 天，需重新评估。另外，在评估有效期内若被评估车辆的市场价格或因交通事故等原因导致车辆的价值发生变化，对车辆评估结果产生明显影响时，委托方也需重新委托评估机构重新评估。

3）鉴定评估报告书的使用权归委托方所有，其评估结论仅供委托方为本项目评估目的使用和送交机动车鉴定评估主管机关审查使用，不适用于其他目的；因使用本报告书不当而产生的任何后果与签署本报告书的鉴定估价师无关；未经委托方许可，本鉴定评估机构承诺不将本报告书的内容向他人提供或公开。

（13）附件

1）机动车鉴定评估委托书。

2）机动车鉴定评估作业表。

3）车辆行驶证复印件。

4）鉴定估价师职业资格证书复印件。

5）鉴定评估机构营业执照复印件。

6）机动车照片（要求外观清晰，车辆牌照能够辨认）。

注册机动车鉴定估价师（签字、盖章）

复核人（签字、盖章）

××××××二手车鉴定评估机构（盖章）

××××年××月××日

备注：本报告书和作业表一式三份，委托方二份，受托方一份。

【案例 3】

机动车鉴定评估报告

委托方：××××××管理服务有限公司

评估方：××××××旧机动车经纪有限公司

××××××旧机动车经纪有限公司接受××××××管理服务有限公司的委托，根据国家有关资产评估的规定，本着客观、独立、公正、科学的原则，按照公认的资产评估办法，对××××××管理服务有限公司名下一辆福特 CAF7154A5 进行了评估。按照必要的程序，对委托鉴定评估车辆进行了实地查勘与市场调查，并对其在 2022 年 12 月 20 日所表现的市场价值做出了公允反映，现将车辆评估情况及鉴定评估结果报告如下。

一、车辆基本信息

车辆品牌：福特	型号：CAF7154A5
车辆类型：小型轿车	国产/进口：国产
产　　地：中国	制造厂名称：长安福特汽车有限公司
VIN 号：LVSHFFAL8HS137×××	发动机号：HA0094××
车身颜色：棕色	行驶里程：82000km

二、手续、费用情况

行驶证已查验，年检有效期至2023年8月，无违法；其他手续未见，税费情况未知。

三、评估目的

□交易、□转籍、□拍卖、□置换、□抵押、□担保、□咨询、□司法裁决、□其他

四、评估原则

严格遵循“客观性、独立性、公正性、科学性”的原则。

五、静态及动态检查

此车整体外观状况良好，有局部补漆迹象，车身无结构性损伤，后保险杠有过追尾，需喷漆修复，前风窗有破损，需更换，备胎及随车工具齐全。

发动机整体运转状况良好，变速器档位清晰，挂档顺畅。

行驶里程数较多，但维护记录齐全。

内饰情况一般，需深度清洁。

综上所述，此车鉴定车况为平均车况，主要受行驶里程数较多的影响。

六、评估方法

现行市价法、重置成本法。

七、综合评定

虽然此车车况较好，但行驶里程较多，高于平均水平，根据查勘情况鉴定此车车况为平均车况；同时受各经销商新车销售价格、配置及车型市场认知度的影响，按照现行市价法及重置成本法，此车辆评估价格为37000元，金额大写：叁万柒仟元整。

八、其他补充说明

本项评估结论有效期为7天，自评估基准日起至2022年12月27日止，当评估目的在有效期内实现时，本评估结果可以作为参考价格依据。超过有效期时，需要重新进行评估。另外在评估报告有效期内，若被评估车辆因市场价格或交通事故等原因导致车辆价值发生明显变化时，也需要对车辆进行重新评估。

鉴定评估报告书的使用权归委托方所有，其评估结论仅供委托方为本车辆评估目的的使用，不适用于其他目的，因使用本报告书不当而产生的任何后果与签署本报告的鉴定评估方无关，未经委托方许可，不得将本报告书的内容向他人提供或公开。

××××××旧机动车经纪有限公司

二〇二二年十二月二十日

【案例 4】

评估报告

委托方：××××××服务有限公司

评估方：××××××旧机动车经纪有限公司

××××××旧机动车经纪有限公司接受×××××××服务有限公司的委托，根据国家有关资产评估的规定，本着客观、独立、公正、科学的原则，按照公认的资产评估办法，对××××××服务有限公司名下一辆一汽大众 FV7140BAMGG 进行了评估。按照必要的程序，对委托鉴定评估车辆进行了实地查勘与市场调查，并对其在 2022 年 11 月 10 日所表现的市场价值做出了公允反映，现将车辆评估情况及鉴定评估结果报告如下。

一、车辆基本信息

车辆品牌：一汽大众	型号：FV7140BAMGG
车辆类型：小型轿车	国产/进口：国产
产　　地：中国	制造厂名称：一汽大众汽车有限公司
VIN 号：LFV211BS0E4039×××	发动机号：CKAG654××
车身颜色：灰色	行驶里程：124000km

二、手续、费用情况

行驶证已查验，年检有效期至 2023 年 10 月，无违法；其他手续未见，税费情况未知。

三、评估目的

□交易、□转籍、□拍卖、□置换、□抵押、□担保、□咨询、□司法裁决、□其他

四、评估原则

严格遵循“客观性、独立性、公正性、科学性”的原则。

五、静态及动态检查

此车整体外观状况良好，左前翼子板、左前门、行李舱盖补漆迹象明显，车身无结构性损伤，备胎及随车工具齐全。

发动机整体运转状况良好，变速器档位清晰，挂档顺畅。

行驶里程数属合理范围，专营 4S 店维护，维护记录齐全。

电子、电气设备工作正常。

内饰情况良好。

综上所述，此车鉴定车况为良好车况。

六、评估方法

现行市价法、重置成本法。

七、综合评定

此车车况较好，虽然有局部补漆迹象，但车辆总体维护状况较佳。根据查勘情况鉴定该车车况为良好车况；此车受各经销商新车销售价格、配置及行驶里程的影响较大，但是该车在市场上认知度较高，属于热销车型，按照现行市价法及重置成本法，此车辆评估价格为18000元，金额大写：壹万捌仟元整。

八、其他补充说明

本项评估结论有效期为7天，自评估基准日起至2022年11月17日止，当评估目的在有效期内实现时，本评估结果可以作为参考价格依据。超过有效期时，需要重新进行评估。另外在评估报告有效期内，若被评估车辆因市场价格或交通事故等原因导致车辆价值发生明显变化时，也需要对车辆进行重新评估。

鉴定评估报告书的使用权归委托方所有，其评估结论仅供委托方为本车辆评估目的使用，不适用于其他目的，因使用本报告书不当而产生的任何后果与签署本报告的鉴定评估方无关，未经委托方许可，不得将本报告书的内容向他人提供或公开。

××××××旧机动车经纪有限公司

二〇二二年十一月十日

项目六　车辆碰撞损伤评估

【学习目标】

1. 能够掌握直接撞击力对损伤的影响以及损伤的种类。

2. 能够准确判断车身各部位材料的可维修性及维修方式。

3. 能够掌握正确的损伤判断方法和流程。

4. 能够准确判断损伤部位需要采用的维修工艺及维修困难程度。

5. 能够准确进行工时估损及填写估损单。

【工作任务】

1. 掌握单壳车身整体和部分的强度、雷门结构特征、承载式车身的撞击力吸收。

2. 明确不同材料维修与更换标准，了解不同材料的维修工艺，可以对事故车进行快速准确的损伤评估。

3. 掌握事故车估损方法与原则，能够根据损伤位置、角度、速度等因素，快速判断车身损伤程度，准确进行损伤评估。

4. 能够快速判断外观件的损伤程度，并准确计算外观件维修的标准工时，能够掌握事故车维修工时的查询及计算方法。

5. 可以独立对事故车进行标准公式计算并填写估损单。

任务一　了解车辆碰撞损坏基础知识

车辆碰撞事故一般是指与车辆有关的交通事故。车辆碰撞事故有车辆的单车事故，以及车辆与车辆、车辆与摩托车、车辆与自行车、车辆与行人等事故。大部分交通事故是由驾驶车辆的人与其他的车辆驾驶人或者行人遭遇时引起的。车辆在经受碰撞后的损伤状况是非常复杂的，引起损伤的最根本原因是受力。只有对车辆在发生碰撞时的受力情况进行科学、正确的分析，才能准确地把握车辆的损伤形式、部位，确定出损伤发生的具体原因，这对车辆损伤的判定具有重要的意义。

一、汽车碰撞

汽车车身不仅能够经受住日常驾驶中的振动和载荷，还要在碰撞中给乘员提供安全保护。在严重的撞击事件中，为使车身受撞击后既能吸收最大的能量，又能将危及乘员的影响降到最低程度，车身就必须要有特殊的设计。因此，将汽车前部和后部设计成在某种程度上容易损伤，以形成一个能吸收碰撞能量的结构，同时中部乘员室要设计得结实牢固、不易变形，能够给驾驶人和乘员提供一个安全的生存空间，如图 6-1 所示。

车辆在发生碰撞时的受力状况也是非常复杂的，归纳起来主要有以下几个方面：

1）直接碰撞部位所受到的撞击力，这是车辆碰撞损伤的主因。

2）如果被撞击物体是非固定体，且其遭受撞击部位位于该物体质心的下方，则在撞击

图 6-1　汽车碰撞

资源 6-1
汽车碰撞

发生时该物体会被抛起，以下落的方式将车身砸伤。

3）惯性力造成的损伤。惯性力造成的损伤主要表现在两个方面：一是车身上安装的较重的总成部件、乘员、货物等，在发生碰撞时因惯性对车身造成冲击；二是车身本体由于惯性力作用而发生弯曲、翘曲等变形。

二、动力学分析

汽车碰撞时所受力的大小与其运动状态、碰撞物体的形式、碰撞持续的时间、碰撞后的运动状态等有很大的关系。在碰撞发生后可以根据动量守恒原理和作用力与反作用力原理，对主动碰撞车辆或被动碰撞车辆所受的撞击力进行大致的估算。下面以主动碰撞车辆为例进行讨论。

汽车行驶本身是积聚了一定的能量的，当撞击发生时，运动能量的全部或部分会转换成冲击能量，使车身构件在吸收这一能量的过程中产生变形。车辆在以一定的速度行驶时，其动能的大小与车辆的总质量和当时的运动速度的平方成正比，即

$$E_0=\frac{1}{2}mv^2 \tag{6-1}$$

式中　E_0——车辆积聚的动能（J）；

m——车辆的总质量（kg）；

v——车辆的行驶速度（m/s）。

由式（6-1）可以看出，一辆汽车的总质量越大，行驶的速度越高，其积聚的动能也越大。

当发生碰撞事故时，车辆以一定的速度行驶，这个速度称为初速度，碰撞后的车速称为末速度，则在碰撞中转化为冲击能量的动能为

$$E_1=\frac{1}{2}m(v_0^2-v_1^2) \tag{6-2}$$

式中　E_1——车辆碰撞后转化为冲击能量的动能（J）；

m——车辆的总质量（kg）；

v_0——车辆碰撞时的初速度（m/s）；

v_1——车辆碰撞后的末速度（m/s）。

碰撞力的大小除与车辆所具备的动能有关外，还与碰撞持续的时间、被碰撞物体的总质量和速度、发生碰撞后车辆的运动状态以及两相撞物体吸收动能的能力等因素有关。发生碰撞后，其撞击力可由下式计算：

$$F=\frac{1}{t}m(v_0-v_1) \tag{6-3}$$

式中 F——车辆碰撞时的撞击力（N）；

t——碰撞持续的时间（s）。

若车辆与固定刚性体（如建筑物等）发生碰撞，因固定刚性体的总质量可以设为无穷大，碰撞不会产生位移且吸收能量很小，车辆碰撞时的车速将在瞬间降为零，因此：

$$F=\frac{mv_0}{t} \tag{6-4}$$

由于其碰撞能量将全部被车辆本身所吸收，因此对车辆的损伤最大。

若车辆与非固定体（如运动或静止的车辆）相撞，需要具体情况具体分析。如果与相对运动的物体相撞，且碰撞后两物体的运动速度为零，则有

$$F=\frac{1}{t}(mv_0+m_2v_2) \tag{6-5}$$

式中 m、m_2——两相撞物体的总质量（kg）；

v_0、v_2——碰撞时两物体的速度（m/s）。

可见碰撞力也非常大，对车辆的损伤会很严重。与同向运动的物体发生碰撞（追尾）时，由于被追尾车辆获得一定的能量后将产生加速度，吸收了部分动能，追尾车辆也不会因碰撞而停止，还会以一定的速度行进，所以碰撞力将会很低，造成的影响不会像与固定刚性体碰撞那样严重。所以，当车辆以相同的条件行驶时，碰撞对车辆的影响最大。车身在不同的结构角度受到其他载荷的冲击时，可以仿此进行分析。

三、直接撞击力

当撞击力以一定的角度撞击车的前部时，影响会波及车身的尾部。众所周知，当车辆受到一个来自前方的非正面碰撞时，整个车身会变形。如不修理好，以后会导致行驶风噪大、漏水、轮胎磨损快等问题。所以分析撞击力如何在车身各个部位传递，对保证车身修复质量至关重要。以下将说明在车身受到撞击时撞击力是如何在车身各个部位传播的。

1. 撞击力的方向

一般来说，力有三要素，即方向，大小和作用点，在一个多点撞击的事故中，如果作用力的数量以及作用顺序不清楚，则很容易会漏估一些隐藏的损伤。碰撞造成的车身损伤虽然主要取决于碰撞力，但损伤还受撞击面积的大小、撞击力的方向等因素的影响。

车辆受到撞击时，撞击力将以一个角度传入车辆内，并将撞击力分成垂直、纵向、水平3个方向。如图6-2所示，假如撞击力 $F_{A'-A}$ 以一个水平夹角 α 作用在右前翼子板的A点，则这个力可分解为两个分力：垂直分力 F_{A-B} 和水平分力 F_{A-C}。

如图6-3所示，如果撞击力以一个横向夹角 β 作用在A点时，则这个力可分解为纵向分力 F_{A-C} 和 F_{A-E} 横向分力。因此，车辆受到撞击力 $F_{A'-A}$ 时会产生3个分力：将翼子板往下推

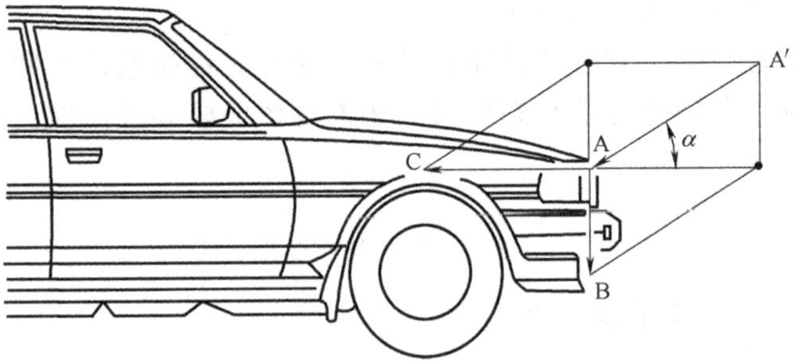

图 6-2 撞击力的方向

的分力 $F_{A\text{-}B}$，将翼子板朝发动机舱盖方向推的分力 $F_{A\text{-}E}$ 和将翼于板往后推的分力 $F_{A\text{-}C}$。

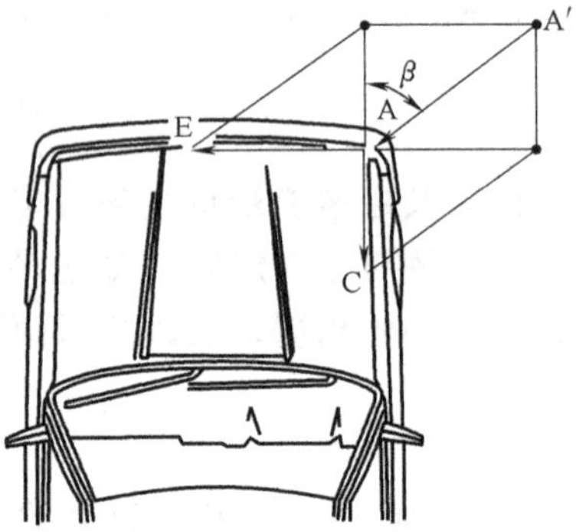

图 6-3 撞击力的分解

碰撞时，撞击力的方向与汽车重心的相对位置对车身的整体变形也会产生不同的影响。其中，撞击力的方向与汽车重心位置重合的，称为向心式碰撞；撞击力的方向与汽车重心位置不重合的，称为偏心式碰撞。若车辆受到撞击时撞击力没有经过车辆的重心，则车辆会产生旋转运动，进而减轻受损。若撞击力的方向经过车辆的重心，则车辆将不会产生旋转运动，从而产生比预期严重的损伤，如图 6-4 所示。车辆受到同样大小的撞击力，若是撞击点和方向不同，则车辆所受到的损伤也不同。

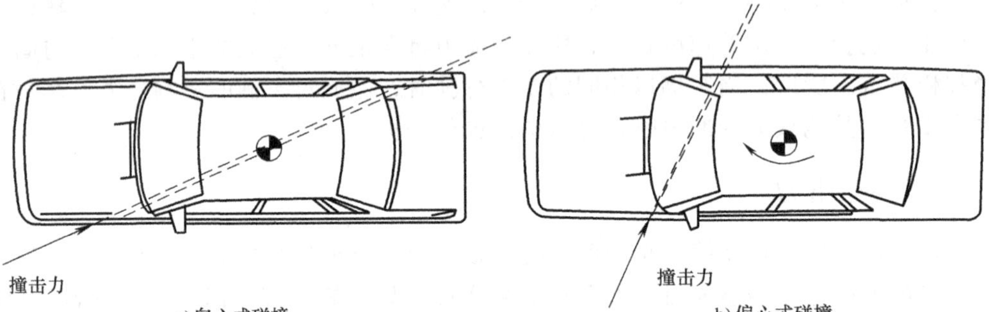

a) 向心式碰撞　　b) 偏心式碰撞

图 6-4 撞击损伤与撞击力方向

2. 撞击力和撞击面积

当发生撞击事件时，损坏程度将依据撞击物体的不同而有所不同，如撞击电线杆和撞击墙的损坏程度将不同。可用下式说明：

$$f=\frac{F}{A} \tag{6-6}$$

式中 f——单位面积承受的撞击力（N）；

F——车辆碰撞时的撞击力（N）；

A——撞击面积（m^2）。

如果撞击面积很大，则受损程度会降到很小（图 6-5a）；相反，撞击面积越小，则受损程度越大（图 6-5b），保险杠、发动机舱盖和散热器受到严重的损伤发生变形，而发动机被推向后方，并且撞击的影响已延伸至后悬架。

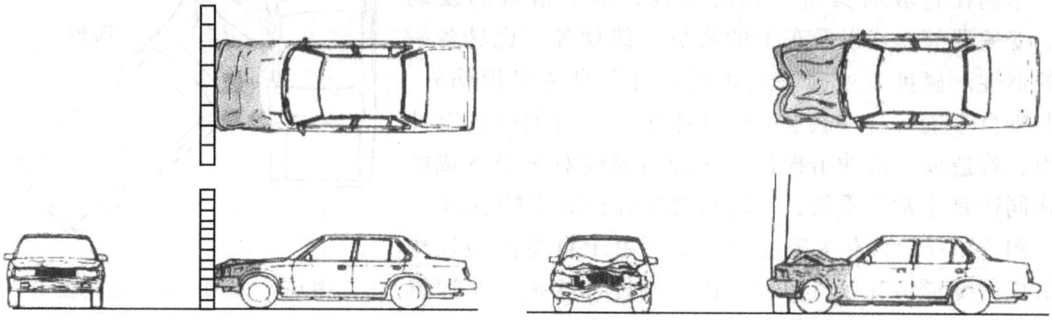

图 6-5 撞击损伤与面积

3. 驾驶人的行为特性

驾驶人的反应经常影响冲击力方向。尤其对于正面碰撞，当驾驶人意识到碰撞不可避免时，第一反应就是旋转转向盘避免正向碰撞，如图 6-6 所示。这就会导致汽车发生侧面碰撞。

驾驶人的第二反应就是踩制动踏板，汽车进入制动状态，由于惯性的作用使汽车斜向下俯冲，如图 6-7 所示。这种类型的碰撞一般发生在汽车的前沿，比正常接触位置低并导致凹陷，经常在侧向损坏后立即发生。如果正面碰撞中的碰撞点高于汽车的重心，则将使前罩板件和车顶盖向后移动而汽车尾部向下移动。如果碰撞点的位置低于汽车的重心，则将使汽车的尾部向上运动，迫使车顶盖向前移动，从而在车门的前上部和车顶盖之间形成一个大的缝隙。

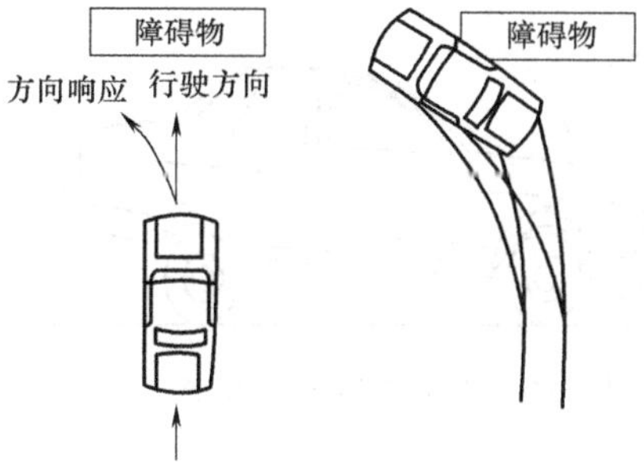

图 6-6 旋转转向盘造成的侧面碰撞

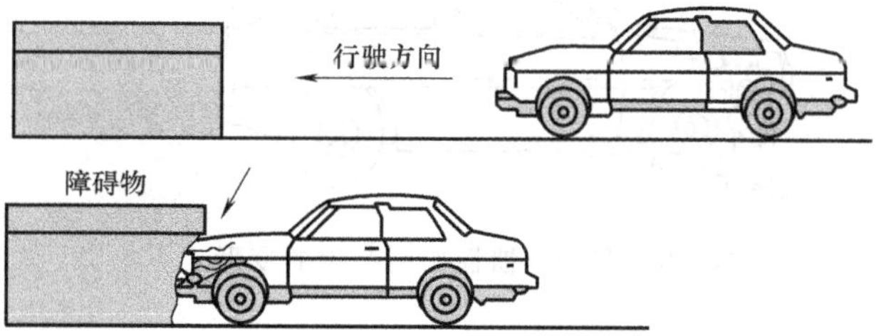

图 6-7 制动后的碰撞

另外，撞击时的运动状态也会影响损伤类型。如图 6-8 所示，汽车 1 向正在运动的汽车 2 侧面撞击，汽车 2 的运动将汽车 1 向侧面“拖动”，使汽车 1 遭受向后和水平方向的撞击力。

四、惯性力和下砸力

1. 惯性力

车辆在碰撞时，直接碰撞力是主要因素，对车身的损伤也是最大、最直接的，但由于碰撞而产生的其他力，如惯性力等也同样会对车身造成巨大的影响，下面简单地进行分析。

车辆在行驶时具备一定的惯性，车上搭载的发动机、变速器等总成以及车上的乘员、载物等，也具备一定的惯性。碰撞发生时，除碰撞力对车身造成损伤外，这些来自车辆自身和载重的惯性作用对车身同样具有冲击力，将造成二次冲击损伤，这种由惯性对车身造成的损伤同样是非常严重的，在进行碰撞分析时不能忽略。

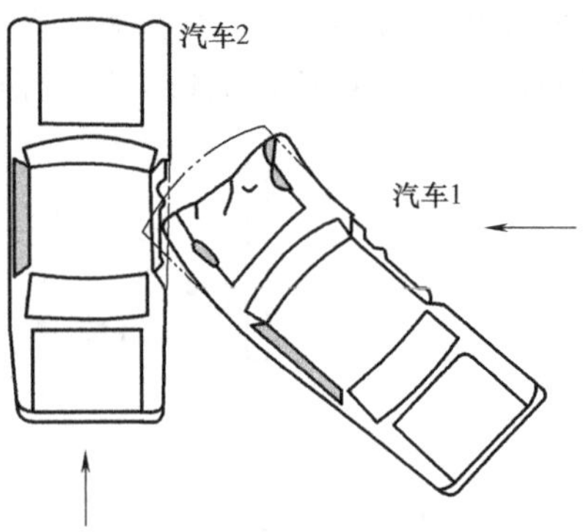

图 6-8　相对运动引起的变形

图 6-9 所示为发生碰撞时，车辆由于自身的惯性作用造成的变形情况。汽车与一固定刚性体相撞，车速瞬间降为零，此时车身整体在惯性作用下有一个向前翻转的趋势，车身后部腾起，之后又重重跌落。车身某些强度薄弱的地方经受不住后部巨大的惯性转矩和跌落时的冲击而发生变形，车顶后部上翘，车辆后地板弯曲，后翼子板等均有不同程度的破坏。车辆上的乘员和货物在惯性作用下对车身产生二次冲击，此类冲击将影响到车顶、行李舱盖、仪表板、前风窗玻璃和车内座椅、饰件等。

2. 下砸力

下砸力多来自车辆与非固定物体的碰撞。车辆与一个非固定物体相撞时，如果被撞物体质量较小且重心较高，而车辆碰撞点位于该物体重心的下方，此时被撞物体在惯性作用下会向车辆翻倒并可能滚到车辆的整个上部，对车辆上部的非直接撞击部位造成砸伤。如图 6-10 所示，车辆与一较高的非固定柱状物体相撞时，车辆前部承受直接撞击，发动机舱盖在承受撞击力时已经发生较大变形，当该被撞物体向车辆翻倒时，发动机舱盖又承受了第二次的下砸力，则其变形更加复杂。

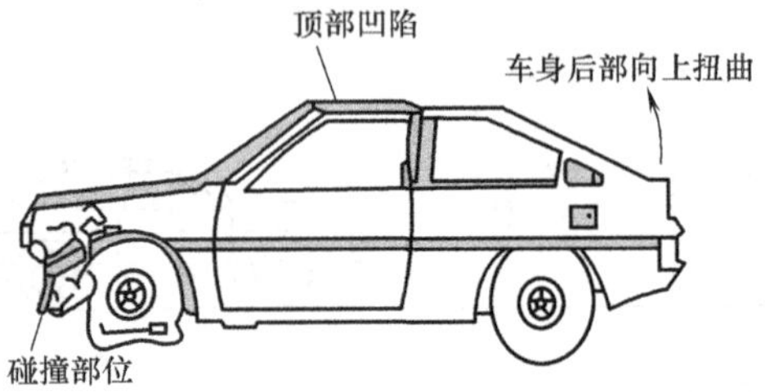

图 6-9　车辆由惯性作用产生的变形

图 6-10　下砸力引起的变形

五、损伤的种类

1. 一次损伤

车辆与障碍物之间的碰撞称为一次碰撞，因一次碰撞所导致的损伤称为一次损伤，如图 6-11 所示。

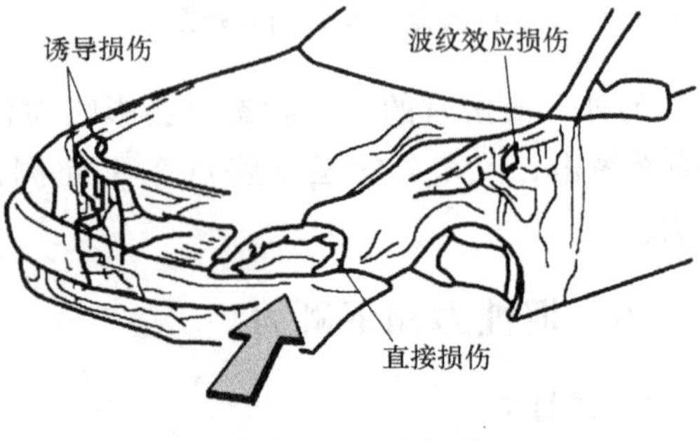

图 6-11　一次损伤

（1）直接损伤　被障碍物（外力）直接损伤的部位称为直接损伤。

（2）波纹效应损伤　在撞击力传输期间所

造成的损伤称为波纹效应损伤。

（3）诱导损伤　由直接或间接损伤所产生的挤压力或拉伸力对其他部件造成的损伤叫作诱导损伤。

2. 二次损伤

因惯性作用而发生在车内的碰撞称为二次碰撞。二次碰撞所造成的损伤称为二次损伤（或惯性损伤），如图 6-12 所示。

六、弹性和塑性

钢板在撞击损坏后会变形，变形的钢板经过拉拔、缩火作业或延展后可以恢复原形。要彻底修理好碰撞损坏的车辆，了解钢板特性是非常重要的。

图 6-12　二次损伤

以弯曲一块钢板为例，如图 6-13 所示，如果钢板稍微弯曲，放开手指之后，钢板会恢复到原来的形状而不再产生变形（图 6-13a），此种变形就称为弹性变形，而这种恢复原状的特性称为弹性，假如钢板严重变形（图 6-13b），它将不能完全恢复到原始状态，并产生一定量的永久变形，钢板不能恢复至原形而维持变形的特性称为塑性。

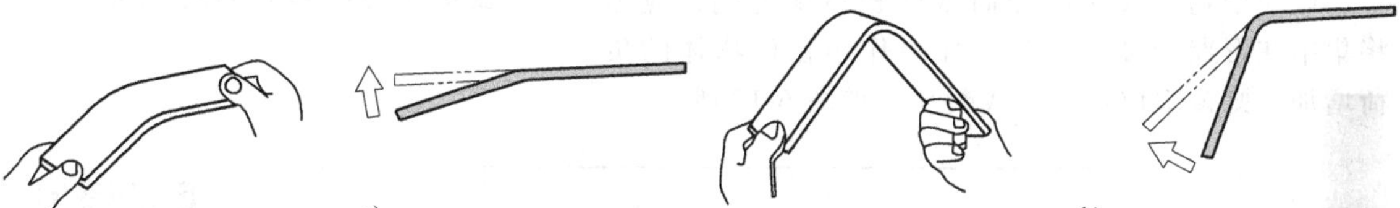

a)　　b)

图 6-13　弹性变形与塑性变形

资源 6 2
弹性变形与
塑性变形

图 6-14 所示为负荷作用于钢板时，负荷大小与钢板变形量的关系图。

在负荷很小时增加负荷，钢板的变形会与负荷成正比关系。当负荷超过某个极限值时，材料的内部分子会产生滑动，此时，即使负荷保持不变，钢板的变形量也将突然地激增，如果再增加负荷，变形量将继续激增，并持续到负荷达到最大值。超过最大负荷后，钢板将呈现局部拉伸而断裂。

图 6-14 中 *A* 点称为弹性极限，如果负荷不超过 *A* 点，在负荷解除后，钢板的变形即会消失并恢复到原状。

如果负荷超过 *A* 点，即使负荷释放之后，钢板也不能恢复至原状。例如，负荷在 *P* 点释放后，钢板将恢复至 *E* 点，但是将会产生塑性变形。

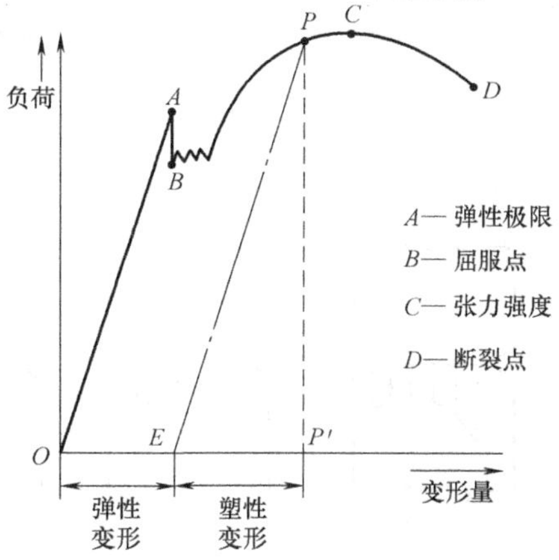

图 6-14　负荷与变形量

七、应力集中

1. 负荷与应力

作用于物体上的外力称为负荷。按照受力的方向，可将负荷分成多种，拉伸负荷、压缩负荷和剪切负荷为常见的3种负荷，如图6-15所示。

物体单位面积所承受的负荷称为应力，即

应力=负荷/截面积

如果应力作用于图6-16所示圆柱体上，则截面积最小的地方会承受最大的应力。当负荷超过弹性限度时，截面积较小的地方将断裂或变形。

压缩应力所产生的结果与上述结果相同。

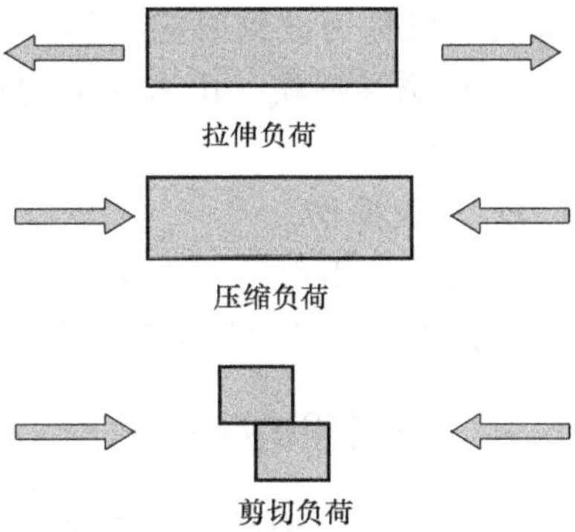

图6-15　3种负荷形式

2. 应力集中

当一个截面积处处相等的物体受到拉伸或压缩负荷时，该物体所有截面的应力相同。

若截面积因存在小缺口、固定螺钉或其他因素而改变时，该部位将会产生较大的应力，物体可能断裂。因截面积的改变而导致该部位的应力变大，称为应力集中冲孔钢板的应力集中情况如图6-17所示。

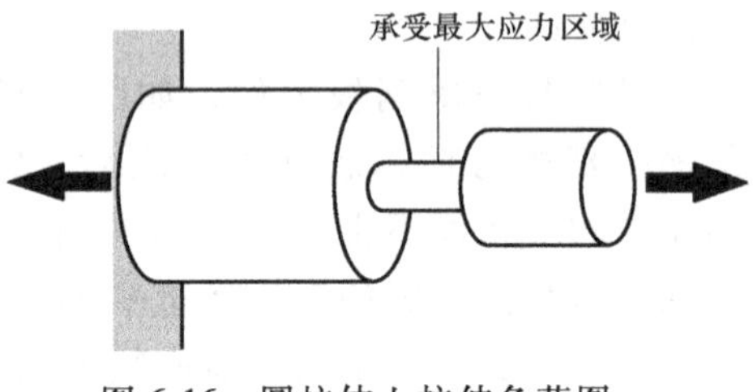

图6-16　圆柱体上拉伸负荷图

以物体有一缺口为例，应力分布情形如图6-18所示。应力集中的大小会随下列因素增加：深度较深，角度较小，半径较短。

以一个物体形状改变而截面积不变为例，应力将集中在形状改变的部位。如果作用在该物体的负荷增加，则该部位将变形或断裂，如图6-19所示。

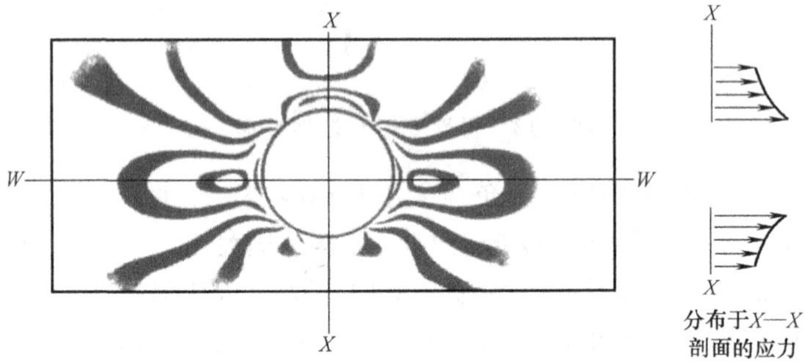

资源6-3
形状改变的
应力集中

图6-17　冲孔钢板应力集中情况

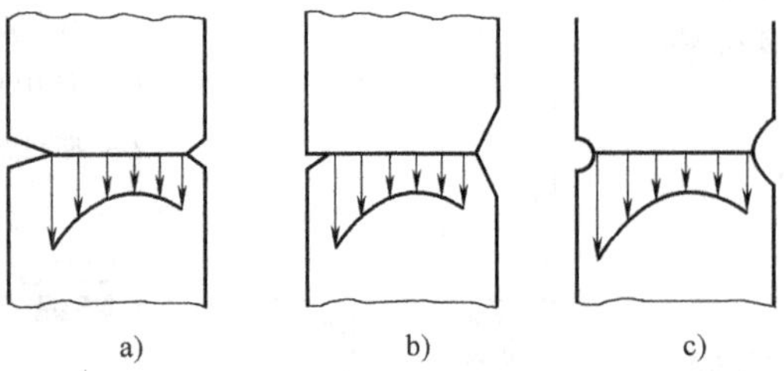

图6-18　应力集中影响因素

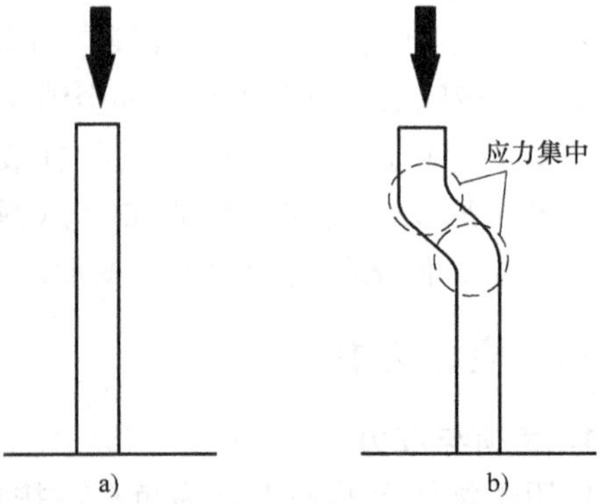

图6-19　形状改变导致的应力集中

3. 弯曲力矩

如果负荷作用于具有相同截面积物体的右侧边缘，则最大的应力将发生于接合端，此时造成物体产生弯曲的力称为弯曲力矩，负荷作用于物体边缘时的应力集中情况如图 6-20 所示，弯曲力矩如图 6-21 所示。

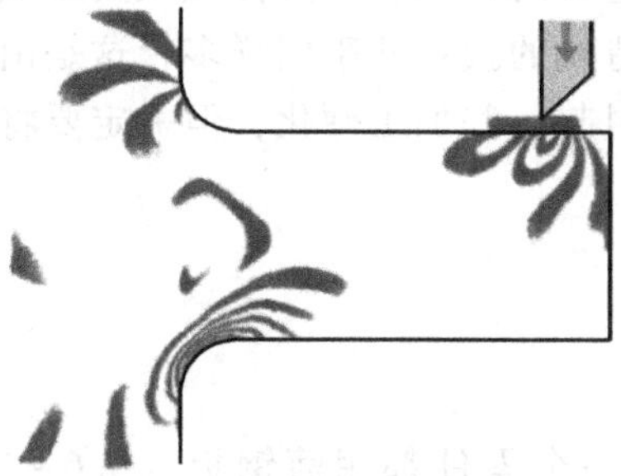
图 6-20　负荷作用于物体边缘时的应力集中情况

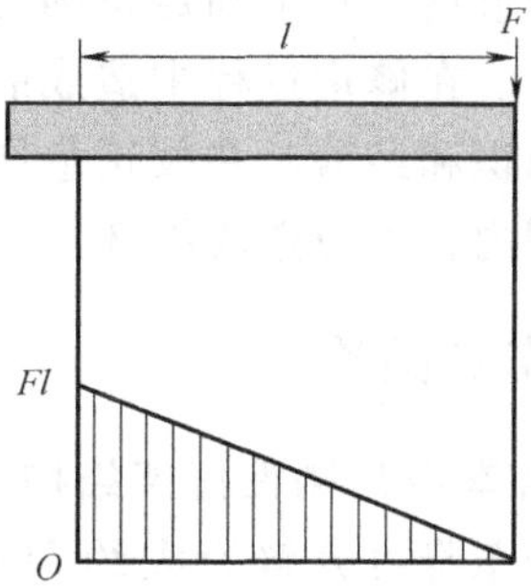

图 6-21　负荷作用于物体边缘时的弯曲力矩

八、车身变形特性与加工硬化

1. 车身变形特性

为了增强车身的刚性和撞击时的吸能能力，车身零件由多种断面构成。车身变形结构图如图 6-22 所示，在碰撞事故发生时，应力集中通常发生于以下部位。

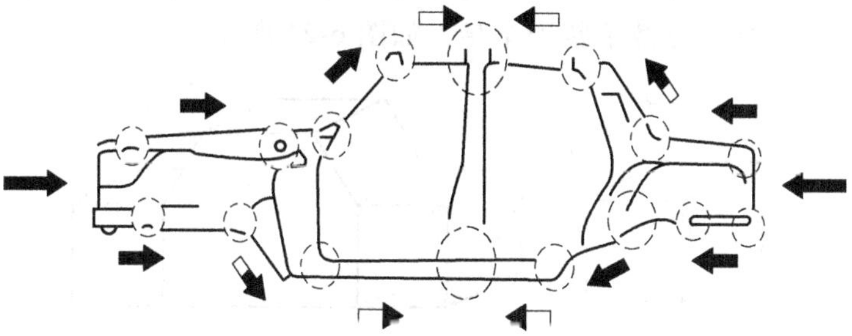
图 6-22　车身变形结构图

1）截面积改变的部位。截面积改变的部位包括波纹效应区（皱褶区域）、加强件的前端或后端、钢板连接处。

2）支点部位。支点部位包括拱起区域和转角区域。

3）形状改变的区域。在事故发生时，撞击能量会传导至较薄弱的钢板而使钢板产生变形。若变形的部位有加工硬化情形，则此部位将无法吸收撞击时所产生的能量，而使能量传导至车身其他较薄弱的部位。

2. 加工硬化

加工硬化是金属达到塑性变形的上限时出现的一种现象。如图 6-23 所示，将一根导线反复弯曲，则弯曲部位会逐渐产生硬化。将金属板以相同方式反复弯曲时也会产生硬化。这种现象称为加工硬化。

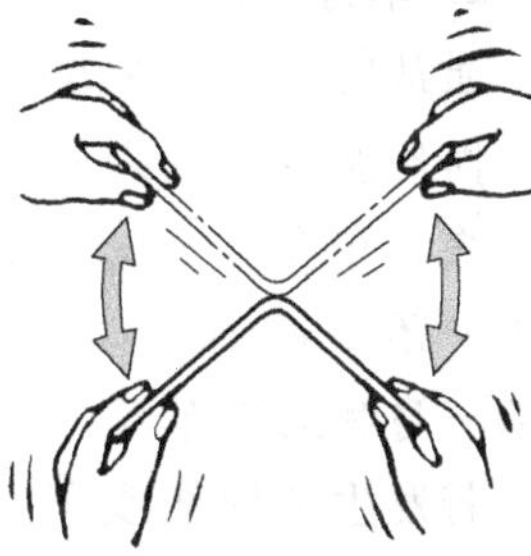
图 6-23　加工硬化

车身上未受任何损坏的钢板，也会因在制造过程中的加工而存在某种程度的加工硬化。碰撞造成的弯曲只能使受到影响的部位产生更加严重的加工硬化。车身修理人员在修复损坏的部位时，同样会加重该处加工硬化的程度。金属产生加工硬化会造成强度增加，但它也是钢板损坏的根源。

若对钢板进行了不适当加工，造成过度的加工硬化，则钢板将会更加难以修理。了解这些部位的变形情况对于确定正确的修理方法有着非常重要的作用，车身修理人员必须掌握这些金属特性。在修理过程中造成的损坏与碰撞对汽车造成的损坏几乎同样多，这是由于缺少这方面的知识和经验。在校正金属板的过程中，总要引起一些加工硬化，但一定要将其控制在最小范围内，不应造成损坏。

九、车身结构

1. 单壳车身是刚性框架结构

汽车的车身可分解为大约 700～1000 个零件，每一个零件都用薄钢板（0.6～1.4mm）经冲压加工而成。每一辆汽车的组装都需进行大约 6000～10000 处电阻点焊加工。

单壳车身结构的优点是设计自由度高，也是最适合追求低燃料消耗和高行驶性能的轻量化车身结构。

薄钢板具有如下特性：

1）通过冲压加工成复杂形状后可增加强度。

2）通过点焊加工制成单壳结构，可以承受来自外部压力的强度。

单壳车身将各部分用点焊加工成一体的结构，叫作框架结构。其特点是可将施加于某一部位的压力通过焊接接合点分散于整个车身，如图 6-24 所示。

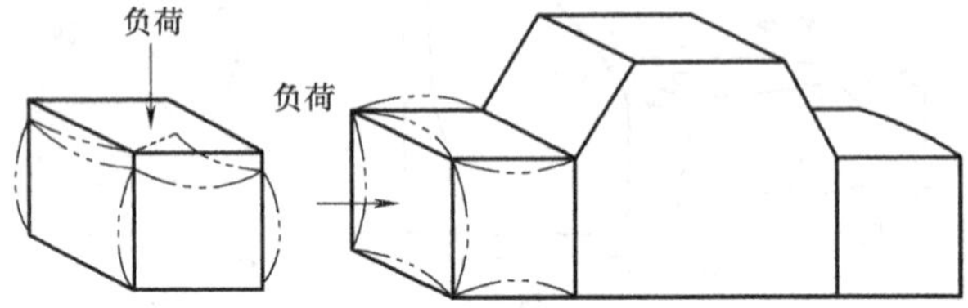

图 6-24　单壳车身结构

汽车的车身之所以能够承受起动、加速、制动时的负荷和由于路面凹凸所带来的冲击，以及转弯时的扭曲，主要原因是它是一个可以将施加于局部的力分散于车身整体，以车身整体与其抗衡的框架结构。充分了解由众多薄钢板构成的框架结构的特性，是车身修理的前提。

2. 车身整体和部分的强度

通常的车身损伤并非车身整体的损伤，而是某一个范围的损伤。例如：当前端受到冲击时，损伤波及至仪表板以后部位的情况是极少的。汽车车身虽为框架结构的单壳车身，但从结构上还是被划分为 3 个部分，即前部车身、中部车身和后部车身，如图 6-25 所示。

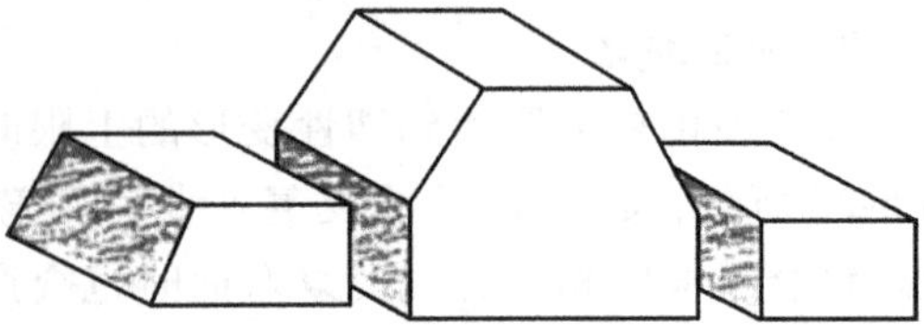

图 6-25　车身结构的划分

若发生了损伤或车身变形时，则说明此部位吸收了从外部来的冲击。汽车车身在设计上考虑了以局部的变形吸收发生冲撞时的冲击，并且车身各部位设计成不同的强度。特别是，为了保证乘员的安全，乘员室设计得最坚固；在车身受到来自前方或后方的冲撞时，通过压碎发动机舱和行李舱来吸收冲击。

另外，在前侧梁构件和前翼子板隔板上，设有弯曲和大小冲孔等，并设计了容易吸收冲击的部位。

十、雷门结构

当结构由数个构件组成时，构件与另一构件所连接的点称为接点。如果框架由数个框边组成，并且框架的接点如铰链一样可以活动，则此种结构称为桁架结构，如图 6-26 所示。

如果框架由刚性接点组成，其接点角度不能改变，则此种结构称为雷门结构，如图 6-27 所示。

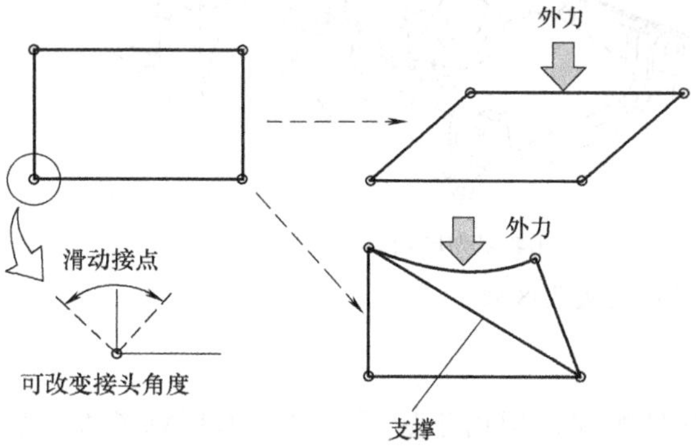

图 6-26　桁架结构

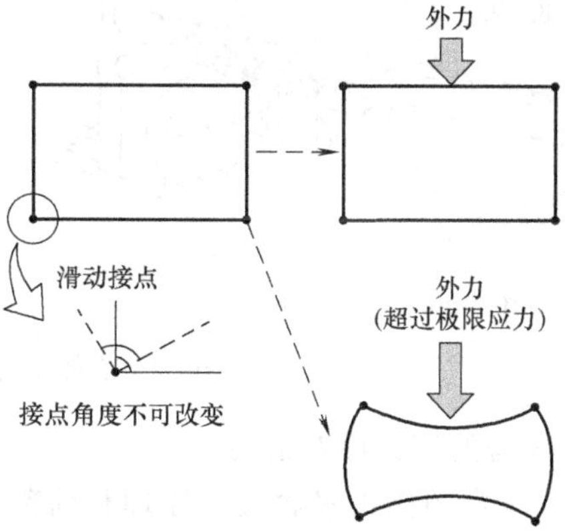

图 6-27　雷门结构

资源 6-4
桁架结构与
雷门结构

桁架结构容易因接点处角度的改变而变形。加上支撑后，桁架结构只会在承受外力的部分产生变形。

当外力作用于雷门结构时，不会产生变形。当外力增加到超过一定的极限负荷时，雷门结构会完全变形。

将雷门结构用于车身结构上，当发生事故时，不仅在撞击点的区域会产生损伤变形，而且会延伸至其他区域。

十一、整体式车身的撞击吸收

为确保汽车在发生冲撞时减轻给乘员带来的冲击能量，车身设计并制造为车身前、后在一定程度上较容易变形，并可有效地吸收冲击能量的结构，如图 6-28 所示。车身前、后结构件上都设有各种各样的吸收冲击的结构，通过车身大梁（除可压溃前、后车身外）来吸收撞击力，在撞击中可将乘员舱的变形量降到最小。

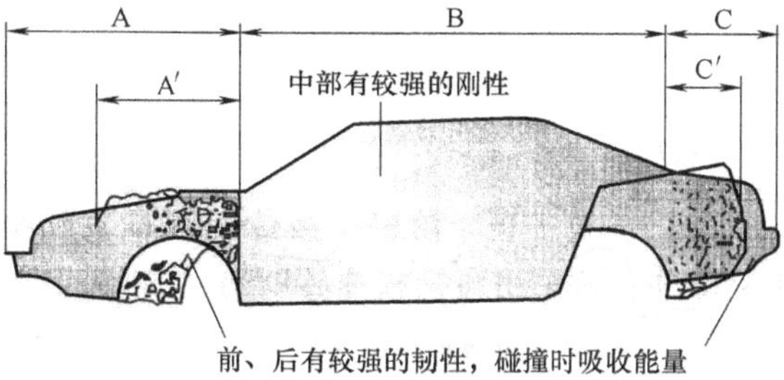

图 6-28　车身的强度等级划分

在进行车身损伤的构造性诊断时，充分理解吸收冲击部位的情况，是掌握损伤部位和范围的关键点。目前汽车车身在前、后部位大量采用撞击吸收区域，以使乘员受到较好的保护。以下讨论整体式车身的撞击吸收区域。

1. 前部车身的撞击吸收区域

前部车身撞击吸收区域的设计，采取了根据冲击力的大小而分阶段地、有效地传播至后部，并使其扩散和衰减的方法。因为一般事故发生于前部车身概率特别大，所以除前侧梁外，翼子板隔板上加强梁和前罩板上侧板均设计有撞击吸收区域，以吸收撞击力，如图 6-29 所示。

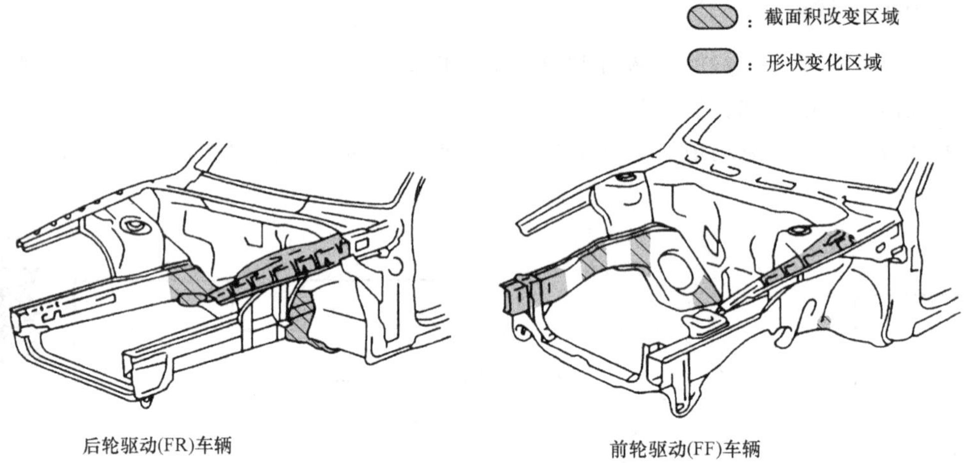

图 6-29　前部车身的撞击吸收区域

2. 后部车身的撞击吸收区域

虽然后部车身的撞击吸收设计原理和前部车身相同，但由于后部车身是由后翼子板、后车底板和通过点焊组合而成的梁的复杂结构，因此很难在后部车身看到撞击吸收区域（可举升车辆，从底部看），如图 6-30 所示。后车底板侧梁的撞击吸收区域根据燃油箱的位置而改变，这样才能吸收撞击力而不会损坏燃油箱，如图 6-31 所示。

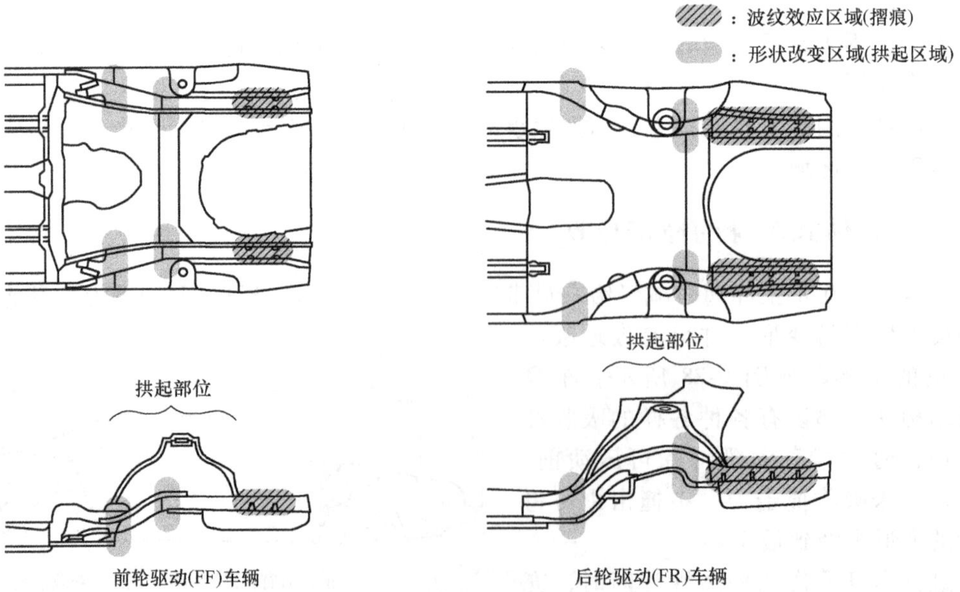

图 6-30　后部车身的撞击吸收区域

十二、波纹效应的基本原理

波纹效应的基本原理如同水流从高处往低处流。在水流的路径中，如果有一个洞，则水会停留在此洞，直到填满时才会继续往前流。同样地，如果水流路径中有小石头，则水碰到小石头时会瞬间停止，然后绕着石头往前流，如图 6-32 所示。

在前侧梁承受撞击力的情况下，撞击吸收区域如同水流路径中的洞，而加强部位如同小石头。撞击力具有容易通过车身刚性较大部位的特性，且最后传导至较脆弱的部位并使之变形，如图 6-33 所示。

如果撞击力直接作用于翼子板隔板 A 部位，则在撞击力传导路径中较脆弱的 B、C 也会损坏，并吸收一部分向后方传导的撞击能量，撞击力传导到 D 部位之后，会因波纹效应影响前柱上支柱和车顶侧栏板，但对前柱下支柱影响较小。因此，前柱会以其下端和车门栏板连接的接点为支点向后倾斜，倾斜后最常见的结果可由车上间隙变化得知（如车门装配不良），如图 6-34 所示。

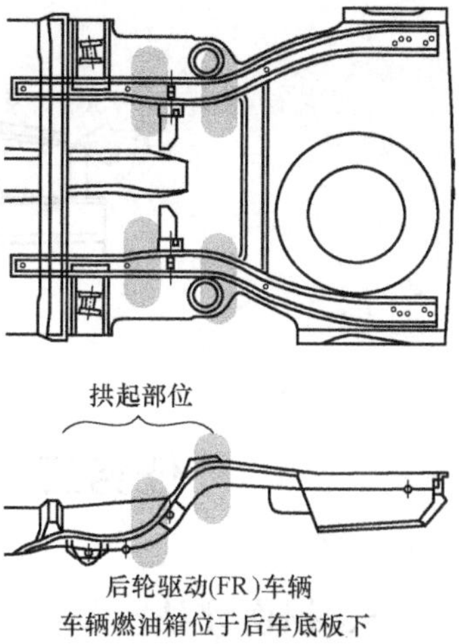

图 6-31　不同燃油箱位置的撞击吸收区域

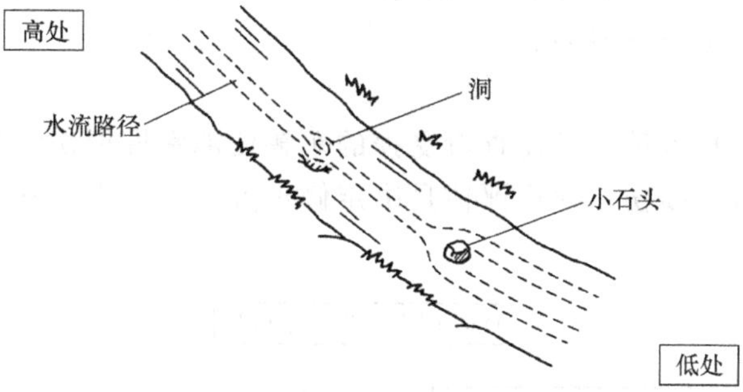

图 6-32　波纹效应示意图

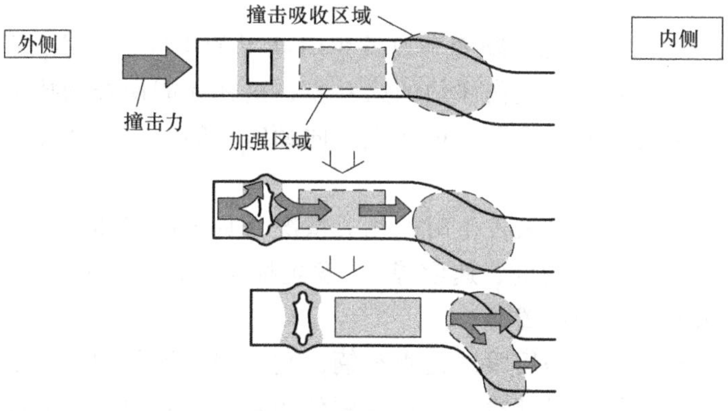

图 6-33　前侧梁撞击变形示意图

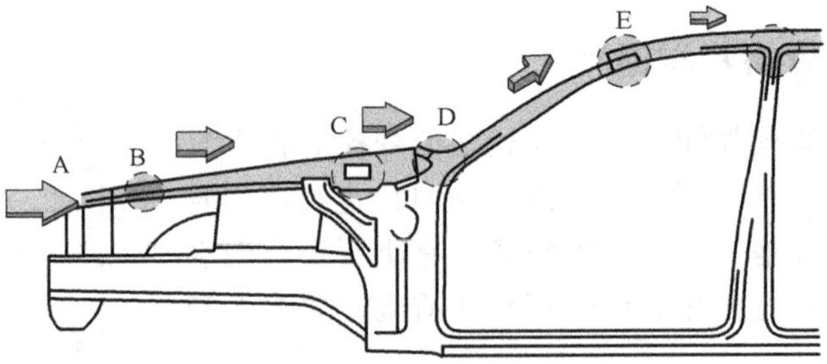

图 6-34　翼子板和前柱的波纹效应

任务二　掌握车辆碰撞损伤的检测与测量

一、损伤评估

1. 损伤评估的目的

损伤评估是利用目视或测量设备来检查受损车辆的过程。

损伤评估的目的是能正确地掌握车身受损的部位和程度，以便确定适当的修理方法和程序。若损伤评估错误，则会造成修理方法不正确或修理顺序错误，从而耗费较长的工作时间，并影响修理品质，严重的话将会导致再次修理。为了有效率地执行修理工作并确保维修品质，正确的损伤评估是很重要的。

2. 损伤评估的方法

某些有经验的查勘技术员，只需查看受损的车辆便能掌握损伤的程度。然而，这些评估仅能掌握受损车辆大致的损伤。损伤评估是决定修理方法和流程非常重要的环节。损伤评估的方法如图 6-35 所示。

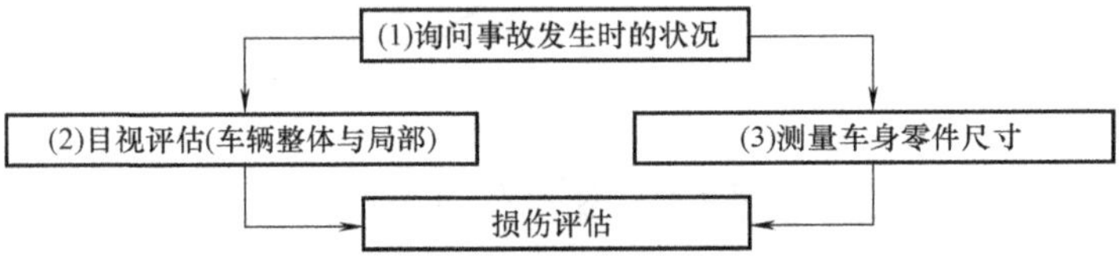

图 6-35　损伤评估的方法

（1）询问事故发生时的状况　随着事故发生时状况的不同，车辆的损伤程度也会不同。因此，询问事故发生时的状况是损伤评估的第一步，这样才能使查勘技术员执行有效率且无错误的评估。然而，因为查勘技术员不可能直接向顾客询问相关的情况，所以此工作一般委托给服务顾问。

询问的重点是尽可能确定事故发生时的相关情况，具体内容如下：与车辆撞击物体的情况（尺寸大小、形状、位置、硬度、速度等）；发生撞击时的车速；撞击时车辆的角度和方位；撞击时车内的人数及乘坐位置。

（2）目视评估　目视评估是用眼睛检查车辆，它是损伤评估的第一步。首先应从全车检查开始，然后进行损伤部位的局部检查。目视评估的目的是发现一些无法明显辨认出来的损伤，如钢板上的变形、刮伤、扭曲或裂痕。

虽然我们可以用眼睛看出钢板或大梁是否扭曲变形，但是无法精确说明扭曲变形量具体是多少。因此，依靠测量工具来确认变形量就变得非常重要。

（3）测量车身零件尺寸

1）全车检查（图 6-36）。不论是承载式车身还是非承载式车身，其车身结构都是由坚硬的车身零件焊接而成的。因此，在撞击区域中的撞击力会从车身钢板传遍至周围钢板，在大部分的撞击事故中，撞击力甚至会传至车辆的相对侧。

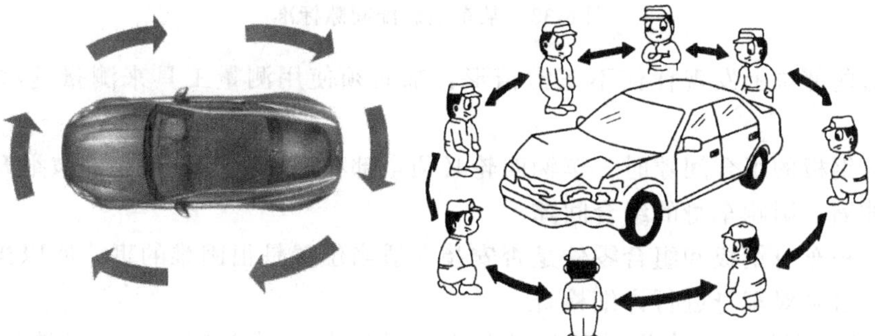
a)　　b)

图 6-36　全车检查

通过询问事故发生时的状况及目视评估，查勘技术员可在全车检查时找出最初遭受撞击的部位，这样的话便可判断遭受撞击的方位。然后，查勘技术员沿着撞击力的传导方向来检查车身的损伤。

而且，查勘技术员必须将车身损伤区域与工单内容相比较，如果工单的作业内容与现状不符，则必须向服务顾问说明事情的真相。

通过检查装配间隙可以判断损伤程度，如图 6-37 所示。外侧车身钢板（如车门、翼子板和后翼子板）用螺栓固定或焊接在车身大梁上。各车柱和翼子板隔板的损伤程度，可以通过检查各车门和发动机舱盖打开或关闭（检查锁扣和发动机舱盖开启器的连接情况）来判断，也可以通过检查周围相关钢板的装配间隙来判断，如图 6-38 所示。

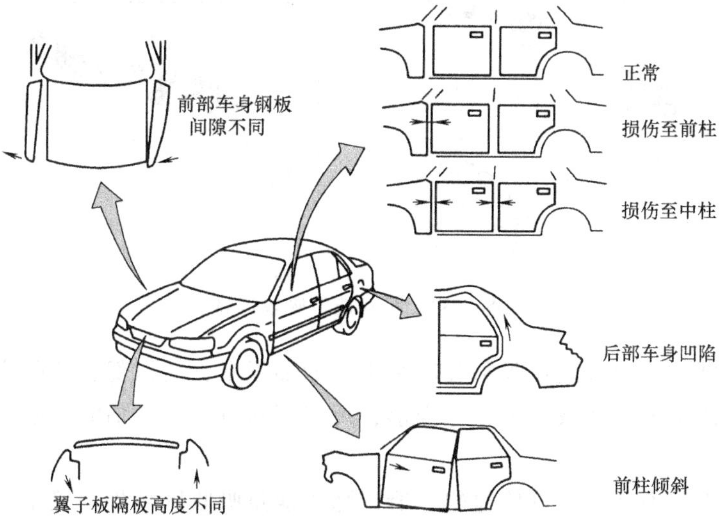

图 6-37　检查装配间隙

图 6-38　某车型装配间隙标准

如果在这些部位上发现任何不正常情形，都必须使用测量工具来测量这些异常部位的尺寸。

检查车身钢板的组合间隙时，车辆四轮必须全部在地面上。如果车辆被举升机举起，则车身可能会伸缩，影响车身的组合间隙。

要详细检查车身钢板和组合零件是否安装在适当位置是很困难的事。所以当拆下饰板和功能零件时，必须对车身进行详细检查。

2）详细检查车辆。车身设计的目的是有效地吸收和分散撞击力，以使驾驶舱保持完整。车身的前、后部位（包括发动机舱和行李舱）皆配备有能量吸收区域，其设计的目的是当车辆受到撞击时，能使车身变形以吸收撞击力并将传达至驾驶舱的撞击力减至最小，如图 6-39 所示。

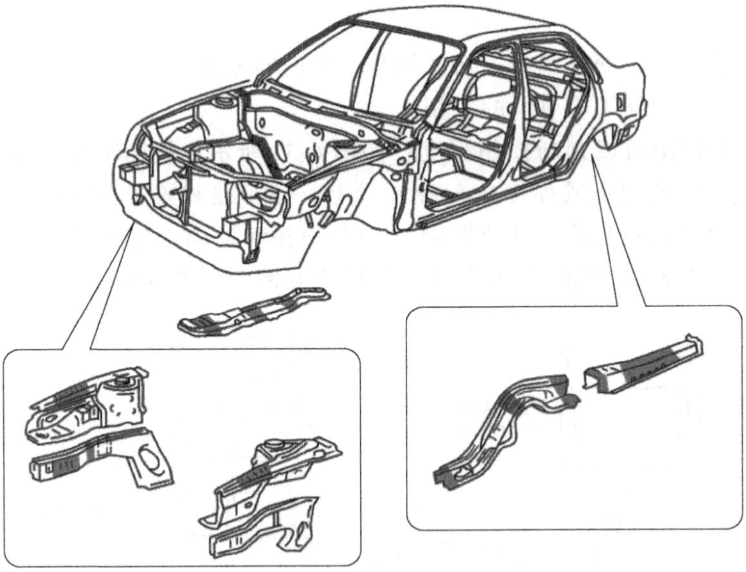

图 6-39　车身能量吸收区域

同时，因驾驶舱使用有效吸收和分散撞击力的加强梁，所以驾驶舱强度较强，也比较不容易变形。因为能量吸收区域比较容易变形，所以当执行目视评估时，必须重点检查能量吸收区域。

但是，因为撞击力是由车身传递的，所以除了能量吸收区域外，绝不可忽视检查其他区域车身钢板的变形，这些变形是撞击力传递的最好证明。

波纹效应区域、钢板厚度改变区域和钢板形状改变区域是吸收撞击力的部位，如图 6-40 所示。车身中有加强梁的部位不易变形，例如发动机、悬架、油箱、铰链等零件的安装部位。

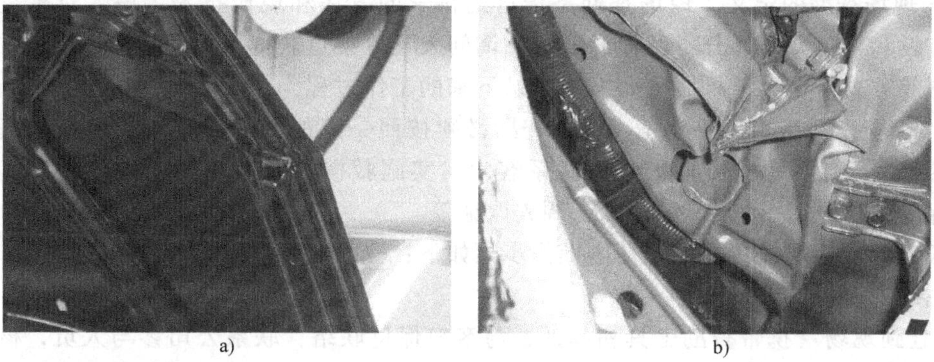

图 6-40　撞击吸能变形区域

3. 车身的碰撞损伤类型

车架和车身碰撞的损坏可分为 5 种不同的形式：侧弯、垂直弯曲、皱曲、菱形损坏和扭曲损坏，如图 6-41 所示。

侧弯：当发生侧向碰撞时，汽车的前部、中部或后部会向左或向右弯曲，发生侧弯损坏。

垂直弯曲：当发生前、后碰撞时，汽车会产生垂直弯曲变形。

皱曲：一般发生在前横梁之后或后轴上部的车架区域。

菱形损坏：当汽车的角部受到猛烈撞击时，汽车的一侧发生位移，使其车身和车架不再是方形，而形成一个接近平行四边形的形状。

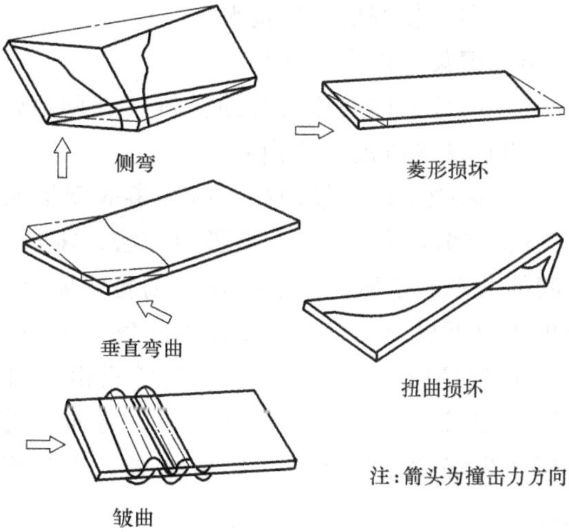

图 6-41　碰撞损伤的类型

扭曲损坏：一般发生在非承载式车身承受很大载荷的车架受到撞击的情况下，这种碰撞使得车架发生翻转，边梁发生扭曲，超出了水平面。

当一辆车发生事故时，一般应该对其进行车身、车架检查，确定其受到的损坏程度。当汽车前部受到撞击时，不管它是承载式车身还是非承载式车身，车架受损的顺序大致如下：首先是侧弯，然后是垂直弯曲、皱曲、菱形损坏和扭曲损坏。另外，需要根据受到冲击的程度来决定。

当汽车受到冲击时总能检查到一定量的侧弯。当车辆受到更严重的撞击时，就会发生垂直弯曲。如果侧弯超过 13mm 或垂直弯曲超过 9mm，就会发生皱曲。对非承载式车身的车架，当受到严重的碰撞时会发生菱形损坏和扭曲损坏的情况。而承载式车身具有抵抗菱形损坏和扭曲损坏的能力。

二、掌握车辆碰撞现场查勘及鉴定程序

1. 现场查勘

（1）现场查勘的定义　现场查勘是指运用科学的方法和现代技术手段，对事故现场进行实地查勘和检验，通过分析留存的物证和询问人证等渠道获得事故产生的原因，并采用拍照、绘图等方式将事故结果完整而准确记录下来的工作过程。

（2）现场查勘基本服务流程　现场查勘必须按照一定的工作流程进行。查勘基本工作内容包括接受派工和做好查勘准备、联系客户、实施救援、处理现场、指导客户填写《机动车辆保险索赔申请书》、现场查勘、调查取证等。

一般车辆碰撞现场查勘工作具体操作步骤如下：

1）接到查勘通知。

2）赶到现场（携带查勘工具和单证，与客户保持联络，联系公司参与人员，核对保单抄件，做好查勘定损的准备）。

3）实施现场查勘（初步认定事故责任，组织施救，拍摄照片，描绘现场图，查勘事故损失情况，告知客户索赔须知的内容，指导客户填写索赔申请，填写现场查勘报告）。

4）现场定损或约定定损时间、地点。

5）向定损调度反馈情况。

6）搜集整理查勘材料。

7）向理赔内勤移交查勘材料（查勘报告、定损协议、照片等）。

（3）现场查勘工作内容

1）碰撞事故现场照相。碰撞事故现场照相是指在碰撞事故发生的地点以及与碰撞事故有关的一切场所，用纪实摄影的方法，将现场的状况、痕迹物证、物与物之间的位置和相互之间的关系，按照碰撞事故现场勘验的要求和规定，迅速、准确、真实无误地拍摄下来，为分析碰撞事故现场、研究碰撞事故发生的原因提供可靠的资料。

① 现场照相的基本要求。现场照相的内容应当与道路交通事故现场查勘笔录和现场测绘图的记录相互印证、相互补充，形成一条完整的证据链；必须客观、真实、全面地反映事故现场的原始状态，影像清晰、层次分明；严格遵守国家关于事故勘验照相的相关规定。

② 现场照相的器材。汽车查勘理赔一般携带数码照相机，拍摄时要求使用标准镜头，以增强真实感。必要时需辅助使用照明工具、辅助器材及其他设备。

③ 现场照相的原则。现场照相一般要考虑现场的方位、概貌、重点部位及细微之处。同时应遵循先拍摄原始状况，后拍摄变动状况；先拍摄现场路面痕迹，后拍摄车、物痕迹；先拍摄易破坏、易消失的痕迹，后拍摄不易破坏和消失的痕迹的原则。

④ 现场照相方式。

a. 方位照相：从远距离采用俯视角度拍摄交通事故发生地周围环境特征和现场所处位置的照相方式。

b. 概貌照相：从中远距离采用平视角度拍摄交通事故现场有关车辆、伤亡人员、物体的位置及相互关系的照相方式。

c. 中心照相：在较近距离拍摄交通事故现场中心。以事故发生地为中心，拍摄与事故

接触的各个部位，以及与现场有关的部位。

d. 细目照相：采用近距或微距拍摄交通事故现场的路面、车辆、人体上的痕迹及有关物体特征的照相方式。

⑤ 定损核价照相。定损核价照相要求包括以下照片：应有反映事故全貌的全景照片，即方位照相；应有反映受损车辆号牌及受损财产部位和程度的近景照片；要有事故车辆某些重要局部（如车牌号、发动机号、车架号或 VIN 等）的特写照片；要有车辆的行驶证（客运车辆还要有准运证）、驾驶人的驾驶证（客运车辆准驾证、特种车辆驾驶操作证）的特写照片。双方或多方事故，应拍摄第三者车的“交强险标志”（正面及背面）或交强险保单。必要时，可要求相关证人与受损车辆拍摄合影照片。坚持节省原则，用最少的照片数量达到反映事故现场的最佳效果。

2）现场测量。测量现场与事故有关的尺寸，包括肇事车辆的尺寸及其停放位置，制动印迹的长度、道路的宽度等。

首先应确定现场位置。事故地点的位置可通过公路、街道的名称和其所处的里程碑或明显地物的名称确定。

其次要选择基准点。基准点是为固定事故现场测量对象所设定的参照点。可选择事故现场原有的固定物体（如电线杆、桥梁杆、里程碑等）。所选基准点应距事故现场较近，以便测绘。

再次选择定位方法。事故现场的定位方法有三点定位法、垂直定位法和极坐标定位法等，如图 6-42 所示。

三点定位法是用基准点、事故车辆某一点和基准点向道路中心线作垂线的交点这 3 个点所形成的三角形来固定现场位置。

垂直定位法是用经过基准点且平行于道路边线的直线与经过事故车辆某一个点且垂直于道路边线的直线相交所形成的两个线段来固定事故现场。

极坐标定位法是用基准点与事故车辆某一点连接形成线段的距离以及线段与道路边线垂直方向的夹角来固定事故现场。

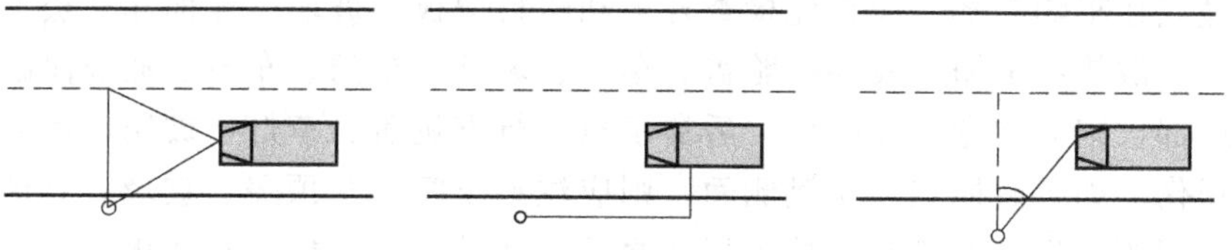

a) 三点定位法　　b) 垂直定位法　　c) 极坐标定位法

图 6-42　定位方法

另外，现场测量还包括道路测量（一般需要测量道路的结构和尺寸）、车辆位置测量（用车辆的 4 个轮胎外缘与地面接触中心点到道路边缘的垂直距离来确定，只需量取 4 个距离即可）、制动痕迹测量（拖印是直线、曲线、折线）、碰撞接触部位的测量（测量车与车、车与人、车与其他物体接触部位距地面的高度，接触部位的形状、大小等）及其他测量。

2. 鉴定的原则和步骤

（1）鉴定原则　碰撞事故的鉴定，是根据过去发生的汽车碰撞事故的情况，以保留的证据为基础，使事故再现，并让人去观察的过程。

把查勘得到的相关证据与物理法则及碰撞实验结果进行比较，得出与留下的证据比较吻合的事故机理，是车辆碰撞事故鉴定的主要工作。

车辆碰撞事故鉴定的原则有以下几个方面：

1）不拘泥于细节，要把握碰撞事故的整体现象。

2）掌握客观有用的信息，避免做出错误的逻辑推理。

3）在进行碰撞事故分析计算时，应慎重地选用物理参数，并留有相关余量。

4）要注意证据的误差和偏差。

5）从多方面进行观察，克服思维定式和固执己见。

（2）鉴定步骤　为了避免陷入自相矛盾，应按照上述几项原则，并按照步骤进行鉴定（图6-43）。

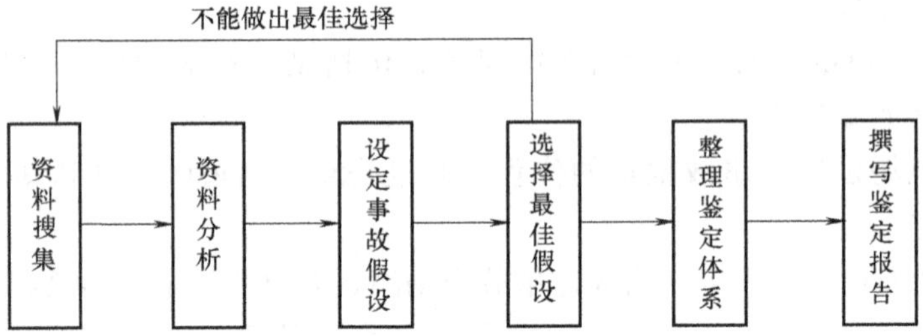

图6-43　车辆碰撞事故鉴定步骤

三、掌握车辆碰撞损伤的检测与测量

1. 直接碰撞损伤区（区域1）

直接碰撞损伤又称一次损伤。该区域系统性检验的第一步是检视，然后列出汽车碰撞事故直接接触点的车身一次损伤。由于车辆结构、碰撞力和角度以及其他因素的差异，一次损伤区域是多种多样的。一般情况下，一次损伤会造成翼子板变形和开裂以及零件破碎。一次损坏是可见的，不需要测量。

如果碰撞点在车辆前部，应首先检查外板和塑料镶板、玻璃、漆面和外板下的金属结构件，如保险杠、散热器护栅、发动机舱盖、车灯、玻璃、车门、车轮、油液泄漏等。如果碰撞点在车辆后部，则应注意后保险杠、后翼子板、行李舱盖、车灯、玻璃、后视镜、车轮和油液泄漏等损伤。如果碰撞点在车辆侧面，则应注意车门、车顶盖、玻璃、立柱、底板、支撑件和油液泄漏等损伤。在检查出外板损伤之后，举升车辆，检查车底板、总成系统，例如发动机托架、结构支撑件、纵梁等处的损伤，同时还应查看有无裂痕、边缘损坏、电焊崩裂及金属变形等，特别注意检查结构件。

2. 间接碰撞损伤区（区域2）

（1）损伤机理　间接碰撞损伤又称二次损伤。二次损伤是指发生在区域1之外，并离碰撞点有一段距离的损伤。二次损伤是在碰撞力向汽车移动的过程中形成的，即碰撞力从冲击区域延伸到车身毗连区，并在移动的过程中被吸收。碰撞力传递到较大范围的区域时，汽车的任何零件均可能受到影响。

撞击力在汽车上的传递距离和二次损伤程度取决于碰撞力的大小和作用方向以及吸收碰撞能的各个结构件的强度。许多承载式车身被设计成能压溃并能吸收碰撞能的结构，以便保护车内乘员。

二次损伤也可由传动系统和后桥的惯性力造成。由于车辆因碰撞突然停止，机械零部件的惯性力全部作用到固定点和支撑构件上，毗邻金属件可能发生褶皱、撕裂或开焊。因此，必须注意检查悬架、车桥、发动机和变速器固定点。二次损伤有时不容易发觉，但仍有一些可见迹象，二次损伤分析一般依赖于测量。

（2）损伤标志　二次损伤的常见标志有钣金件皱曲、漆面褶皱和伸展、钣金件缝隙错位、接口撕裂和开焊等（图 6-44）。例如，可以从翼子板、发动机舱盖和车门的配合情况检查是否存在钣金件移动和不规则缝隙（图 6-45）。车辆前部碰撞会引发尾部的二次损伤，导致行李舱盖无法打开或关闭。

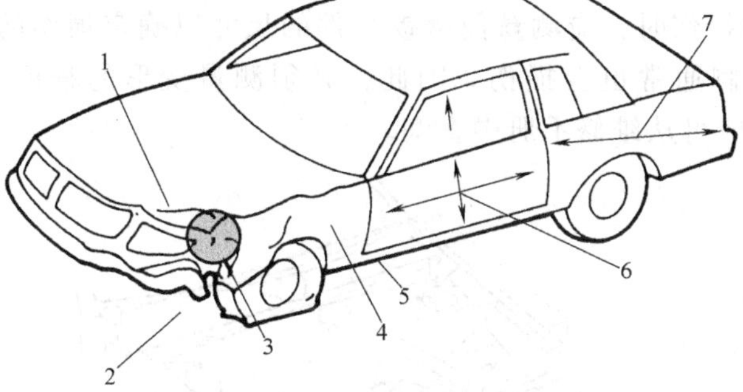

图 6-44　二次损伤的标志

1—漆面裂痕和皱曲迹象　2—碰撞力作用方向
3—碰撞部位　4—吸能构件　5—接口开焊
6—车门、车窗和盖板的校准　7—密封件的破裂或裂缝

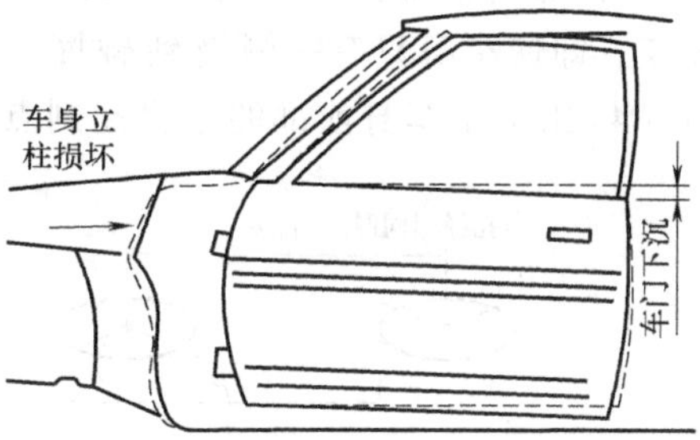

图 6-45　车身钣金件的错位缝隙

对于遭受猛烈的前部碰撞，应检查前风窗玻璃立柱和车门窗框前上角区域之间的缝隙是否增加，比较左、右两侧。该缝隙增加是前围板向上运动推动立柱向上移动的一个标志，它表明车顶盖可能已损坏。

检查外板是否翘曲，严重碰撞通常会导致车顶盖在中心向后翘曲。如果车辆有天窗，则应检查开口拐角处是否弯曲。外嵌板挠曲是结构嵌板内发生了二次损伤的标志。检查位于后轮挡泥板上和后车门后面的后立柱是否开裂和挠曲。还要检查后车门柱下的后翼子板是否挠曲，以判断后车身横梁是否已弯曲。

开启发动机舱盖和行李舱盖，检查漆面是否存在油漆褶皱，覆盖焊点的保护层是否开裂。还应注意观察嵌板焊接处，变形和撕扯将拉伸焊缝周围的金属件，造成油漆松散。

（3）损伤的测量

1）测量工具及原理。二次损伤部位可使用钢卷尺和滑规式测量尺（图 6-46）进行测量，滑规

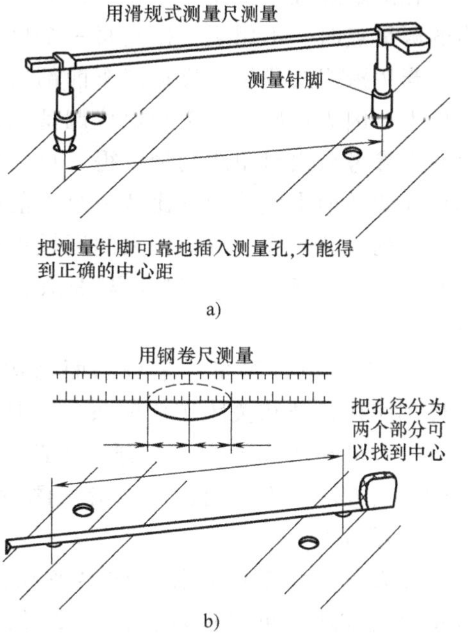

图 6-46　测量示例

式测量尺一次只能测量一个尺寸。测量值必须记录并通过另外两个控制点进行互相校核，其中至少一个为对角线测量值。滑规式测量尺最恰当的测量区是悬架上的附件和机械零部件的装配点，因为它们对校准至关重要。

车身尺寸应利用车辆的控制点测量。大部分控制点是车辆结构件上的孔，尺寸就是中心点到中心点的距离（图 6-46）。当两孔孔径相同时，测得的孔同侧边缘之间的距离即中心距；当孔径不同时，可先测内边缘之间的尺寸，再测外边缘之间的尺寸，将两个测量结果相加后除以 2，即中心距，如图 6-47 所示。

在用滑规式测量尺测量时，可以根据和车身造型相同的未损坏车辆的相应尺寸作为正确的出厂尺寸。通常，如果车辆只有一侧损伤，则可以用未损伤的另一侧作为标准尺寸。

2）车身前部测量。当车身前部因碰撞损伤时，应测量前部钣金件的尺寸以确定损伤的程度。即使车身只有一侧受到碰撞，另一侧通常也会损伤。因此，必须测量变形的程度。图 6-48 给出了车身前部的主要控制点，一般可从维修手册中查询。

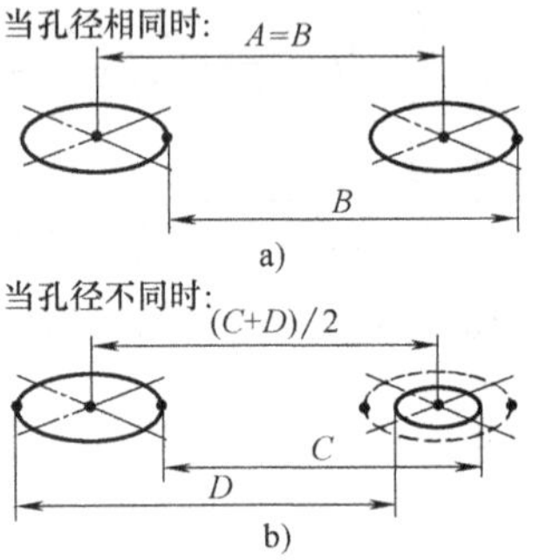

图 6-47　孔中心距的测量

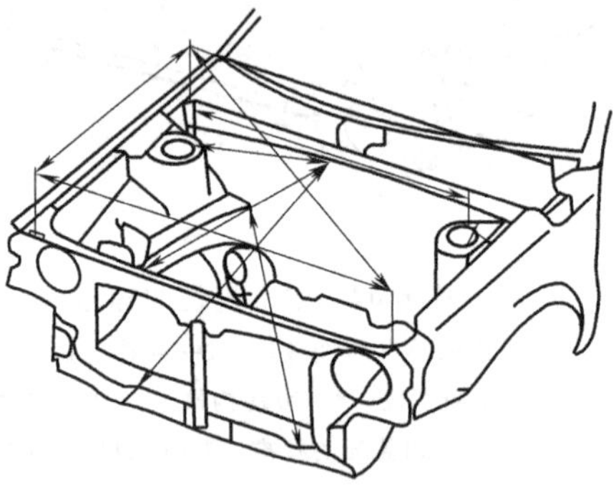

图 6-48　车身前部测量

在测量过程中要注意检查对称的尺寸。对称是指测量点相对中线是相等的。当车辆有对称的测量点时，不用逐一检查每一个尺寸，只需测量规定的几个测量点。

当用滑规式测量尺检查汽车前部尺寸时，测量点的区域最好选在悬架系统装配点和机械构件上，因为这些点对正确定位调整至关重要。每个尺寸应用两个参考点进行校验，其中至少一个参考点由对角线测量获得。尺寸越大，测量就越准确。例如，从发动机下前围区到发动机托架的前支座的测量比从一个下前围区到另外一个前围区测量得到的结果更准确，因为比较大的尺寸是在车辆比较大的区域中得到的。每个控制点应测量两次或多次，以保证得到的数据比较准确，并有助于识别嵌板损伤的范围和方位。

3）车身侧部测量。车身侧面结构的任何损坏和变形都能在打开和关闭车门时发现。应注意因变形位置不同而可能造成的漏水问题。因此，一定要采取正确的测量方法。主要用追踪式滑规测量尺来测量车身侧板（图 6-49）。

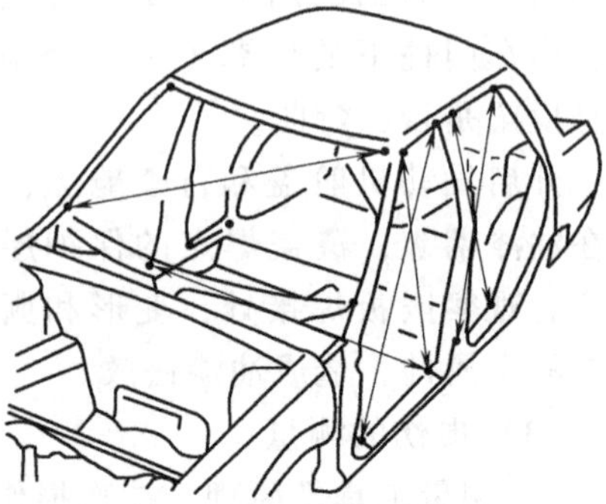

图 6-49　车身侧部测量

如果车身（零件安装孔或参考孔）左、右对称，测量对角线通常可发现是否存在变形，如图 6-50a 所示。如果缺少发动机舱和车身下部的数据，或者没有车身尺寸图或车辆在翻车中严重损坏，则可以使用这种测量方法。

车辆的两侧都受到损伤或发生挠曲时，对角线测量法就不适用了，因为左、右对角线尺寸有差别（图 6-50b）。如果左边和右边的损伤一样，显然左、右对角线尺寸差也不会明显（图 6-50c）。如图 6-51 所示，也可测量并比较左侧和右侧的长度 yz 和 YZ，可以更好地说明损伤情况（此方法应与对角线测量法同时使用）。这个方法可以应用于左侧和右侧零部件对称的情况。

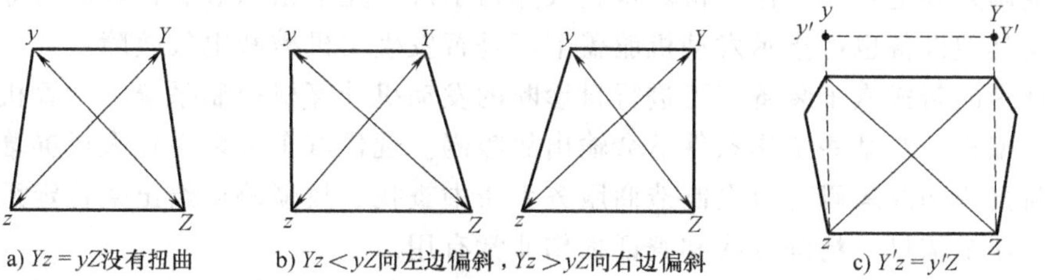

a) $Yz=yZ$没有扭曲　　b) $Yz<yZ$向左边偏斜，$Yz>yZ$向右边偏斜　　c) $Y'z=y'Z$

图 6-50　对角线测量法测量车身侧板

4）车身后部测量。当打开和关闭行李舱盖时，车身后部的任何损伤都可以通过外形情况和是否对称粗略地加以评估（例如拍摄照片）。由于变形位置可能漏水，因此必须采用正确的测量方法（图 6-52）。此外，后底板的皱褶通常由后边梁扭曲所致。因此，车身下部和车身后部均应测量，这样才能高效地进行矫正作业。

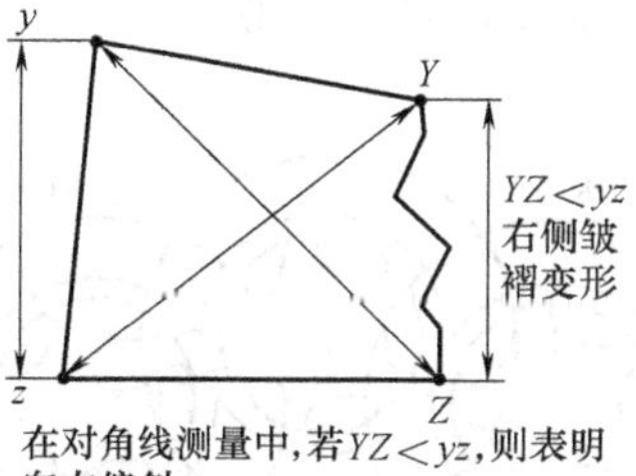

在对角线测量中，若$YZ<yz$，则表明向左偏斜

图 6-51　测量比较侧板尺寸

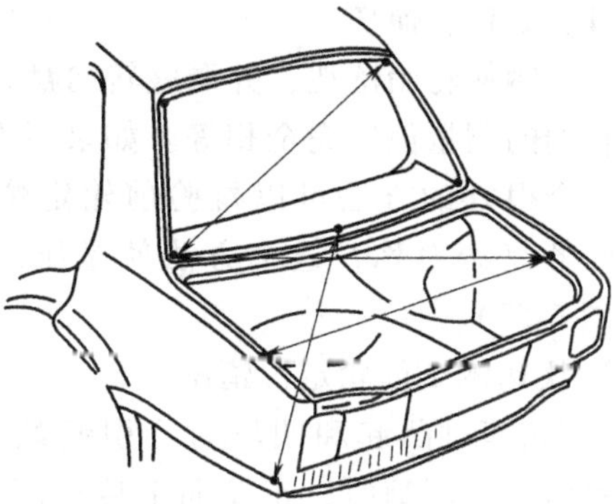

图 6-52　车身后部测量

使用滑规式测量尺时，必须注意下列几点。

① 测量点应为车辆上的装配点，例如螺栓、螺塞或孔。

② 点到点的测量是两点间的实际测量尺寸。

③ 滑规杆应该与车身平行，要求把滑规式测量尺的测量针脚设定在同一高度位置。

当发现测量值与维修手册中的标准值不一致时，就需要对该部分进行修理或更换，并对测量差值进行更进一步的分析。

3. 机械损伤区（区域 3）

完成车身一次损伤和二次损伤的检查后，评估员应该把注意力集中到机械损伤区（区域 3）。如果车辆在正面碰撞中已损伤，则应检查发动机舱盖下的散热器、风扇、动力转向助力泵、空气滤清器、发电机、蓄电池、活性炭罐、风窗玻璃刮水器储液罐以及其他机械零件及电气元器件是否已损坏。检查液体是否泄漏，带轮和传动带是否不对正，软管和线束是否错位以及是否存在凹痕和裂痕等损伤迹象。

根据碰撞严重程度，发动机和变速器也可能会发生损伤。若有条件则应起动发动机，并使发动机暖机至正常工作温度。将车辆轮胎举升离开地面，使发动机在各档运行，注意是否存在任何不正常的噪声；如果汽车装备手动变速器，则应检查换档和离合器操作是否平顺。观察节流阀、离合器接合、变速器等传动杆件是否存在干涉现象。

打开空调并确定是否工作正常。检查故障指示灯、充电指示表、机油压力等。发动机自检指示灯及其他设备也可指示发动机舱盖下面是否发生了机械和电气故障。

越来越多的新式汽车装备了可进行自诊断的发动机计算机控制系统。计算机系统中的自诊断电路已编程，在某些工作条件下会输出故障码。现代汽车可以在仪表板屏幕上显示故障码。自诊断指令和故障码可以在制造商服务手册中查找。故障码可给出某特定系统所发生的故障信息，这个信息对精确寻找和查证损伤非常有用。

机械损伤有时不是由直接碰撞造成的，而是二次损伤的结果。发动机和变速器均具有很大的质量，在碰撞过程中，它们的位移可能会很大，从而造成附件和车身下部其他零部件的损伤。因为传动系统几乎能够复原到其原始位置，因此其二次损伤有时不会立刻引起注意。

在检查发动机舱盖下零部件的情况之后，举升车辆并用支架支承车辆。然后依次检查转向系统零部件和悬架系统零部件是否弯曲，制动软管是否弯折，制动管、燃料管以及接头是否泄漏。检查发动机、变速器、差速器、齿轮齿条转向器或转向齿轮箱以及悬架滑柱是否泄漏。

将转向轮从一端转到另一端并检查是否存在卡阻和噪声。转动车轮以检查它们是否有偏摆、切口、划伤和撞伤。

放下车辆使轮胎落地，并调整转向盘，使车轮摆正。测量车辆前轮毂到后轮毂的距离。左侧和右侧的测量值应完全相等。如果不等，说明转向或悬架零部件已损伤。

有一个很好的方法可以检验前轮定位及齿轮齿条转向器是否对称，这个方法就是压缩—回弹试验（图6-53）。

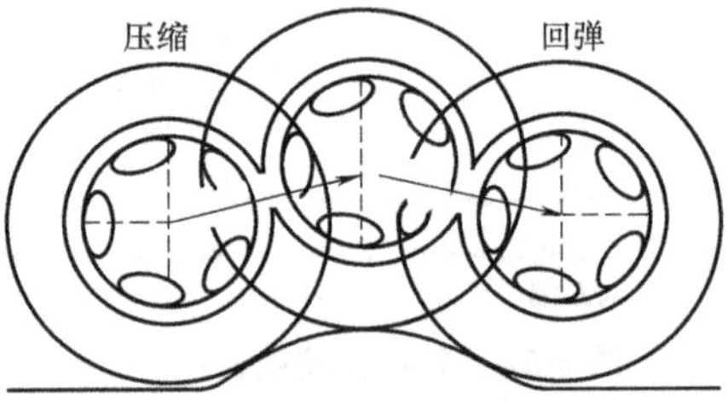

图6-53　压缩—回弹试验

（1）快速测试前轮定位情况

1）车轮滚过凸起和凹坑时会引起颠簸振动，导致车轮压缩。压缩时，车轮向上接近底盘移动。可通过向下压翼子板的方法模拟压缩。注意汽车的两侧要给予同等压力。

2）车轮滚过洼地或从凸起状态恢复原位会引起回弹。回弹时，车轮向下移动，远离底盘。可以用举升车辆挡泥板的方法模拟回弹。注意汽车的两边要给予同等的力。

（2）检查车辆齿轮齿条转向器是否存在不对正现象　为了进行快速检查，可松开转向盘并观察它是否随压缩回弹运动过程转动。检查前可用粉笔或其他记号笔在转向盘或轮胎上做记号，检验人员做压缩回弹试验时需观察转向盘或轮胎左右转角是否对称，从而判断转向系统是否有问题。一般只需观察左右差距是否较大就可确定转向及悬架是否损伤。

4. 乘员舱区（区域4）

乘员舱损伤可能是碰撞造成的直接结果，例如侧面碰撞。内饰和配件的损伤也可能是由车厢内的乘员或物体造成的。

从碰撞接触点开始检查。如果碰撞造成围板或车门柱损伤，那么这些损伤就可能波及仪表板、加热器芯、收音机、电子控制模块、气囊等。

检查转向盘是否损伤。检查其固定硬件、倾斜和伸缩特性、喇叭、前照灯、转向信号开关、点火开关和转向盘锁。将车轮指向正前方并保证转向盘处于正中的位置。如果转向盘是吸能型的，则应确定它没有被压溃。

检查把手、变速杆、风窗玻璃和内饰是否损伤。打开再关上并锁上门锁，检查它是否被撞歪。检查制动踏板是否弯曲、卡滞或软绵无力。移开地毯并检查底板和底壳上的铆钉是否松动和焊缝是否开裂。

检查座椅是否损伤。在从前向后的碰撞中，乘员身体因被安全带约束在座椅上可能造成对座椅调节器和安装硬件的损伤。在后部碰撞中，座椅铰链点可能被损伤，应检查座椅调节器的整个行程，以确定其是否完好。

检查车门是否损伤。扶手、内饰板和门内板可能因乘员碰撞损伤。如果碰撞发生在侧面，则门锁和窗户调节器可能已损伤。在前部正面碰撞中，车窗玻璃可能完全损伤并脱落，这时应返回检查是否存在卡滞和干涉现象。摇低车窗，确定车窗与车门平行。确定所有的配件，如电子门锁和防盗系统、车窗控制器、中央控制门锁和后视镜控制器的工作是否正常。

检查乘员约束系统。如果汽车装备了被动约束系统，则应确定安全带收紧和释放是否完全自如，有无黏滞或滞后现象。检查座椅安全带锁紧装置是否安全可靠。确定主动约束系统中的腰带和肩带是否容易扣紧和解开。确定卷收器、D 形环和卡环是否损伤。有些座椅安全带有拉紧感应标签。如果在碰撞中使用了安全带而且安全带的张紧力超过设计极限，则标签破裂。标签破裂的安全带必须予以替换。

5. 外饰和漆面区

在彻底检查车身、零部件、内饰和配件之后，再环绕汽车转一圈并列出饰件、模件、车顶盖维纶材料、漆面、轮罩、示宽灯和车身其他配件的损伤。

接通车灯并检查前照灯、尾灯、转向信号指示灯和闪光灯。由于碰撞造成的振动经常会导致灯丝损伤，尤其当碰撞发生在车灯亮着时。

如果漏检了区域 1 或区域 2 的减振器，则应该检查它们。检查装饰板和防尘罩是否开裂、碰撞吸能器是否遭受碰撞或是否泄漏以及橡胶缓冲垫是否损伤。

仔细地检视漆面情况。记下哪一块嵌板需要进行表面修整并列出特殊的修复措施，如浅色涂料、软化塑料零件和表面除锈。嵌板轻度损伤可能仅仅需要喷漆修复。有些修理可能需要喷涂一块或更多的嵌板。不管哪一种情况，都要花费时间进行调漆，使新的面漆与车身上未损伤部分的颜色一致。严重损伤或油漆老化的车辆可能需要全部重新喷漆。

任务三 了解车辆维修工时费用的确定

一、损伤评估流程注意事项

1. 确认碰撞细节

了解事故信息，确认客户要求、维修方式、维修费用、交车日期（零件）。

确认碰撞细节可以帮助估损人员快速准确评估事故车损伤程度，帮助估损人员开展有针对性的损伤评估。

2. 车辆检查（图 6-54）

确定当前碰撞导致的受损部位；检查车辆外观；确认维修部位（内部损伤判定）；检查贵重物品和行李；必要时征询客户，授权后进行拆解定损。

注意车辆检查的重点事项，如板件间隙的检查，沿撞击能量传递路径检查，对内部可能受损的区域进行拆解。

3. 制作报价单（图 6-55）

报价单用途：零件订购依据，确定维修项目，车主/保险公司与经销商的维修合同依据，事故车维修报告依据，质保依据。不准确的估损会对后续工作产生影响。

图 6-54 车辆检查

图 6-55 制作报价单

4. 确认报价单（图 6-56）

由于报价单的合同性质，客户确认签字后不可随意更改，所以要尽量避免漏估、少估情况的发生。

5. 维修进程跟踪

维修过程中若钣金技师发现有需要追加的项目，应立即通知服务顾问；在确认取得客户授权后才可以更改维修项目；定损单作为商业合同，不可单方面对维修项目进行更改。

6. 维修结果说明（交车）

维修后终检，必须全面检查车辆状况，确保后续交车程序可以顺利进行。事故车估损会对后续服务流程产生影响，清楚明了的报价单有助于服务顾问与车主顺利交接。

二、事故车损伤评估原则与技巧

1. 事故车估损原则

根据钣金事故车估损原则（图 6-57），需要对损坏程度进行准确诊断才可拟定恰当的维修计划。所有车身维修都必须遵照车身维修手册中的指南进行。车身维修时必须考虑车身稳定性和强度特性。任何维修作业都不能改变车身原有的应力集中区（或碰撞吸收区）和强度加强区，确保车身性能不受维修作业的影响。例如，碰撞吸收区吸收大部分碰撞能量，如果在这些地方使用非专业维修技术或方法，会对车辆安全造成根本性威胁。

估 损 单

JAGUAR　LAND ROVER

电话________　传真________　日期　年　月　日

车架号码		车型		工单号码	
车牌号码		传真号码		单号	

序号	工作项目描述	工时	配件名称	配件号码	数量	配件单价	配件总价	配件有货/无货	预留/订件/更换	备注

工时价格（含税）		配件价格(含税)		总价（RMB）		预计作业时间	

技师签名	检验员签名	配件部签名	服务顾问签名

客户签名		备注		预计到货日期	
日期				实际到货日期	

定金支付情况				SA配件到货确认及客户通知		
付款金额		收银员签名及盖章		配件到货确认	第一次通知客户	
付款日期					第二次通知客户	

所需配件全款付清后，方可预留及订货。
未经客户的审核及批准前，所需的配件不予以更换。
O-Oder 订货　NA-Not Available 无货　AV-Available 有货　C-Change 更换　R-Reserve 保留

图 6-56　确认报价单

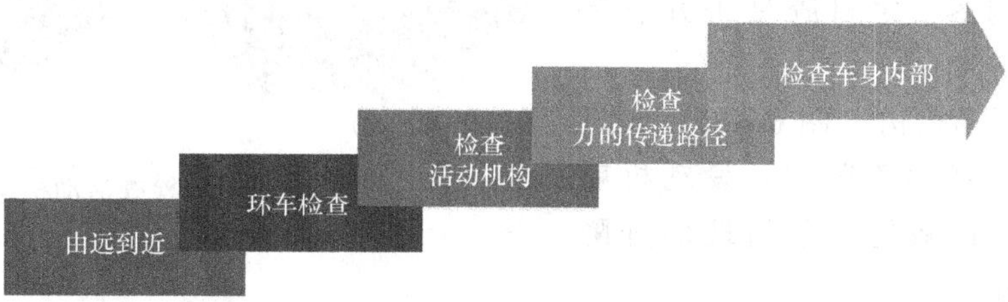

图 6-57　钣金事故车估损原则

2. 钣金事故车估损技巧

（1）由远到近　远处观察车身形状，判断损坏是否使内部结构产生了移动、变形。如果结构变形比较明显，应进行拆检。如果有漏油、漏液现象，或损伤部位可以直接看到内部机电维修部件，估损后应交由机修人员继续进行估损报价。如果明显变形区域涉及机电维修部件（图6-58），估损后应交由机修人员继续进行估损报价。如果结构没有变形，悬架没有损坏，但不确定车身尺寸是否变形，应使用四轮定位仪检查车身定位情况。如果不确定内部机电维修部件是否损坏，应继续拆检判断是否需要机电维修报价。

图6-58　损伤变形区域涉及机电维修部件

（2）环车检查（图6-59）　如果没有变形迹象且车身定位没有问题，则专注于局部损坏部位是否需要维修、更换。检查包括：面板是否错位，是否存在面板间隙，车外装饰面板是否出现应力变形迹象，外部面板是否需要维修或更换。

在检查损伤部位时，可遵循以下原则：由外至内，由下到上，由乘员舱到吸能区，如图6-60所示。

a)　b)

图6-59　环车检查

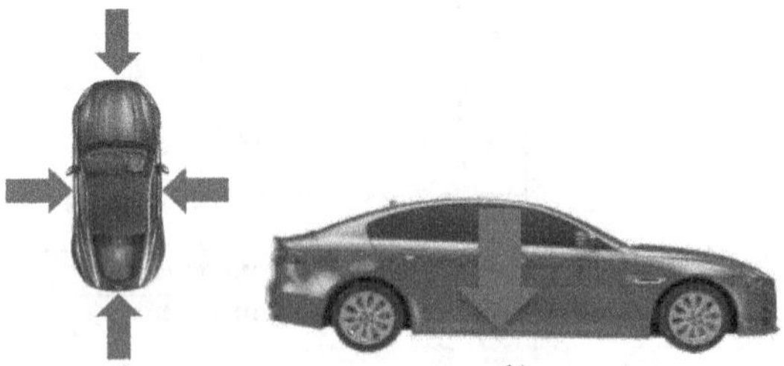

a)　b)

图6-60　由外至内、由下到上检查

除检查外部损坏（如油漆剥落等迹象）外，更重要的是检查是否存在无法从外观上看出的隐性车身损坏或变形。常常需要拆下大尺寸连接件（如保险杠和内挡泥板），以便精确评估车身底部零部件的损坏情况。

环车检查时应注意：车门打开是否顺畅，车身钣金件缝隙是否改变；必要时需要拆开橡胶条等附件，检查焊点是否开裂，油漆是否剥落，密封胶是否开裂等情况。

a)　b)

图6-61　检查活动机构

（3）检查活动机构（图6-61）　常见的活动机构，包括但不限于：发动机舱盖，行李舱，车门铰链，车门玻璃升降器，车门锁机构。

变形范围波及的活动机构，需要仔细检查确认活动组件功能完好。

检查发动机舱盖、行李舱盖开闭功能，车门开闭功能，车窗升降功能。车门受损时若玻璃处在升起状态，需要仔细检查确认玻璃升降器有无受损及其功能是否完好，还需检查刮水器功能、前照灯清洗功能等。

（4）检查力的传递路径　检查力的传递路径范围的损坏，包括但不限于：板件变形，缝隙改变，焊点开裂，密封胶开裂。

注意：车辆部件如驱动轴和拖车连接件会传送力。如果车辆发生后部碰撞，则应全面检查所有连接车身的零部件和机械部件。力的传递路径如图 6-62 所示。

（5）检查车身内部（图 6-63）　检查车身内部可能受到碰撞的位置，包括但不限于：仪表板，内饰，风窗玻璃，座椅。检查所有可能受到二次损伤的位置。

图 6-62　力的传递路径

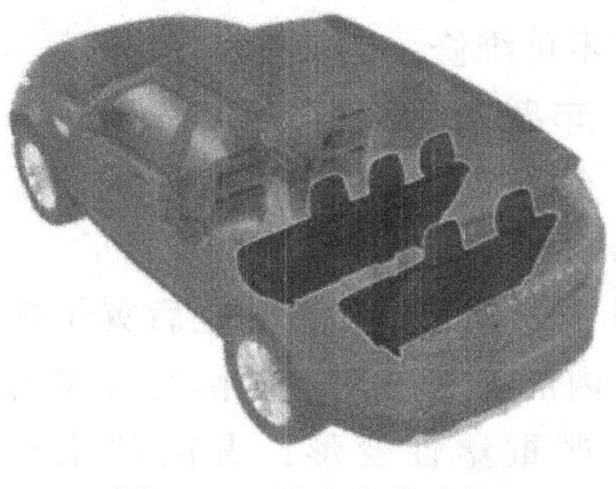

图 6-63　检查车身内部

三、车身钢材料维修更换标准

1. 车身钢材料维修工艺

车身钢材料认可的维修工艺见表 6-1。

表 6-1　车身钢材料认可的维修工艺

钢材种类	整形	缩火	校正拉拔	MAG	电阻点焊	MIG 硬钎焊
低碳钢	√	√	√	√	√	√
高强度钢			√	√	√	√
极高强度钢			√	√	√	√
超高强度钢					√	√
极超高强度钢					√	√

2. 激光焊接部位

通过激光焊接可将不同厚度、强度和涂层的薄钢板接合到一起的是拼焊板，其激光焊接部位不可维修。如图 6-64 所示，A 部位的强度为 260MPa，B 部位的强度为 600MPa，C 部位为激光焊接。

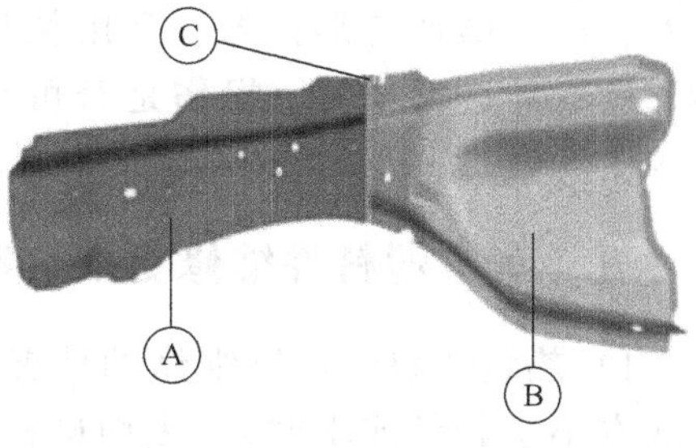

图 6-64　拼焊板

四、车身铝合金材料维修更换标准

1. 车身铝合金材料维修工艺

车身铝材料认可的维修工艺见表 6-2。

表 6-2　车身铝合金材料认可的维修工艺

	6000系	5000系	高压压铸（HPDC）铝
材料描述	镁/硅/铝合金	有镁含量的铝合金	
可维修性	是(仅限轻度损坏)	注意： 是(仅限轻度损坏,有限的矫直是可以接受的)	不可维修
维修过程中加热	是(小心材料对热敏感) 范围:140℃	是(必须加热,以保持原始合金的特性) 理想面板温度:250℃	不可维修
注意：	设备:热风枪。使用温度贴纸来监测温度	设备:热导流器,如图6-65所示。使用温度贴纸来监测温度	高压铸铝虽然强度较高,但是极易开裂

铝合金维修工艺复杂，并且多数情况下不可维修，建议更换。

2. 车身维修案例分析

图6-66所示损伤情况是外观件开裂，铝制材料。建议更换。

图6-67所示损伤情况是后翼子板后部，内部无法触及；损伤为尖锐的划痕，严重塑性变形；无法利用粘耳、拉拔器、撬棒等工具进行修复。损伤是否可维修？结论：建议更换。

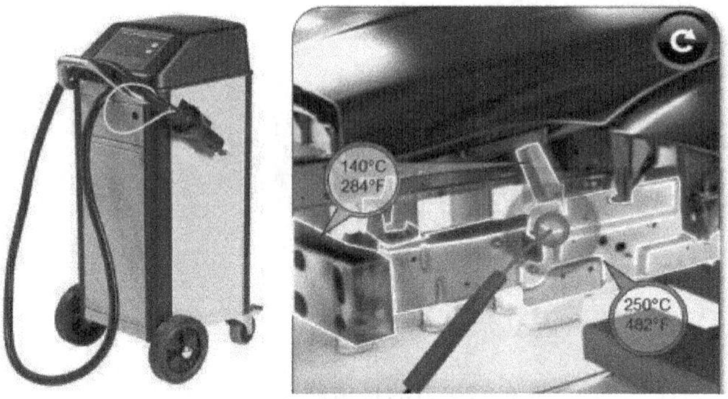

a) 热导流器　　b) 热导流器加热示意图

图6-65　热导流器加热应用

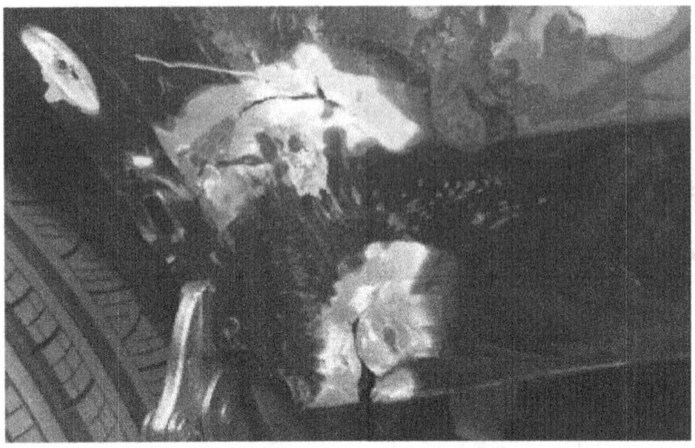
图6-66　铝合金板件开裂

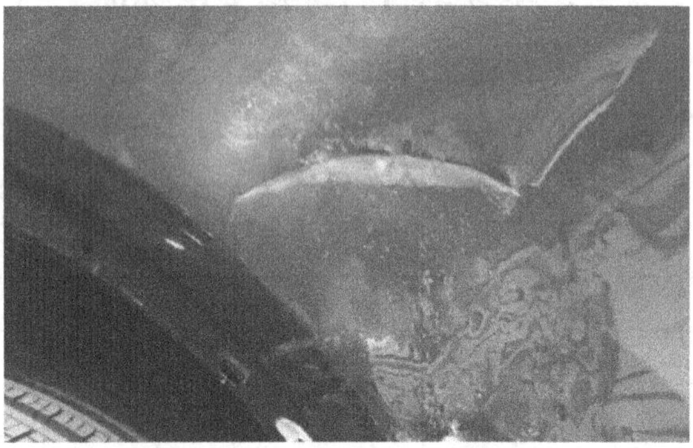
图6-67　板件表面尖锐划痕

图6-68所示损伤情况是边缘位置，内部无法触及；严重塑性变形；无法利用粘耳、拉拔器、撬棒等工具进行修复。损伤是否可维修？结论：建议更换。

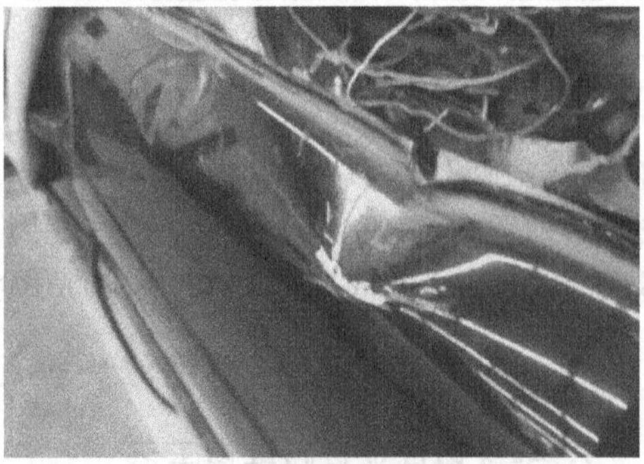
图6-68　板件边缘严重塑性变形

五、车身塑料件维修更换标准

1）热塑性塑料可以维修的情况：变形（维修成本小于新件成本时），表面破损，小面积破损、开裂（胶粘），如图6-69所示。

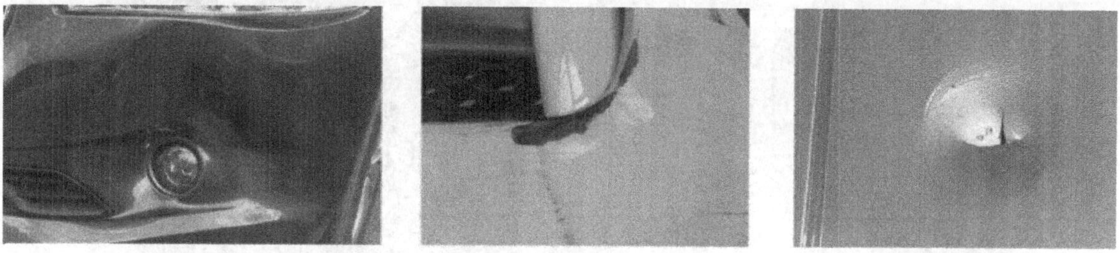

a) 变形　　b) 表面破损　　c) 轻微开裂(胶粘)

图 6-69　热塑性塑料可以维修情况

2）热塑性塑料不可维修的情况：边角破损，断裂，大面积破损，如图 6-70 所示。

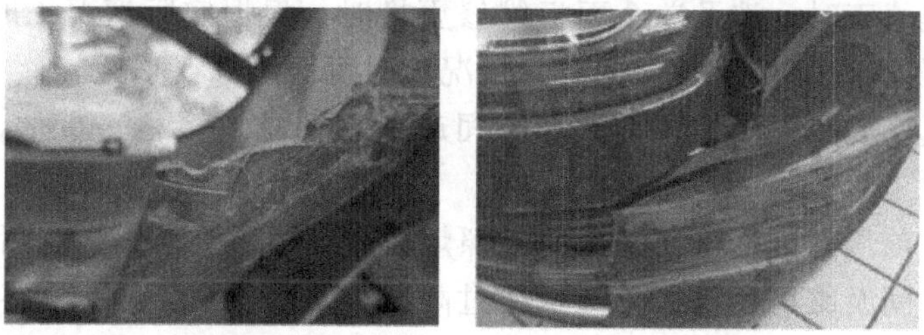

a) 边角破损　　b) 严重开裂

图 6-70　热塑性塑料不可以维修情况

3）热固性塑料可以维修的情况：表面划伤，表面破损（有专业工具时），如图 6-71 所示。

a) 表面划伤　　b) 表面破损

图 6-71　热固性塑料可以维修情况

4）热固性塑料不可以维修的情况：破裂，破洞，如图 6-72 所示。热固性塑料除了表面轻微划伤，其他损伤类型无法维修，建议更换。

维修成本过高时建议更换车身塑料件。

当新件成本大于维修成本+材料成本时，在无法提供新件或者车辆维修期间无法提供新配件时，建议进行维修。

六、工时计算

1. 工时简介

工时定额以十进制小时数给出，1 工时等于 1 小时。根据实际售后维修情况，在车身维

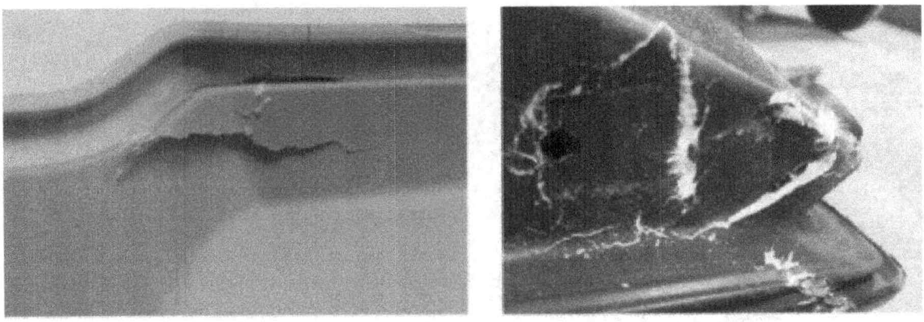

a) 破裂　　　　b) 破洞

图 6-72　热固性塑料不可以维修情况

修手册中给出了建议工时，涉及单个面板维修更换时，根据实际情况工时可增加 0.3 小时，涉及多个面板/部件维修更换时，根据实际情况工时可增加 0.5 小时。

1）估损难点。估损难点主要有保险公司政策，漏估、多估、少估，维修时涉及的材料、配件、工项、工时。

如保险公司在前照灯理赔方面，规定前照灯只有 2/3 以上的固定点断裂才赔付。多估会造成较多的作业时间及维修项目，导致费用过高，客户信任度降低，最终导致收入下降。漏估、少估会造成因相关零件缺少、再订购导致的作业中断，同时向客户索要追加零件的费用也十分困难，最终会导致客户信任度降低，收入下降。如维修前风窗玻璃时要考虑维修工具，以及被破坏的玻璃胶条、玻璃胶、吸盘等。

2）维修工时包括的内容。维修工时主要有钣金工时、喷漆工时、机修工时和其他工时，具体如图 6-73 所示。

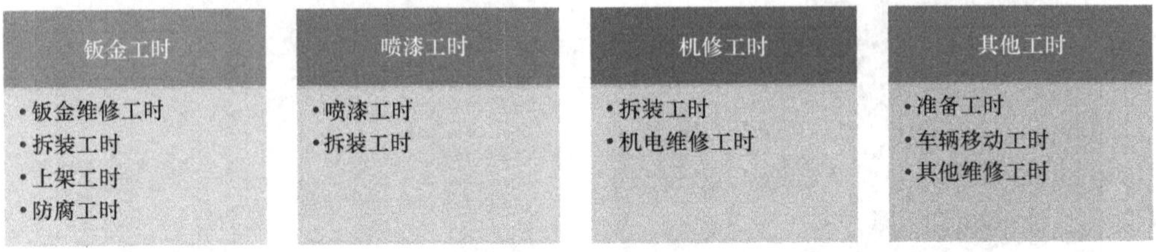

图 6-73　维修工时

2. 工时查询

可在车身维修手册中找到建议工时，或者在车身维修网络平台上找到建议工时，如捷豹路虎品牌的建议工时可通过登录捷豹路虎网络平台 TOPIx（topix. landrover. jlrext. com/）查询，如图 6-74 所示。登录 TOPIx，在 RTS（维修工时）功能里可以查询拆装及喷漆工时，如图 6-75 所示。

以 2018 款路虎极光 5 门款机罩面板整块喷漆工时查询为例，如图 6-76 所示。登录 TOPIx 后，切换经销商，选择“路虎”，部分选择“79-油漆重新抛光”，元件选择“发动机罩”，运行选择“相应维修工艺”。2018 款路虎极光 5 门款机罩面板整块喷漆工时查询结果，如图 6-77 所示。

2018 款路虎极光 5 门款喷漆工时见表 6-3。其他车型因材料与设计不同，相同部位喷漆工时可能有较大差异，请以 RTS 查询结果为准。

图 6-74　捷豹路虎网络平台 TOPIx

图 6-75　TOPIx 中 RTS

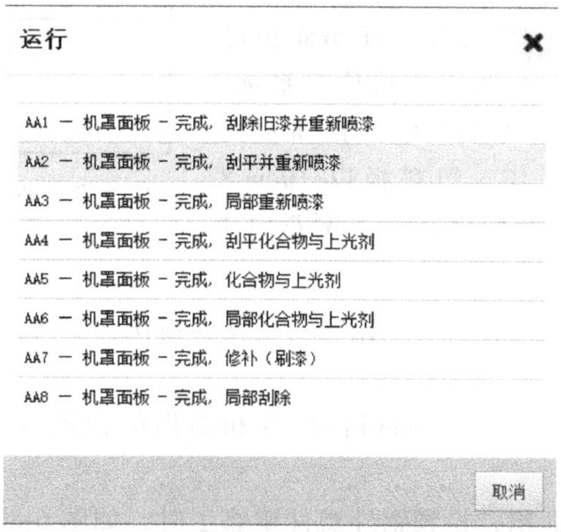

图 6-76　2018 款路虎极光 5 门款机罩面板工时查询

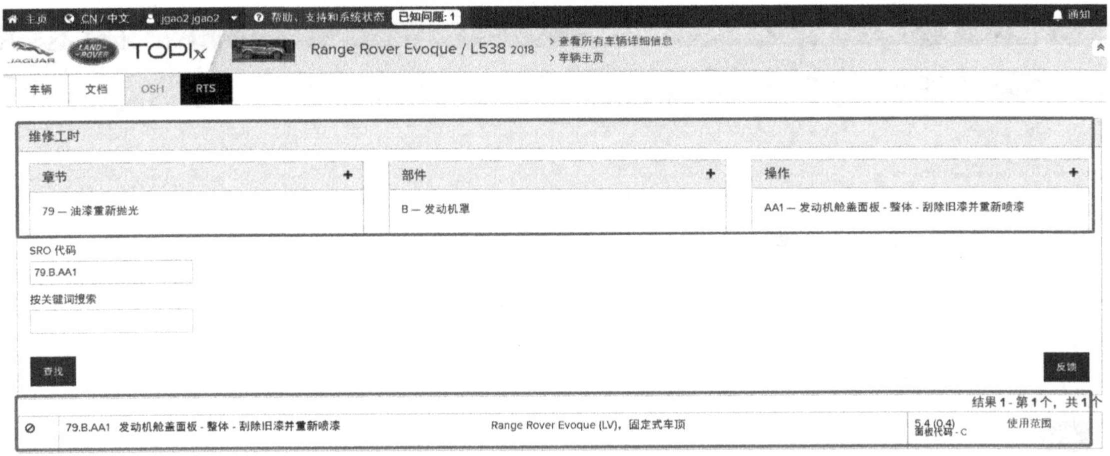

图 6-77　2018 款路虎极光 5 门款机罩面板整块喷漆工时查询结果

表 6-3　2018 款路虎极光 5 门款喷漆工时

部位	工时/h	部位	工时/h
车顶	5.7	发动机舱内部	0.6
发动机盖板	5.4	发动机盖板内侧	0.6
尾门	3.8	发动机盖锁扣	2.8
前门	3.5	油箱盖	1.7
后门	2.9	后视镜	1.9
前翼子板	2.4	门把手	2.0
后翼子板	2.5	保险杠下部面板	2.2
前保险杠	4.8	后保险杠	4.1

3. 外观件维修工时计算

可根据损伤面积、变形程度、损伤位置等因素综合计算外观件维修工时。

（1）损伤面积　为了方便计算，损伤面积可以通过四舍五入快速计算。如果有翱特估损系统，可直接输入维修面积。为了方便判断损伤面积大小，可以用透明塑料板制作。塑料板以 10cm×10cm 的方格辅助判断，如图 6-78 所示，测量时 1 个方格代表 100cm^2。

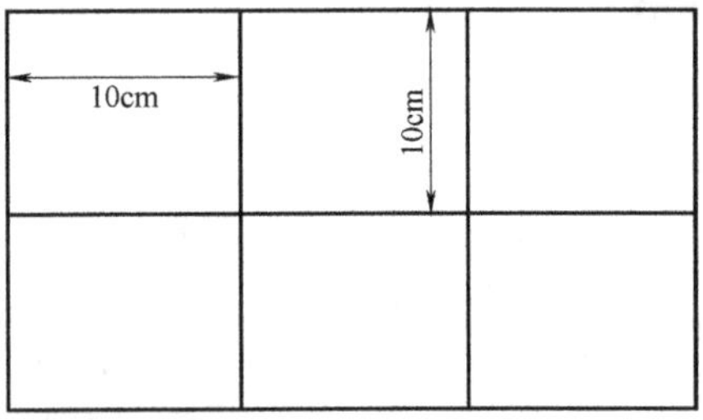

图 6-78　透明塑料板制作方格示意图

为了确定外观件维修用时，需要根据损伤程度和损伤位置决定外观件维修等级，不同维修等级对应不同维修工时。

（2）损伤程度和损伤位置　按照损伤程度和损伤位置进行维修等级划分，如图 6-79 所示。

结合维修等级和受损面积，得到钢外观件维修工时，如图 6-80 所示。

注意：维修费用>新板件费用时建议进行更换。例如：一辆车右前车门剐蹭，需要外观

轻度损伤：
轻微划痕
小凹坑

中度损伤：
明显拉伸的损伤
伤及筋线位置
损伤处背面难以触及

重度损伤：
边角部位损伤
存在褶皱，严重拉伸延展

图 6-79　损伤程度和损伤位置等级划分

件维修，经损伤评估，维修等级为重度损伤。计算过程：车门新件价格 8700 元，维修价格 9000 元，9000 元>8700 元，结论：建议更换新车门。

备注：图 6-79 所示维修工时仅在没有翱特系统等定损系统参考时作为建议工时的参考标准，具体情况请以估损系统为准。

4. 工时计算案例

（1）钢外观件工时计算　损伤面积为 100cm²，平面位置，轻度损伤，如图 6-80 所示。根据综合损伤程度判断板件维修等级为轻度。对照建议工时表（图 6-81）维修工时：0.6h。

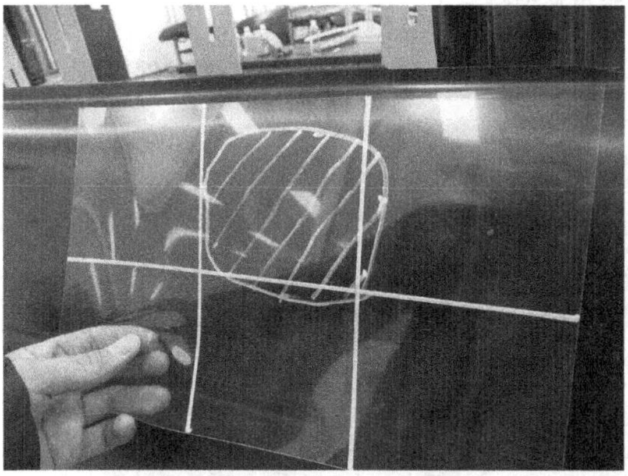

图 6-80　平面位置轻度损伤

受损面积/100cm²	维修等级		
	轻度	中度	重度
1	0.6	0.8	0.9
2	0.8	1.0	1.4
3	0.9	1.3	1.7
4	1.0	1.4	1.9
5 ～ 6	1.2	1.5	2.1
7 ～ 8	1.4	1.7	2.3
9 ～ 10	1.7	1.9	2.5
11 ～ 14	2.4	2.7	3.0
15 ～ 18	3.1	3.1	4.3
19 ～ 22	3.5	4.3	4.5
23 ～ 26	4.3	4.5	5.8
27 ～ 30	4.3	5.3	6.0
31 ～ 40	5.1	6.4	7.6

图 6-81　钢外观件维修工时（单位：h）

损伤面积为 100cm²，筋线位置，中度损伤，如图 6-82 所示。根据综合损伤程度判断板件维修等级为中度。对照建议工时表维修工时：0.8h。

损伤面积为 100cm^2，边角位置，背部难以触及，无法维修，如图 6-83 所示。根据综合损伤程度判断：建议更换。

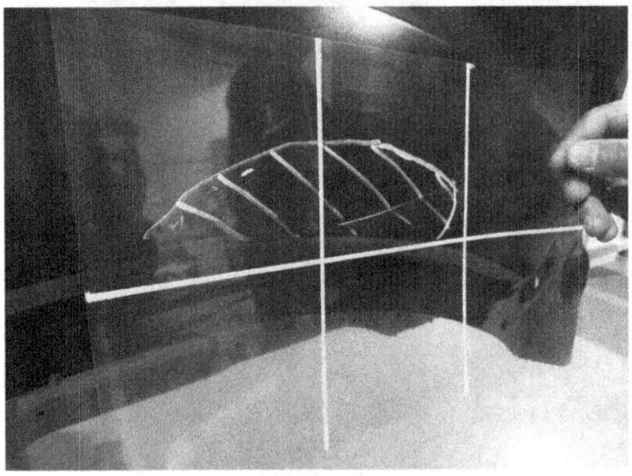

图 6-82　筋线位置中度损伤

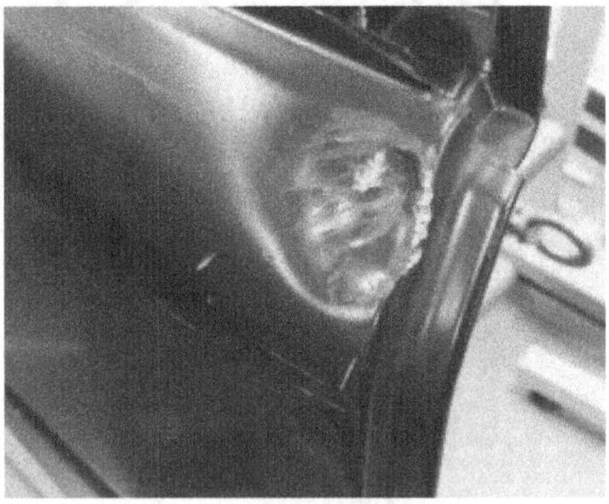

图 6-83　边角位置重度损伤

（2）铝合金外观件工时计算　铝合金板材容易断裂，可反复加工的能力较差，以下情况建议更换：损伤区域大面积变形且存在褶皱时，边角位置变形且损伤处背部不易接触时，如图 6-84 所示。

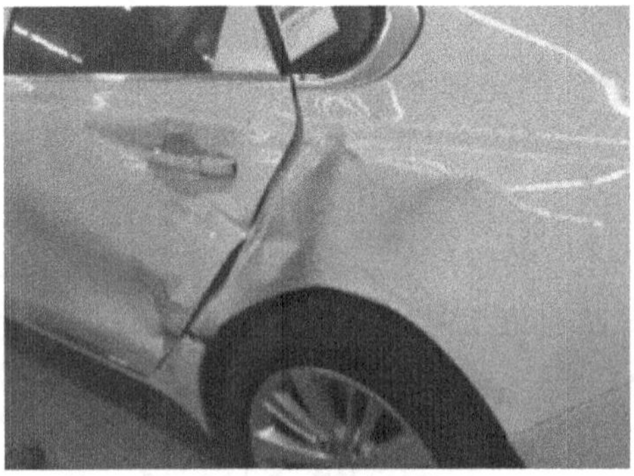

a) 大面积变形且存在褶皱

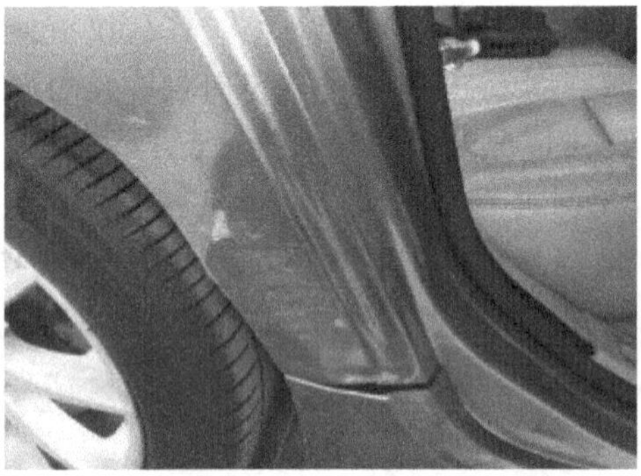

b) 边角位置变形且损伤处背部不易接触

图 6-84　铝合金板材需更换的情况 1

采用不当方式进行维修可能会影响材料强度及车身防腐，严重塑性变形或板件破损开裂时必须更换，如图 6-85 所示。

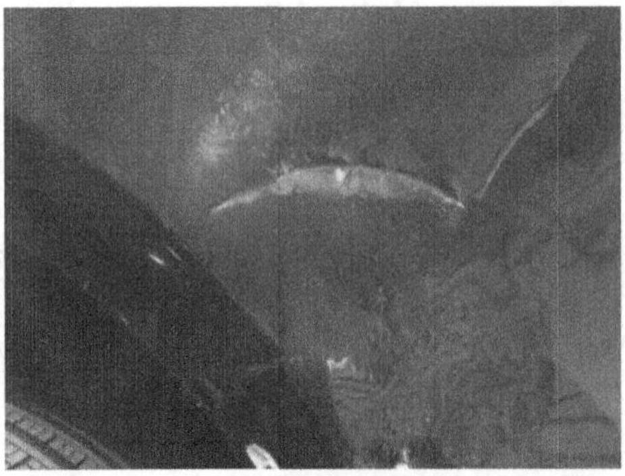

a) 尖锐划痕(严重塑性变形)

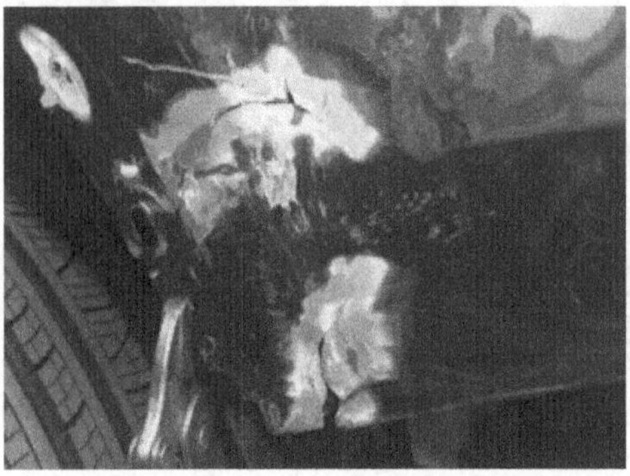

b) 板件开裂

图 6-85　铝合金板材需更换的情况 2

整体来看，铝合金外观件的维修工时和钢外观件基本相同。铝合金板材维修工时如图 6-86 所示。铝的可维修性较差，虚线框内为建议维修区域。建议维修面积最大在 400cm^2 左右，只有维修等级为轻度损伤时建议维修。

铝合金板材更换成本较高，边角和筋线位置轻微损伤时，可以采用补铝金属腻子的方式进行填充整形，如图 6-87 所示。补铝金属腻子维修建议工时见表 6-4。

受损面积/100cm^2	维修等级		
	轻度	中度	重度
1	0.6	0.8	0.9
2	0.8	1.0	1.4
3	0.9	1.3	1.7
4	1.0	1.4	1.9
5 ～ 6	1.2	1.5	2.1
7 ～ 8	1.4	1.7	2.3
9 ～ 10	1.7	1.9	2.5

图 6-86　铝合金板材建议维修工时（单位：h）

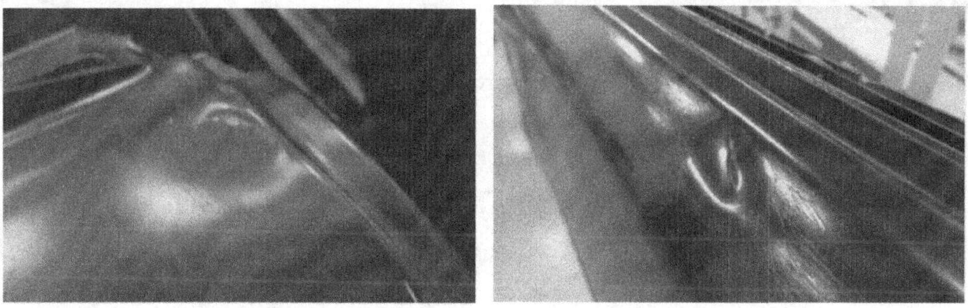

a) 边角部位损伤　　b) 筋线部位损伤

图 6-87　采用补铝金属腻子的情况

表 6-4　补铝金属腻子维修建议工时

受损面积/100cm^2	补铝金属腻子推荐工时/h	受损面积/100cm^2	补铝金属腻子推荐工时/h
1	1.0	3	2.0
2	1.5	4	2.5

损伤面积超过 400cm^2，边角位置，背部难以触及，如图 6-88 所示。根据综合损伤程度判断板件维修，不可维修，建议更换。

损伤面积为 100cm^2，损伤凹陷深度为中度，背部难以触及，重度损伤，如图 6-89 所示。根据综合损伤程度判断板件维修，不可整形维修，但可以补金属腻子。对照建议工时表维修工时：1.0h。

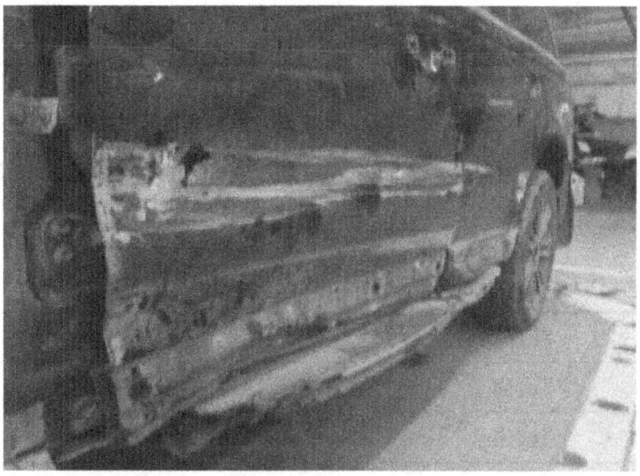

图 6-88　损伤面积超过 400cm^2 情况

图 6-89　边角部位重度损伤

5. **更换面板工时**

以2018款路虎极光5门款更换面板工时查询为例。登录TOPIx后，经销商选择“路虎”，车型选择“2018款L538”、单击“文档”，选择“车间维修手册”，选择“5车身和油漆”，查询相应项目，如图6-90所示。

2018款路虎极光5门款侧围面板的构成如图6-91所示。TOPIx建议2018款路虎极光5门款侧围面板各单项更换工时，见表6-5。其他车型因材料与设计不同，相同部位维修工时可能有较大差异，请以TOPIx查询结果为准。

图6-90　2018款路虎极光5门款相应项目查询

图6-91　2018款路虎极光5门款侧围面板的构成

表6-5　TOPIx建议2018款路虎极光5门款侧围面板各单项更换工时

维修项目	工时/h	维修项目	工时/h
前挡泥板	5.3	侧围板	左侧:22.5,右侧:22.9
车门前部	7.8	车顶内衬拆卸和安装	4.8
踏脚板	左侧:17,右侧:16.8	风窗玻璃拆卸和安装	2.3

2018款路虎极光5门款后围板如图6-92所示。TOPIx建议2018款路虎极光5门款后围板各单项更换工时，见表6-6。其他车型因材料与设计不同，相同部位维修工时可能有较大差异，请以TOPIx查询结果为准。

表6-6　TOPIx建议2018款路虎极光5门款后围板各单项更换工时

维修项目	工时/h	维修项目	工时/h
后保险杠盖板	5.5	后面板	13.6
提升门	6.5	侧围板	左侧:22.5,右侧:22.9
后灯安装板	8.0	提升门格栅拆卸和安装	1.3

2018 款路虎极光 5 门款车顶面板的构成如图 6-93 所示。TOPIx 建议 2018 款路虎极光 5 门款车顶面板工时，见表 6-7。其他车型因材料与设计不同，相同部位维修工时可能有较大差异，请以 TOPIx 查询结果为准。

图 6-92　2018 款路虎极光 5 门款后围板

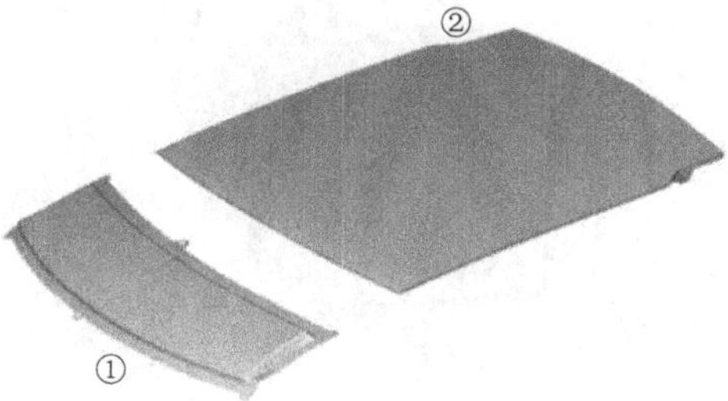

图 6-93　2018 款路虎极光 5 门款车顶面板

表 6-7　TOPIx 建议 2018 款路虎极光 5 门款车顶面板更换工时

类型	维修项目	工时/h
固定的天窗	天窗板(铝 AC600)	20.3
玻璃天窗	①前外部天窗板(MS3 低碳钢)	14.3
	②玻璃天窗	6.5

6. 结构件更换工时

2018 款路虎极光 5 门款车身结构件钣金维修工时，可登录 TOPIx 查询，见表 6-8。

表 6-8　2018 款路虎极光 5 门款车身结构件钣金维修工时

结构件名称	工时/h	结构件名称	工时/h
	上架工时： 3.5	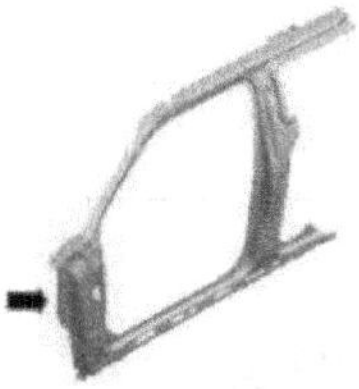	A 柱更换总工时： 左侧 38.5； 右侧 37.7
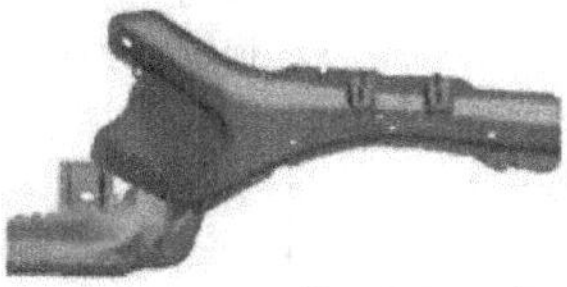	前纵梁更换工时： 61	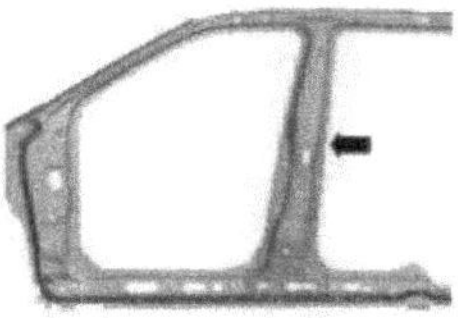	B 柱更换总工时： 左侧 36.2； 右侧 36.6
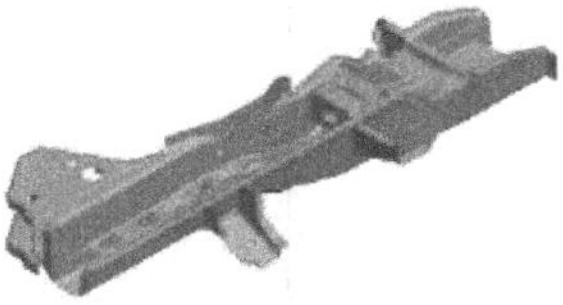	后纵梁更换工时： 44.7		

翱特系统 2018 款路虎极光 5 门款车身上架（图 6-94）建议工时，见表 6-9。

图 6-94　2018 款路虎极光 5 门款车身上架

表 6-9　翱特系统建议 2018 款路虎极光 5 门款车身上架建议工时

维修项目	工时/h
将车辆停在校正台上	1.0
安装定位夹具	1.5
将车身安装/拆下校正台	1.0
使用电子测量系统测量（维修前）	0.8
使用电子测量系统测量（维修后）	0.8

TOPIx 建议 2018 款路虎极光 5 门款主要车身结构件钣金维修工时和作业项目，见表 6-10。

表 6-10　2018 款路虎极光 5 门款主要车身结构件钣金维修工时和作业项目

序号	结构件维修项目	钣金维修工时/h	作业项目	备注
1	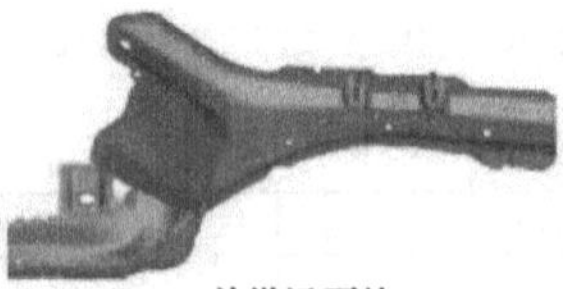 前纵梁更换	61	发动机罩； 前保险杠盖板； 前保险杠； 发动机罩插销面板； 左前挡泥板和右前挡泥板； 左前和右前保险杠安装座； 左前和右前纵梁； 左前和右前纵梁及悬架顶部安装支架组件； 左侧和右侧挡泥板上裙板； 发动机和悬架总成拆卸及安装； 仪表板拆卸和安装	其他车型因材料与设计不同，相同部位维修工时可能有较大差异，请以 TOPIx 查询结果为准
2	 后纵梁更换	44.7	后保险杠盖板；后保险杠； 提升门；内部后面板总成； 后灯安装板；后面板； 备胎舱；后部保险杠安装座； 后纵梁部分；后纵梁封闭板； 后纵梁上部侧延伸板； 提升门格栅拆卸和安装； 燃油箱拆卸和安装； 后悬架总成拆卸和安装	
3	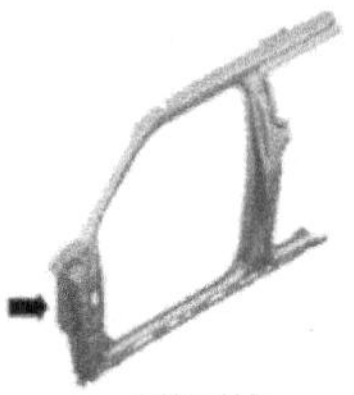 A柱更换	左侧，38.5； 右侧，37.7	车门前部； 前挡泥板； A 柱外部面板； A 柱加强筋板； 仪表板拆卸和安装； 车顶内衬拆卸和安装； 风窗玻璃拆卸和安装	

（续）

序号	结构件维修项目	钣金维修工时/h	作业项目	备注
4	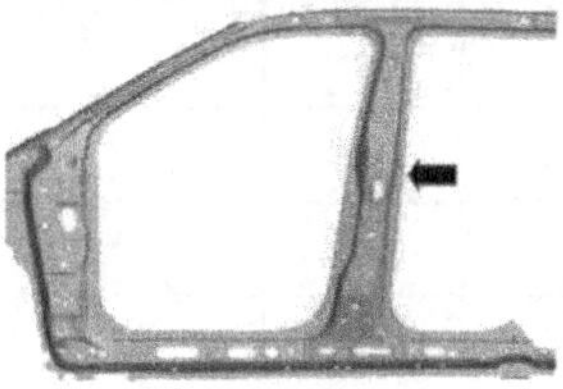 B柱加强件更换	左侧，36.2； 右侧，36.6	车门前部； 侧围板； B 柱加强筋板； B 柱内部面板； 车顶内衬拆卸和安装	其他车型因材料与设计不同，相同部位维修工时可能有较大差异，请以 TOPIx 查询结果为准

任务四　了解车辆损伤评估报告的撰写

一、估损单与填写注意事项

1. 估损单

各个厂家和保险公司的估损单（表）样式可能不同，但包含的主要内容是相同的。捷豹路虎的估损单如图 6-95 所示，要填写的内容主要有基本信息区和估损内容。

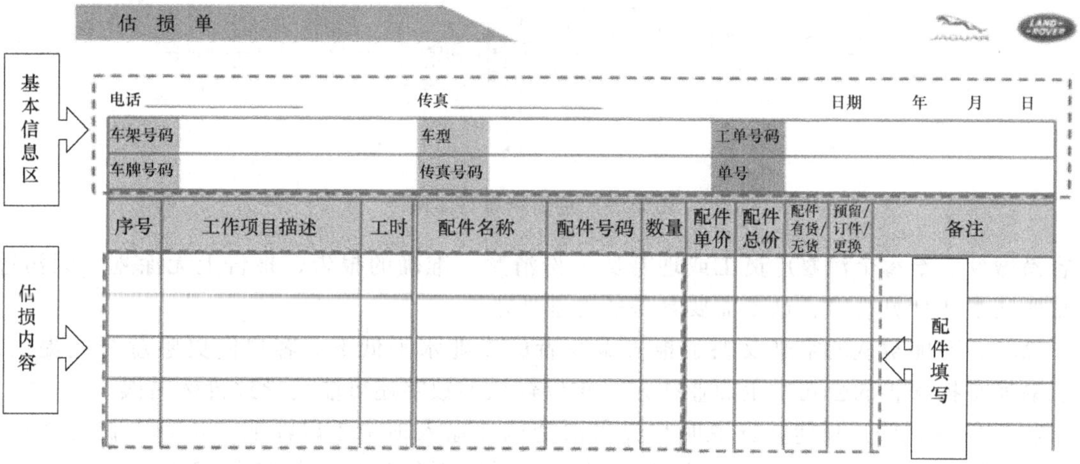

图 6-95　估损单的主要内容

估损内容中工作项目书写顺序是：首先金属板件项目，其次附属连接件，再次耗材辅料。估损单工作项目书写如图 6-96 所示。估损单填写实例，如图 6-97 所示。

2. 填写估损单注意事项

（1）避免缩写　除非缩写在评估报告中已定义，否则不要过多地使用缩写。当一块后围侧板必须进行矫正时，不要写成“矫围板”，而要具体写成“矫正后围侧板”。应区分左、右侧的零件，例如，要写明“左后侧围板”。在编写报告时，重复利用一个标记可节省时间，但用得过多会导致混乱，甚至难以看懂。每个记录都应完整。

（2）字迹要整洁　干净、整洁的表格会给客户和理赔员留下深刻的印象。这很好理解，

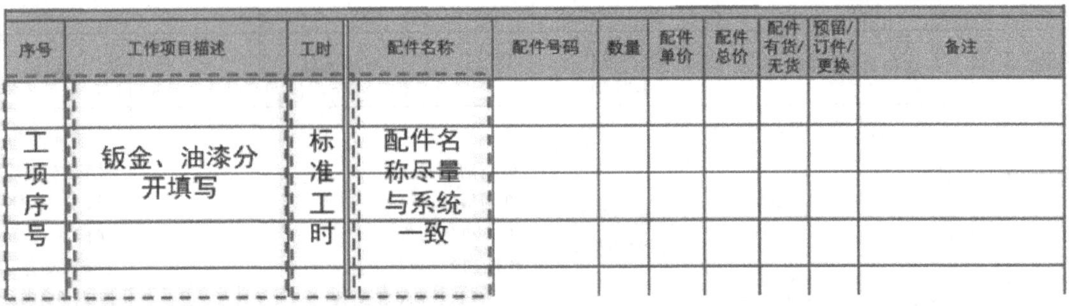

图 6-96　估损单工作项目书写

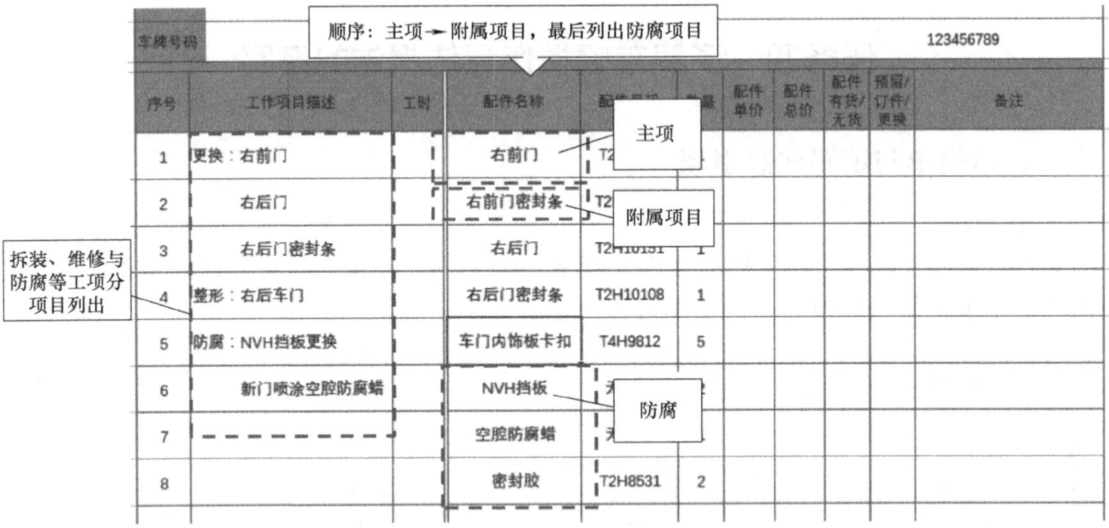

图 6-97　估损单填写实例

也容易做到。给每个汽修厂员工或理赔员一份清楚、准确的报告，报告上无涂划、无污迹、无难懂文字或计算符号，这是需要具备的专业要求。

潦草、不能辨认的字迹反映了报告编写者的专业水平低下。客户们更愿意与能提供简单、易懂车损报告的公司发生商业往来。难以辨认的数字还可能会导致价格错误。

（3）特殊说明　任何特殊说明都应当清楚地在输入项中予以注明，这可以提醒修理者注意存在隐蔽损伤。应给出解体说明，并详细说明拆解修理。拆解修理涉及的任何一方（碰撞修理企业、保险公司和客户）都应该了解拆解修理项目、修理方法以及质量工作的重要性。

（4）客户要求　如果客户希望进行条款未规定的附加作业（例如修复事故前的损伤），这应视为“客户要求”修理。作为一项通用规则，保险公司将不负责赔偿这部分修理费。在这种情况下，经常需要单独为客户进行评估。

（5）审阅车损报告　在完成车损报告编制并汇总和核查数字后，与客户共同审阅报告时。逐项审阅报告时，应向客户解释要做什么、怎样做和为什么某种类型零件和修理方法对于这辆汽车来说是最好的。

（6）拍照记录　一般事故车的损伤摄影照片属于车损报告的一部分。照片可以用来记录和发现车辆损伤。照片上可能显示出隐患损伤、车架损伤、微量失准、小划痕和凹坑等。

二、了解计算机系统在车损业务中的应用

对客户、碰撞评估及修理企业而言，利用计算机自动评估系统进行车损评估具有许多优点。客户会认为计算机制作的报告更简单易懂。客户们更加相信计算机做出的事故车损报告。企业可以相信所有的计算是正确的并且所有的重复和折扣均已计算在内。

计算机也使车损评估过程更加简捷。利用计算机编写碰撞车损报告时，可将许多问题简化为选择和键盘输入，并且有的计算机程序通过编码系统会将键盘录入量降至最少。这种系统非常简单易懂。其优点还包括：报告编制人员或校对人员不必参照他人的手册、笔记和计算器，使车损报告的处理过程变得更快捷。

计算机系统允许客户参与报告的编制。一些企业发现允许客户参与评估过程是一种增进企业与客户联系的方法。客户可以看到修理汽车的流程和零件，还可参与整洁、干净、利落的报告打印过程。这是一种很好的营销策略。

计算机辅助编制报告可以更好地处理与保险公司的关系。如上所述，保险公司非常依赖计算机。他们相信计算机提供的信息比手写的更为精确、完整，并且“诚实”。计算机辅助编制报告使企业与保险公司用同一方式交流，更加容易协商。当遇到处理计费的困难时，例如调漆、车辆修理准备工作和一些细节，在提交计算机辅助事故报告之后，这些困难都可很容易地解决。

计算机提供的文件很容易修改，而且其中加入了修理企业与评估员之间的协商过程。计算机数据库可以在几分钟内对相应的修订命令做出回应。当文件中的所有项目均令各方满意时，就可将数据以任何格式打印出来，一份最终的事故报告就完成了。

另外，许多系统也可缩减总体事故报告，只详细列举有关保险支付项目、客户支付项目、劳动和零件费用等子报告。

总之，计算机辅助系统的应用会大大减少工作量，提高工作效率，还会对降低劳动力成本、经营成本及进行财务分析等提供很大的帮助。

项目七　二手车交易实务

【学习目标】

1. 了解我国二手车交易的类型。
2. 了解国内外二手车交易的特点。
3. 掌握二手车收购的流程、定价方法和操作技巧。
4. 掌握二手车销售的流程、定价方法和操作技巧。
5. 掌握二手车选购原则及技巧。
6. 掌握二手车投保的险种、原则及注意事项。
7. 了解二手车按揭的注意事项。
8. 熟悉二手车置换和拍卖服务业务流程。

【工作任务】

1. 实践中收集二手车市场行情。
2. 实践中学习操作收购、选购、销售二手车业务。

任务一　了解二手车交易

一、了解二手车交易的类型

二手车交易是指以合法的、可交易的在用车为交易对象，在国家规定的二手车交易市场或其他合法的交易市场中进行的二手车的商品交换和产权交易。

1. 二手车交易的特殊性

二手车交易是汽车交易的一种，具有汽车交易的共同特点，但同时又有别于新车的交易，主要有以下 4 个特点。

（1）技术性和专业性　不同的二手车之间技术状况差异很大，从事二手车交易的人员对各种品牌型号的汽车的各种检测方法、故障现象、故障原因以及维修工艺和费用都要有较深的了解，还要熟悉二手车交易的相关法律法规和交易程序。

（2）涉及价值评估技能　由于当前二手车交易量不是很大，市场不够成熟，信息极度不对称，交易人员随意定价，投机心态强，交易价格往往会偏离合理的价值范围，评估交易人员必须掌握价值规律的相关知识，具备价值评估技能。

（3）交易技巧要求高　二手车产品的结构和技术复杂性决定了二手车交易在难度上比一般的旧货交易大得多。在交易的收购阶段，还要进行“美容整容”、技术状况鉴定、价格评估、确定销售价格、签订交易合同、办理过户手续、车辆交接、售后服务等，使整个交易过程延长，和一般旧货交易的迅速完成有天壤之别。

（4）交易管理难度大　二手车经营者在技术上相对买主而言具有绝对的优势，因此，一方面由于监控管理困难，二手车经营者易受利益驱使，出现许多调里程表、隐瞒事故现实等违规行为，致使行业普遍缺乏信任；另一方面经营者自身管理难度较大，由于每一辆二手车车况差异较大，价格的高低、成交与否很大程度上取决于收购评估师或销售人员，经营者无法掌握每一辆二手车的交易过程，高额利润驱使许多人参与暗箱操作、私下炒车。究其根源，客观上是由于二手车交易的复杂性所决定，主观上则是由于从业人员素质参差不齐所造成。

2. 二手车交易的类型

依据交易双方的行为和参与程度的差异可以分为二手车的收购、置换、销售、拍卖、寄售、代购、代售、租赁、经销、经纪、鉴定评估、直接交易（转让）、让与等。其中收购、置换、销售、拍卖为最主要的交易形式，本章后面将一一详细讲解，现将其他交易行为简单介绍。

（1）寄售　卖车方为了获得更高的售价，在不急于资金回收的情况下，与二手车经营主体（二手车车行）签订协议，将所售车辆委托车行保管及寻找买主，车行从中收取一定的场地费、服务费及保管费。

（2）代购　在无须客户进场直接购置的前提下，二手车车行按照客户的要求，代客户购置二手车，车行还可帮助办理其他手续。

（3）代销（售）　在无须客户进场直接销售的前提下，二手车车行按照客户的要求代为销售二手车。代销与收购的不同之处是，收购可使原车主立即收到售车款，代销则要等到旧车卖出去后原车主才能收到售车款，但代销有可能卖出一个较高的价钱。

（4）租赁　二手车车行将二手车租给客户使用，按日或按周收取租金。这项业务一般在专门的汽车租赁公司进行。规模较大的二手车经营者也会兼营租赁业务，利用某些闲置的车辆或者销售周期较长的车辆开展租赁业务，但这些车辆必须已过户至经营者。

（5）经纪　二手车经纪公司以收取佣金为目的，为促成他人交易二手车而从中提供信息服务。

（6）直接交易（转让）　二手车所有人不通过经销企业、拍卖企业和经纪机构等二手车经营主体，将车辆直接出售给买方。如前所述，直接交易的双方必须到办证大厅开专用的二手车交易发票并交纳过户费和其他费用后才能办理过户手续，未经过户的交易行为，法律不予承认。

（7）让与　将二手车让与别人而不要求任何实体性回报的二手车处理方式。直系亲属之间的让与无须到二手车办证大厅办理过户手续，只需到车管所申请办理变更手续即可。

二、了解我国二手车交易存在的问题

1. 二手车交易体系的问题

（1）交易形式单一　除直接交易外，主要是通过二手车市场进行交易，拍卖业不发达，影响交易速度；网络不成熟，缺乏监管，可信度低；二手车专卖店市场空间小，尚未成型；其他经营形式未获国家许可。

（2）评估体系不健全　我国独立的评估机构是2006年上半年才陆续成立的，但所谓的独立评估机构多数从属于市场，实际上并不独立，难以公正地对二手车进行评估。政府部门对评估机构以及鉴定评估师的管理尚不成熟，行业操作不规范，评估结论缺乏公信力，导致消费者不愿意将车拿到二手车市场去交易。客观公正的评估体系有助于消除这种信息上的不对等，增强消费者交易二手车的意愿。

（3）消费者缺乏信任 “诚信”问题在交易中比较严重，包括事故隐瞒、车辆维护不规范和不及时、更换的配件质量不佳等。车主将车卖给车行时会有意隐瞒，判明这些问题对于二手车收购人员具有相当的难度，即便判明，但出于利益考虑，也不会告知潜在车主。有的二手车经营者甚至会刻意造假隐瞒，欺骗消费者。而且绝大多数售出的二手车缺乏售后保障，消费者对二手车技术状况普遍信心不足。

（4）手续烦琐且暗存隐患 办理过户手续涉及车管所、税务局、公路局、保险公司多个部门，前后至少需要半个月。而且不同地区车辆管理程序不一样，有的地区要等到正式的新行驶证出来后才给予办理车辆购置税完税证明、被保险人的变更，有时还要车主提供身份证原件，本人到场，并在工作日内才予办理。许多地区还要求车主将车辆卖给二手车商时不将车辆过户，而是要等到二手车商将车辆卖出以后，直接过户给新车主，这样等待的时间就更长。

有些车因历史原因不可能办理登记证书，或手续不全没有年检、没有机动车登记证书等，这些情况使车辆过户起来费时费力，更有甚者车辆本身就不能过户。销售人员在消费者付款之前不会明确告知，合同上的相关条款又非常模糊，一旦消费者交了定金，很难全身而退。

（5）消费观念落后 在许多购车消费者的传统观念中，拥有私人轿车首先是一种地位和身份的象征，其次才是用来代步，购买和使用二手车有损个人形象。这也是制约二手车市发展的重要原因。

2. 二手车交易经营的问题

（1）将瑕疵车辆当好车卖 个别不法销售商将运输中受损的车辆修理后充当新车销售，或者将某些试验、试驾用车违规调整里程后充当好车销售。

【案例 1】 2021 年 6 月 24 日，郭某向某汽车公司交付定金，并与其约定以贷款形式分期 4 年购入汽车一辆，双方就此签订《汽车购销合同》。2021 年 6 月 28 日，郭某向某汽车公司支付部分购车款，剩余购车款通过贷款扣划至某汽车公司的银行账户。同日，郭某为所购车辆购买机动车交通事故责任强制保险。

2021 年 7 月 9 日，郭某提车并签字确认后，发现所购车辆有 1200km 的行驶记录且存在车门有刮痕等多处质量问题，遂通过微信向某汽车公司反映，申请更换车辆。直至 2021 年 7 月 22 日，汽车公司并未按双方约定将该车辆从郭某处移走。2021 年 8 月 17 日，郭某向深圳市龙华区人民法院提起诉讼，要求撤销《汽车购销合同》，要求某汽车公司退还购车款 166750 元并支付购车款的三倍赔偿 500250 元，同时返还定金、赔偿损失、支付律师费等共计 67029.04 元。

法院经审理认为，本案为买卖合同纠纷。郭某与某汽车公司签订的《汽车购销合同》系双方真实意思表示，未违反国家法律、行政法规的强制性规定，应属有效。

某汽车公司在收到郭某关于案涉车辆存在瑕疵的告知后，未能及时提供有效证据证明案涉车辆并未存在瑕疵，应承担对其不利的法律后果，故法院认定案涉车辆在某汽车公司交付前存在已行驶 1200km、有多处质量问题的事实。某汽车公司在销售汽车的过程中故意隐瞒真实情况，属于欺诈消费者的行为，故关于郭某主张解除案涉购车合同、要求某汽车公司退还购车款并支付三倍赔偿款的诉求合法有据，法院予以支持。

关于郭某主张某汽车公司返还定金、赔偿损失、支付律师费的诉求，上述退还购车款已包含返还定金，三倍赔偿款已足够赔偿郭某的相关损失，法院不予支持。

综上，法院依法判决：解除郭某与某汽车公司签订的《汽车购销合同》；某汽车公司向郭某返还购车款166750元并支付三倍赔偿款。一审判决作出后，某汽车公司不服，提起上诉。深圳市中级人民法院二审判决，驳回上诉，维持原判。

（2）将事故修复车当无事故车卖　不法二手车商在收购时按照事故车压低价格进行收购，收购回来修复后伪装成好车进行销售以获取高额利润。对于消费者而言，购买事故车会增大车辆出现故障以及发生事故的概率，并危及消费者生命安全。

（3）将出租车当家用车卖　出租车转非营运车辆俗称“营转非”，出租车相比其他车辆的使用强度要大得多，收购价格相应低很多。不法二手车商将出租车的行驶里程调改并作为民用车辆进行售卖，以获得高额利润。

【案例2】 2021年6月16日，安阳市殷都区人民法院依法审结了一起因隐瞒真相而导致汽车交易合同被撤销的案件。

2020年7月18日，原告吴某和被告杨某签订了一份机动车辆买卖协议，约定由被告将一辆2017款黑色桑塔纳轿车以6.6万元转让给原告，原告先付6.2万元，剩余款项在办完过户手续并办理完本地牌照后付清。协议签订后，原告先后分两次付给被告6.3万元，并多次催促被告共同办理车辆过户手续，但被告迟迟不予交付车辆流转登记表，使原告对车辆的交易行为产生怀疑。据法院查明的机动车登记证书显示，该车出厂日期为2017年6月，登记日期为2017年10月，机动车所有人为北京市双环汽车有限公司，2018年10月变更为曹某个人，使用性质为营转非，2018年12月再次变更为张某个人，使用性质为非营运。原告据此认为被告的车辆是转售的出租车，系国家明令强制报废的车辆。售给原告时已经接近报废，故被告行为存在欺诈。

法院审理后认为，车辆流转登记表是记载机动车有关信息的重要凭证，被告与原告签订买车协议时，未向原告交付车辆流转登记表，隐瞒了该车的真实使用性质，按照国家规定，机动车交易必须在旧机动车交易中心进行，被告违反规定与原告私下交易，对形成纠纷应负主要责任。依照有关法律规定，依法判决：撤销合同，双方已取得的财产相互返还。

（4）调改里程　私自修改汽车的行驶里程数是属于违法行为，根据国家的相关规定，恶意篡改里程数，会被处以2000元以下的罚款。私自违法篡改汽车里程表不仅仅是一种欺诈行为，而且是一种严重的违法行为。行驶里程数在二手车买卖时，是一个有效的参考数据，买家可以根据行驶里程数判断车辆的耗损程度而决定是否购买车辆。私自修改汽车行驶里程数而将车辆卖出，会以卖家使用欺诈手段在对方违背事实的情况下签下购买合同，买家是可以控告卖家的。

【案例3】 2020年1月，魏某在徐某经营的二手车店里，看中一辆白色奥迪A4L小型轿车。随后，双方以14.1万元的价格完成了该车辆的交易并办理过户，并在合同中约定：“保证此车无泡水、无重大交通事故、无火烧，发动机、变速器无重大维修，如有上述情况，退还车辆。”在交付车辆的第三天，魏某将车辆送去维护，进厂显示里程数为 8 万多 km。

随后，魏某在车辆使用过程中，发现燃油消耗过快等问题，遂于 2021 年 10 月将车送至某汽车服务公司检查，发现车辆维护记录记载的 2019 年 11 月的实际行驶里程数为近 13 万 km，与购车后显示的里程数相差近 5 万 km。当天下午，原告又将车送至另一家二手车辆评估公司检测，检测报告显示该车为事故车，行驶里程数与实车行驶里程数不相符。2021 年 11 月，魏某诉至常山法院，要求解除合同并“退一赔三”。

法院审理认为，被告在原告购买该二手车辆时不但没有对该涉案车辆进行核查、检测，告知原告车辆的来源是否合法、行驶里程数、维修记录、交易记录等重要信息，反而改动了里程表，违反了《消费者权益保护法》等相关法律法规，构成欺诈。考虑到涉案车辆原告已使用 2 年时间，应扣除相应使用折旧费，法院最终判决解除双方买卖合同关系，由被告徐某退还原告魏某车款 14.1 万元，并赔偿魏某损失 39.9 万元（已扣除折旧费 2.4 万元）。

三、了解发达国家二手车交易的特点

1. 经营方式多样，购车方便

为了降低经营成本，增加交易量，尽可能减少交易的中间环节，以方便顾客，满足消费者的需求，发达国家二手车的经营方式多种多样、灵活方便，主要有品牌专卖、连锁经营、旧车专营、拍卖、二手车超市等多种形式。其交易方式有直接销售、收购、代销、拍卖、置换等，交易手段灵活方便，每个国家均有自己的特色。

（1）日本　日本的多数二手车是通过经销商完成销售的，对于尚未出手的二手车，经销商会通过拍卖或直接交易的方式，将其转手给其他地区的经销商，加快了二手车流通速度，提高了资金的周转速度，降低了经营风险。

（2）德国　在德国的一些主要城市，到处都可看到大大小小的二手车经营场所，甚至在小的汽车维修店前，还会摆放几辆待出售的二手车，只要这些车通过法定的车检，个人之间就可直接谈判，价格谈妥后，到相关部门去办理过户手续，简单便捷。

（3）美国　美国的二手车销售有多种渠道，总括起来不外乎有 4 种。

1）大的经销商。这些经销商都有良好的仪器设备和训练有素的维修技师，能对二手车进行检测、维修，且它们都有大众认可的企业形象，诚信度高，但价格也较高。

2）二手车连锁店。其出售的二手车也经过一些最基本的维修，价格稍低一些，能提供一段时间的维修服务。

3）二手车销售点。销售点比连锁店小，在这里买车可以试车，也可以进行检测，但成交后不提供任何保证，所以价格比前两种销售形式更便宜。

4）刊登卖车广告。这种方式能吸引更多的买主，所以往往能卖个好价钱。但因为鱼龙混杂，什么样的车都有，容易上当受骗，风险较大，需要顾客具备一定的专业知识。

2. 市场规范有序

为了保护消费者的权益，避免消费者上当受骗，各国政府都制定了有关二手车的交易法规。

日本用《旧货经营法》来规范旧货交易。经营二手车业务必须得到当地公安部门的许可，并按要求在经营场所张贴标志，对交易活动必须做记录以便查询，且要存档保留 3 年。经营管理人员需有 3 年以上的工作经验，能够辨识非法车辆，核实二手车的来源。政府部门一旦发现有消费者上当受骗，会张榜公布，并给予严厉处罚。2001 年实施的《消费者合同法》规定，若二手车经营者有不当行为，须承担相应的法律责任。如果消费者在不知情的情况下购买到一辆事故车，可要求经营者赔偿。

澳大利亚对二手车的经营管理有极严格的规定。企业的资质由政府管理和审批，每年进行年审。特别是对进口的二手车，有严格的质量标准和具体的检测措施，并由政府指定的车行进行检测，否则不准出售。

发达国家二手车交易市场具有完善的检测、维修设备和配件供应，普遍采用计算机管理和科学定价的方法，其鉴定评估已进入网络化、信息化、产业化阶段。欧美国家大都有专门的二手车鉴定评估部门，根据当时的市场行情，并结合车况，向社会定期公布各类车型的市场价格、技术状况、行驶里程、维修经历等信息，以增强消费者对二手车的信任感，达到繁荣市场的目的。

3. 售后服务完善

国外一般通过制定法规或通过行业协会和品牌汽车制造商来管理、规范经营行为，保证二手车的质量，并制定有关的服务标准，使消费者可以在一定期限内，享受到与新车基本相同的售后服务。

在美国已普及二手车的网上销售，消费者只要登录网站查询，二手车的技术状况、性能等情况便一目了然。交易后车主可享受一定的质量保证期。消费者还可自己选定取车地点，在发出订购指令后，48h 内到经销商处试车。若消费者对已购二手车感到不满意，那么在确认车辆未遭损伤且行驶不足 500km 或购车不满 3 天的情况下，可全额退款。

日本交易后的二手车均可享受 1 年或 2.5 万 km 的售后服务。如果对已购车辆感到不满意，可在 10 天内或行驶里程不超过 500km 时退货。

任务二　掌握二手车收购

一、掌握二手车收购的基本流程

资源 7-1　二手车交易新规

（1）证件检查　主要是对车主身份、车辆的各项手续以及相关证件进行初步的核对，初步判定该车是否具备交易的合法性。

（2）车辆鉴定　主要是判断车辆各项功能的技术状态，有无事故等。经验不足的评估师一旦在这个环节出现失误，将会给企业带来直接的损失。

（3）商谈价格　通过双方的商谈决定最终的成交价。

（4）签订协议　作为保障双方权益的法律文件，写明责任划分、车款交付等，许多地区已经采用了政府提供的参考文本。

（5）支付车款　为了保证原车主在车辆过户时能及时配合（我国许多地区规定，在车辆过户时，需原车主提供身份证明，否则不予过户），收购方往往会留扣部分押金。同时在原车主将车辆交付收购方之前，可能车辆还有交通违法行为尚未处理，因此这部分押金还可用于支付本该由原车主缴纳的交通违法行为的罚款。

（6）收购成功　双方对车辆和相关证件进行交接。

二、掌握二手车收购定价

准确的、具有市场竞争力的收购定价尤为重要，二手车收购以盈利为目的，估价太低，收购不成功；估价太高，没有利润，甚至会亏损。二手车收购定价与二手车鉴定估价并不一样，下面具体介绍二手车收购定价思路及方法。

1. 确定收购基准价

在市场交易中，常用的收购基准价计算方式主要有两种。

（1）以现行市价法、重置成本法、成新率计算法确定收购价格　采用现行市价法是最准确，也是最简单的方法，但要求收购者要了解市场行情；采用重置成本法进行收购时，除了参考当前新车的售价外，也要考虑该车的原始价格，以平衡买卖双方的利益。

特别提示：在二手车交易具体环节中，买卖双方都会追求自身利益的最大化，只有在交易双方达成一致、认可的价格基础上，才能达成交易。如果二手车经营者想达成交易，就要保证车主的损失不应过大，至少应该在其可以接受的范围之内。

（2）以销售预期价为基础的计算方法　这是交易中非常实用的计算方法：

收购基准价=销售期望价-纯利润期望值-经营成本

销售期望价是评估师对这辆车将来可能成交价格的判断，纯利润期望值就是评估师收购以后的最低获利期望。还应充分考虑收购至销售过程中该车的总成本费用，总成本费用由固定成本费用和变动成本费用之和构成，固定成本包括房租和人员工资，变动成本费用包括该种类型的新车降价带来的贬值，以及出于客户对车辆外观以及性能方面的考虑，二手车经营者要对车辆进行全面的维护和翻新，以及刊登广告的费用和支出停车费、货币利息等，车辆滞留的时间越长，支出就越大。

例如，对于一辆已使用 7 年的九代雅阁售价预期为 9 万元，纯利润期望值为 6000 元，同时测算出收购至销售过程将付出成本 500 元，那么该车的收购基准价就是 8.35 万元。

这种方式对评估师要求较高，要求其具有丰富的市场经验，了解市场行情及发展趋势。不同的评估师对销售的预期价判断不同，不同的经营者对利润的要求也不同，于是收购定价体现出不确定性。

2. 影响定价的主要因素

（1）市场宏观环境　二手车收购要注意国家宏观政策、国家和地方法规的变化所导致的无形贬值。如燃油价格的政策以及车船税的调整，对大排量车型的影响等不容忽视。

（2）市场微观环境　市场微观环境主要指新车价格的变动和新车型的上市。新车一旦降价，同品牌的二手车收购价格就会迅速下降。

（3）保值率和维修服务费用　不同品牌的二手车由于其品牌知名度和售后服务条件不同，收购价格往往不同。凯美瑞、雅阁、英仕派、天籁、迈腾、帕萨特一直是交易的主力车型，市场占有率比较高，保值率也很好。这些品牌多年来以良好的质量和品牌知名度、广泛的售后服务网络和低廉的维修费用赢得了消费者的认同，收购价格相当稳定，容易评估，风险不大。有些市场上少见的车型，维修麻烦，配件贵，二手车的价格就会偏低，这种情况多出现在原装进口车及一些停产车型上。

（4）经营者因素　二手车经营者会根据库存车辆的多少来调节车辆的收购价。某种车型畅销，出现断档，经营者会马上提高该车型的收购价以保证库存的稳定；反之，如果某车型出现积压，就要降低收购价以减少库存。有时场地尚有空余，经营者也会提高该车型的收购价以增加库存，充分利用销售场地。

（5）车辆因素　颜色因素，个别车型的红色远不如黑色和银色容易被客户接受，收购差价相对较大。因此评估师在收购时需要考虑消费者对车身颜色的接受程度。

配置因素，配置对车辆收购价的影响主要体现在车载电视、双温区空调、触摸式按键、车顶行李架等豪华配置上，新车高配置与标准配置的价格相差很多。但二手车的消费者通常比较务实，关注的是高性价比和好车况。

三、掌握二手车收购合同的订立

下面介绍一种二手车收购合同作为参考。

二手车收购合同

合同编号：

签约地址：

车主方（以下简称甲方）：

收购方（以下简称乙方）：

第一条　目的

依据有关法律、法规和规章的规定，甲、乙双方在自愿、平等和协商一致的基础上，根据二手车买卖和其他服务事项，签订本合同。

第二条　当事人及车辆情况

（一）甲方基本情况

1. 单位代码证号□□□□□□□□□□法定代表人：

经办人身份证号码□□□□□□□□□□□□□□□□□□

单位地址：

邮政编码：　　　　　　　　　　　　联系电话：

2. 自然人身份证号码□□□□□□□□□□□□□□□□□□

现居住地址：

邮政编码：　　　　　　　　　　　　联系电话：

（二）乙方基本情况

1. 单位代码证号□□□□□□□□□□法定代表人：

经办人身份证号码□□□□□□□□□□□□□□□□□□

单位地址：

邮政编码：　　　　　　　　　　　　联系电话：

2. 自然人身份证号码□□□□□□□□□□□□□□□□□□

现居住地址：

邮政编码：　　　　　　　　　　　　联系电话：

（三）车辆基本情况

车辆牌号：　　　　　　　　　　　　车辆类型：

厂牌、型号：　　　　　　　　　　　颜色：

初次登记日期：　　　　　　　　　　登记证号：

发动机号码：　　　　　　　　　　　车架号码：

行驶里程：　　　　km　　　　　　　使用年限：　　　　年

车辆年检有效期：　　　年　　月　　排放标准：

车辆购置税完税证明证号（征税、免税）：　　　车船使用税纳税缴付截止：　　年　　月

车辆保险险种：　　　　　　　　　　保险有效期截止日期：　　　年　　月　　日

配置：

其他情况：

第三条　车辆价款

本车价款为人民币______元（大写______元），其中包含车辆、备胎等款项。双方确认本车价款是基于以上第二条的基础上确定的。

第四条　车辆价款的支付方式以及车辆交付

（一）乙方应于本合同签订____时，支付人民币______元（大写______元）作为定金支付给甲方。

（二）甲方应于本合同签订后____日内，将本车办理过户□/转籍□所需的有关证件原件及复印件交付给乙方（做好签收手续），并协助乙方负责办理该车辆的刑侦核查手续。

（三）在确认该车辆可以合法交易后____日内，乙方应向甲方支付车价款人民币______元（大写______元），同时，甲方将车辆及所有车辆证件交付乙方。双方办理交接手续，确定交接时刻。

（四）因该车辆过户时间可能较长，为保证乙方能顺利办理过户□/转籍□手续，甲方除应及时提供本车办理过户□/转籍□所需的有关证件原件及复印件外，另同意将车价款中人民币______元（大写______元）作为履约押金，待该车辆全部办理完过户手续以后____日内再支付给甲方。非甲方原因，该押金支付期限为自本协议签订之日起最长时间不超过____天。

第五条　双方的权利义务

（一）甲方承诺出卖车辆不存在任何权属上的法律问题和尚未处理完毕的道路交通安全违法行为或者交通事故；应提供车辆的使用、维修、事故、检验以及是否办理抵押登记、海关监管、交纳税费期限、使用期限等真实情况和信息。

（二）双方对车辆使用责任以车辆交接时签署的交接时刻为界，车辆交接以后发生的各项道路交通安全违法行为或者交通事故与甲方无关，车辆交接以后产生的各项费用与甲方无关。

（三）双方应在约定的时间内提供各类证明、证件并确保真实有效。

第六条　违约责任

（一）违反本合同第四条第二、四款以及第五条第三款，致使车辆不能过户、转籍，合

同无法继续履行的，本合同解除。甲方违约的，甲方向乙方双倍返还定金并赔偿乙方相应损失；乙方违约的，则乙方无权要求返回定金并赔偿甲方相应损失。

（二）违反本合同第四条第三款，乙方未按合同约定支付的，应按延期天数向甲方支付违约金每天人民币______元。

（三）违反本合同第四条第三款，甲方延期交付过户、转籍的有关证件或车辆的，应按延期天数向乙方支付违约金每天人民币______元。

（四）违反本合同第五条第一款，乙方有权解除本合同，甲方应无条件接受退回的车辆并退回乙方全部车款，双倍返还定金并赔偿乙方相应损失。

第七条　风险及责任承担

本合同签订后，车辆由：

（一）甲方使用和保管的，由甲方承担风险责任。

（二）乙方使用和保管的，由乙方承担风险责任。

第八条　争议解决方式

因本合同发生的争议，由双方协商解决，或向有关行业组织及消费者权益保护委员会申请调解。

当事人不愿协商、调解，或协商、调解不成的，按下列第____种方式解决：

（一）向仲裁委员会申请仲裁。

（二）向人民法院起诉。

第九条　其他

（一）本合同未约定的事项，按照《二手车流通管理办法》等有关的法律、法规和规章执行。

（二）双方因履行本合同而签署的补充协议及提供的其他书面文件，均为本合同不可分割的一部分，具有同等法律效力。

（三）本合同经双方当事人签字或盖章后生效。本合同一式三份，由甲方、乙方和二手车交易市场各执一份，具有同等法律效力。

甲方（签章）：	乙方（签章）：
法定代表人：	法定代表人：
经办人：	经办人：
开户银行：	开户银行：
账号：	账号：
签约时间：	签约时间：
年　月　日	年　月　日

特别提示：协议填写过程中的注意事项如下：

1）如车辆的实际车主并非行驶证登记的车主，在法律意义上，非行驶证登记的车主本人签署的车辆交易协议是无效的，因此协议上必须注明相关内容及责任条款。

2）由于交易后需要车主配合提供相关证件，因此为保证原车主的配合，收购方一般会要求扣留车主部分押金。为节省费用及缩短时间，一般是当该车辆销售出去以后再直接过户到新车主名下。

3）签订完收购合同后，最好能收取车主部分无须随车使用的证件作为履约保证，例如保险单、维修手册、车辆购置税完税证明等。

四、掌握二手车收购的经营技巧

二手车收购来源就是经营者生存之源，而成交率是收购的关键指标，如何拓展业务来源以及提高成交率是需要关注的重要环节。

1. 拓展业务来源

（1）店面收购　选址决定成败，“店多成市”，应选择在二手车交易较为集中的区域（集散地）或者是在车辆管理所附近设置店面。

（2）4S店　许多4S店的目的是新车销售，开展二手车业务但并不具备收购能力，缺乏相应的专业人才或者销售渠道，于是往往直接转让给二手车经营者，有的直接让二手车经营者派人驻点服务，收购业务转包。

（3）维修厂　车主卖车的原因往往是维修成本高，在卖车前都会流露出一些换车信号，比如换件维修时偏于保守，不急于换和修，经常打听和关心新的品牌车辆的相关信息。精明的二手车经营者应及时跟维修厂保持联系，以获得二手车车源。

（4）网络报纸广告　报纸广告需争取到好版面，且成本较高；网络渠道可以考虑，譬如易车网、汽车之家、太平洋汽车网等。

（5）老客户资源　历史成交客户是重要资源，定期联络，既可关心客户用车情况，解决疑难问题，提高服务形象，也可提醒车主换车或推荐客户，一举两得。

2. 提高成交率

（1）规范操作，提高诚信度　由于历史原因造成了二手车行业诚信度低、从业人员素质不高的现状，车主总是带着怀疑的心态，导致成交困难。专业的服务形象、规范的操作流程、标准的商业礼仪有助于消除客户疑虑，顺利成交。

（2）把握客户心态，解决客户疑虑　客户卖车时并不一定只关注价格，也关注车款的支付效率、手续是否简便。把握客户心态，采取适当方案，消除客户疑虑，有助于提高成交率。

资源7-2　二手车价格评估

（3）娴熟的鉴定手法，坚定的报价　拙劣的评估能力会造成客户的不满，模棱两可的报价会加深客户的疑虑，使其有“价格还有很大的商量余地，收购人员在试探我”的想法，导致成交困难。

（4）准确报价　要做到准确报价难度较大，可以采取两人同行的方式，一个评估师在鉴定车辆时，另一个评估师可以进行有针对性的价格咨询，获得车主的心理价位，提供给鉴定车辆的评估师参考。

（5）莫贪小利，不要刻意压低收购价格　有些收购人员为500元的差价而跟客户进行长时间的纠缠，没有必要。赢得客户满意，挖掘其周边客户资源才是可以获得更大利益的有效途径。

3. 二手车收购注意事项

（1）辨别非法车辆　要防止收购偷盗车、伪劣拼装车，以及伪造手续凭证、车辆档案的车辆。

（2）新车型对车价的影响　当前新车型投放速度明显加快，技术含量和配置越来越高，致使老车型加快贬值甚至被淘汰。迈腾经历了多次改款，虽然生产平台未变，但是早期的迈腾与现在的迈腾在装备上不可同日而语。因此收购旧车时应以最新款的技术装备和价格做参照。

（3）新车降价的影响　新车的降价是二手车经营中最大的风险之一，个别车型的降价幅度很大，车商需广泛搜集市场信息，合理调整库存结构，加快交易频率，适度降低利润标准，缩短销售周期，以降低经营风险。

（4）车辆潜在故障　不同车辆的技术状况不同，出现故障的概率也不相同。例如，车辆行驶了一定里程数需要更换正时带，若不及时更换，后果会很严重。但二手车收购人员很难准确了解该车正时带的磨损状况，对这类故障的判断就需要有相当丰富的经验。

（5）买卖双方信息不对称　由于市场经济的固有特性，出售者受利益的驱使，往往向收购者提供虚假信息。这其中有故意向消费者隐瞒二手车存在的问题，如隐瞒车辆曾经发生过事故或曾经修理过，从而蒙骗收购者。应该说二手车原车主对车况是最清楚的，在出售时有责任如实反映和填写车辆的技术状态和使用维修情况，不应有任何隐瞒和欺诈行为。但实际情况是车主也想卖个好价钱。所以现在二手车市场一般均有购销合同，在合同条款中，规定车主应如实地把车辆状况填写清楚。若在成交后，发现有不实之处，应负相关责任，以保证购销双方对车辆的信息对称，这也是市场公平交易中的起码原则。

（6）改动行驶里程表的里程数　车主私自对汽车里程表读数修改，减少汽车里程表读数，从而缩短汽车的使用年限或降低汽车的使用强度，蒙蔽收购者。

（7）政策法律环境　密切关注国家和地方有关二手车的政策与法规的变化，比如，国家对排放标准的要求、二手车交易发票的调整等，预测二手车价格的变动趋势，及时调整收购价格，降低风险。

知识链接

商务部公告2006年第22号《二手车交易规范》

第二章　收购和销售

第十三条　二手车经销企业在收购车辆时，应按下列要求进行：

（一）按本规范第五条和第六条所列项目核实卖方身份以及交易车辆的所有权或处置权，并查验车辆的合法性。

（二）与卖方商定收购价格，如对车辆技术状况及价格存有异议，经双方商定可委托二手车鉴定评估机构对车辆技术状况及价值进行鉴定评估。达成车辆收购意向的，签订收购合同，收购合同中应明确收购方享有车辆的处置权。

（三）按收购合同向卖方支付车款。

第十四条　二手车经销企业将二手车销售给买方之前，应对车辆进行检测和整备。

二手车经销企业应对进入销售展示区的车辆按《车辆信息表》的要求填写有关信息，在显要位置予以明示，并可根据需要增加《车辆信息表》的有关内容。

第十五条　达成车辆销售意向的，二手车经销企业应与买方签订销售合同，并将《车辆信息表》作为合同附件。按合同约定收取车款时，应向买方开具税务机关监制的统一发票，并如实填写成交价格。

买方持本规范第八条规定的法定证明、凭证到公安机关交通管理部门办理转移登记手续。

第十六条　二手车经销企业向最终用户销售使用年限在3年以内或行驶里程在6万km以内的车辆（以先到者为准，营运车除外），应向用户提供不少于3个月或5000km（以先到者为准）的质量保证。质量保证范围为发动机系统、转向系统、传动系统、制动系统、悬架系统等。

第十七条　二手车经销企业向最终用户提供售后服务时，应向其提供售后服务清单。

第十八条　二手车经销企业在提供售后服务的过程中，不得擅自增加未经客户同意的服务项目。

第十九条　二手车经销企业应建立售后服务技术档案。售后服务技术档案包括以下内容：

（一）车辆基本资料。主要包括车辆品牌型号、车牌号码、发动机号、车架号、出厂日期、使用性质、最近一次转移登记日期、销售时间、地点等。

（二）客户基本资料。主要包括客户名称（姓名）、地址、职业、联系方式等。

（三）维修记录。主要包括维修的时间、里程、项目等。

售后服务技术档案保存时间不少于3年。

任务三　掌握二手车销售

一、掌握二手车销售的基本流程

二手车销售基本流程如图7-1所示。

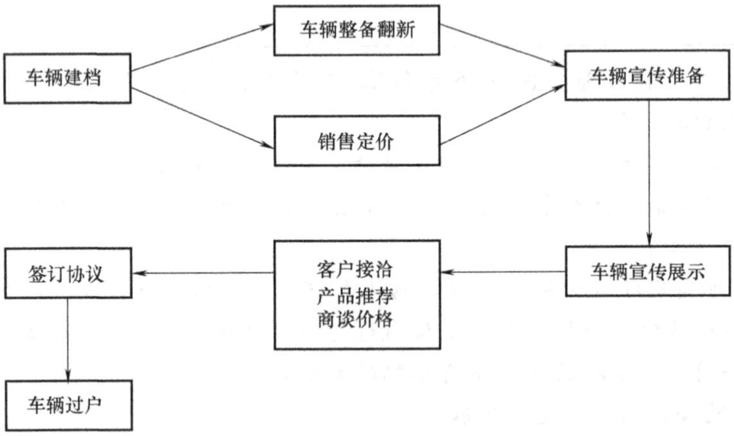

图7-1　二手车销售基本流程

二、掌握二手车销售定价

1. 二手车销售定价应考虑的因素

（1）成本因素　企业在进行二手车的销售定价时，成本是首先必须考虑的基本因素。

1）固定成本费用。固定成本费用是指在既定的经营目标内，不随收购车辆的变化而变动的成本费用。

2）固定成本费用摊销率。固定成本费用摊销率是指单位收购价值所包含的固定成本费用，即固定成本费用与收购车辆总价值之比。

3）变动成本费用。变动成本费用是指收购车辆随收购价格和其他费用而相应变动的费用。

由上述成本分析可知，一辆二手车收购的总成本费用是这辆车应分摊的固定成本费用与变动成本费用之和，用数学式表达为

二手车的总成本费用=收购价格×固定成本费用摊销率+变动成本费用

（2）供求关系　在市场经济体系下，供求状态也是制订销售价格时所依据的基本因素之一。

1）需求与价格规律。所谓需求，是指在一定价格条件下，消费者对商品和劳务具有货币支付能力的需要。经济学上的“需求”和“需要”是两个不同的概念。“需要”指消费者购买商品的愿望和欲望，而“需求”不仅要求消费者具有主观愿望，而且还必须有购买力。

2）供给与价格规律。所谓供给，是指在一定时期、一定价格条件下，经营者愿意并可能出售的商品数量。

3）供求与均衡价格。上面讲的需求规律和供给规律只侧重了一个方面，而没有综合考虑供求。实际上，在竞争市场中，供求同时决定价格的形成。假定其他条件不变，供不应求会导致价格上升，供过于求会导致价格下降。

根据以上分析，可以得出这样一个结论：需求大于供给，价格就会上升；需求小于供给，价格就会下降。

在受供求影响而有规律性的变动过程中，不同商品的价格变动幅度是不一样的。因此，在销售定价时还要考虑需求价格弹性。所谓需求价格弹性，是指因价格变动而引起的需求相应的变动率，它反映市场商品需求量对价格变动的敏感程度。

（3）竞争状况　二手车的销售定价要考虑本地区同行业竞争对手的价格状况，根据自己的市场地位和定价的目标，确定自己的价格水平。

2. 二手车销售定价的目标

二手车销售定价的目标是指企业通过制订价格水平，凭借价格产生的效用来达到预期的目的要求。

（1）以追求利润最大化为定价目标　这种定价目标指的是企业希望获得最大限度的销售利润或投资收益，这几乎是所有企业的共同愿望和追求的目标。

（2）以获取适度利润为定价目标　适度利润目标又称“满意利润目标”，是一种使企业经营者和股东（所有者）都感到比较满意和比较适当的利润目标，利润既不太高，也不是太低。

（3）以取得预期投资收益为定价目标　预期投资收益目标又称目标投资利润目标。

（4）以保持或扩大市场占有率为定价目标　对于二手车流通企业来说，市场占有率即该企业二手车的销售量或销售额在同行业市场销售总量中的比例。

3. 二手车销售定价的方法

（1）成本加成定价法　成本加成定价法是成本导向定价法大类中的一种方法，它是按照单位成本加上一定百分比的加成来制定产品的销售价格，其公式为

二手车销售价格=单位完全成本×(1+成本加成率)

（2）需求导向定价法　这种定价方法又称顾客导向定价法、市场导向定价法。

（3）竞争导向定价法　这种定价方法是企业根据自身的竞争力，参考成本和供求情况，将价格定得高于、等于或低于竞争者价格，以实现企业定价目标和总体经营战略目标，谋求企业的生存和发展的一种方法。

在上述定价方法中，成本加成定价法深受企业界欢迎，主要有以下原因：

1）成本的不确定性一般比需求少，将价格紧跟单位成本，可以大大简化企业定价程序，而不必根据需求情况的瞬息万变做出调整。

2）只要行业中所有企业都采取这种定价方法，则价格在成本与加成相似的情况下也大致相似，价格竞争也会因此降至最低限度。

3）成本加成定价法对买方和卖方来讲都比较公平。

三、掌握二手车整备翻新要点

1. 成本控制

对车辆进行维修整备是对回收车辆进行价值提升的过程，如何控制费用、缩短时间在这个环节非常重要，详见表7-1。

表7-1　单车成本控制表

库存编号		品牌/车型/颜色	
VIN		出厂年份	
来源		里程数	
收购日期		整修完成日期	
展示日期			
收购成本			
		预计费用	实际费用
整修成本	机械电器		
	钣金喷漆		
	饰件		
	整备		
	其他		
	小计		
认证费		其他费用	
成本总计		预计利润	
预定售价		实际利润	
价格调整一		实际利润	
价格调整二		实际利润	
处理价格			
备注：			

2. 整备翻新要求与方法

整备翻新除了机电维修以外还要对车辆的外观及内饰进行翻新、清洁与装饰，给客户“整旧如新”的感觉。这是一个非常细致的工作环节，除了需要喷漆的部位，其余部位都需进行清洁与美容，一辆车需要两名专业人员 6~7h 的时间才能完成。表 7-2 列出的是整备翻新的流程及步骤。

表 7-2　车辆整备翻新的流程及步骤

部位	目的	步　骤
全车外表	去除黏附车身的沥青及排气油垢	(1)用清水洗净车身外部灰尘 (2)擦干全车水渍 (3)喷上去沥青剂 (4)约 15min 之后以海绵擦拭全车
轮圈	清洁	(1)喷上铝合金轮圈专用清洁液 (2)等待数分钟之后刷洗干净 (3)检查胎压是否足够
发动机舱盖	清洁及检查	(1)打开发动机舱盖检查各项油品(机油、制动液、变速器油、动力转向液)以及冷却液、蓄电池电解液、刮水器清洗液等是否足够且干净 (2)用清洗液加以清洗干净(需注意高压线圈、计算机点火系统及熔丝盒的防水效果) (3)检查并整理发动机舱盖线路 (4)检查火花塞导线及各类传动带是否破损
轮胎、门槛和保险杠下方	去除泥垢及检查锈蚀	(1)用高压水管冲洗车轮部分及底盘部分 (2)用刷子清洗前后翼子板内侧、轮胎、轮辋细缝、前后保险杠下方、门槛下方及门框内侧 (3)查看底盘有否掉漆及锈蚀现象。若有，先刮除锈斑，以砂纸磨过后再补同色漆
车厢内部	清洁	(1)拿出车内所有的物品(包括地毯、脚垫、座椅套等)并清洗 (2)用吸尘器将车厢内部全部吸干净 (3)有污垢的地方用内饰清洁剂刷洗干净
仪表板和中控台	清洁	(1)用吸尘器将仪表板、中控台及座椅吸干净 (2)用棉花棒蘸清洁液清洁各通风口的细缝凹槽 (3)以内饰专用清洁剂开始清理内饰，顺序为车顶内衬板、仪表板、中控台、门内衬板、座椅、地毯
行李舱	清洁及整理随车工具	(1)清出行李舱内所有物品 (2)将备胎及行李舱地毯拿出来清洗 (3)用吸尘器将这些地方仔细吸干净 (4)喷上清洁液擦洗干净 (5)将随车工具归位 (6)检查并整理音响线路及制动灯线路
门框	清洁及防水检查	(1)打开车门看车内有无漏水 (2)清除车门框四周边缘及防水胶条上的水迹、泥垢 (3)检查门框防水条有无破损，如有破损立即更换 (4)检查门框边缘有无锈斑。若有，先刮除锈斑，再用砂纸磨过后涂上同色漆
车门下方	清洁及排水检查	(1)检查车门底下是否有泥土及锈蚀 (2)清除泥土及锈蚀 (3)检查并确保门底下的排水孔通畅

（续）

部位	目的	步骤
车厢内部	上色	(1)内饰上维护液。皮革、塑料、绒布等不同材质需分别处理 (2)将洗干净的脚垫及座椅套装好
车辆外观	抛光打蜡	(1)在海绵上打上一层粗蜡或烤漆白蜡，要以直线方式进行打蜡，对车顶、发动机舱盖、行李舱盖、车身左右等部位进行处理 (2)若保险杠是黑色塑料材质且无烤漆的，则不要上蜡 (3)再在海绵打上一层细蜡，打蜡方法相同 (4)一个地方打完蜡后再打下一个部分，否则上蜡时间太久抛光时很累且会留下蜡痕
全车	终检	(1)全车玻璃喷上清洁液后，以干布擦拭干净 (2)检查车辆内外有无缺损的零件 (3)查看车身是否有擦伤掉漆。若有，用同色漆小心修补，涂上几层即可 (4)用牙刷去除全车标志细缝及玻璃凹槽内的残留蜡渍 (5)轮胎喷上轮胎液

四、掌握二手车的销售及合同的签订

1. 销售准备

销售前需对二手车进行销售包装：价格牌、基本信息表、挡车牌等，特殊车辆特殊包装，就绪后将车辆放在指定位置开始展示。

2. 销售展示

消费者往往根据自己的购买能力来选购车辆，须将卖场进行价格分区。

资源 7-3 二手车交易流程

3. 销售谈判

第一，二手车车况的不确定性决定了销售顾问在向客户介绍时，即使该车辆已经检测维修过也不能保证其质量完全没问题；第二，同一卖场有几部品牌型号相近的车，往往最先卖出的是车况最好的车，因此卖场里不宜同时摆放过多同类车型；第三，由于过户流程较复杂，且部分环节需要原车主配合，必须向客户详细讲解过户流程及相关注意事项，得到新车主的理解和支持，以免日后产生不必要的纠纷。

4. 合同签署

参考《二手车买卖合同》范本。

《二手车买卖合同》

（示范文本）国家工商行政管理总局制定

使用说明

一、本合同文本是依据《中华人民共和国合同法》《二手车流通管理办法》等有关法律、法规和规章制定的示范文本，供当事人约定使用。

二、本合同所称二手车，是指从办理完注册登记手续达到国家强制报废标准之前进行交易并转移所有权的汽车（包括三轮汽车、低速载货汽车，即原农用运输车）、挂车和摩托车。

三、本合同签订前，买卖双方应充分了解合同的相关内容。卖方应向买方提供车辆的使用、修理、事故、检验以及是否办理抵押登记、缴纳税费、报废期等真实情况和信息；

买方应了解、查验车辆的状况。

四、双方当事人应结合具体情况选择本合同协议条款中所提供的选择项，空格处应以文字形式填写完整。

五、本合同"其他约定"条款，供双方当事人自行约定。

六、本合同示范文本由国家工商行政管理总局负责解释，并在全国范围内推行使用。

二手车买卖合同

合同编号：

卖方：	买方：
住所：	住所：
法定代表人：	法定代表人：
（如为自然人）	（如为自然人）
电话号码：	电话号码：
身份证号码：	身份证号码：

根据《中华人民共和国合同法》《二手车流通管理办法》等有关法律、法规、规章的规定，就二手车的买卖事宜，买卖双方在平等、自愿、协商一致的基础上签订本合同。

第一条　车辆基本情况

1. 车主名称：________；车牌号码：________；厂牌型号：________

2. 车辆状况说明见附件一。

3. 车辆相关凭证见附件二。

第二条　车辆价款、过户手续费及支付时间、方式

1. 车辆价款及过户手续费

本车价款（不含税费或其他费用）为人民币：________元（大写：________元）。

过户手续费（包含税费）为人民币：________元（大写：________________元）。

2. 支付时间、方式

待本车过户、转籍手续办理完成后________个工作日内，买方向卖方支付本车价款（采用分期付款方式的可另行约定）人民币：________元（大写：________________元）。

过户手续费由____方承担。____方应于本合同签订之日起____个工作日内，将过户手续费支付给双方约定的过户手续办理方。

第三条　车辆的过户、交付及风险承担

____方应于本合同签订之日起____个工作日内，将办理本车过户、转籍手续所需的一切有关证件、资料的原件及复印件交给____方，该方为过户手续办理方。

卖方应于本车过户、转籍手续办理完成后____个工作日内在（地点）________向买方交付车辆及相关凭证（见附件一）。

在车辆交付买方之前所发生的所有风险由卖方承担和负责处理；在车辆交付买方之后所发生的所有风险由买方承担和负责处理。

第四条　双方的权利和义务

1. 卖方应按照合同约定的时间、地点向买方交付车辆。

2. 卖方应保证合法享有车辆的所有权或处置权。

3. 卖方保证所出示及提供的与车辆有关的一切证件、证明及信息合法、真实、有效。

4. 买方应按照合同约定支付价款。

5. 对转出本地的车辆，买方应了解、确认车辆能在转入所在地办理转入手续。

第五条 违约责任

1. 卖方向买方提供的有关车辆信息不真实，买方有权要求卖方赔偿因此造成的损失。

2. 卖方未按合同的约定将本车及其相关凭证交付买方的，逾期每日按本车价款总额的____%向买方支付违约金。

3. 买方未按照合同约定支付本车价款的，逾期每日按本车价款总额____%向卖方支付违约金。

4. 因卖方原因致使车辆不能办理过户、转籍手续的，买方有权要求卖方返还车辆价款并承担一切损失；因买方原因致使车辆不能办理过户、转籍手续的，卖方有权要求买方返还车辆并承担一切损失。

5. 任何一方违反合同约定的，均应赔偿由此给对方造成的损失。

第六条 合同争议的解决方式

因本合同发生的争议，由当事人协商或调解解决；协商或调解不成的，按下列第____种方式解决：

1. 提交仲裁委员会仲裁。

2. 依法向人民法院起诉。

第七条 合同的生效

本合同一式____份，经双方当事人签字或盖章之日起生效。

第八条 其他约定

____

____

____

附件一：车辆状况说明书（车辆信息表）

附件二：车辆相关凭证

1.《机动车登记证书》

2.《机动车行驶证》

3. 有效的机动车安全技术检验合格标志

4. 车辆购置税完税证明

5. 车船使用税缴付凭证

6. 车辆保险单

7. 购车发票

卖方：（签章）	买方：（签章）
卖方开户银行：	买方开户银行：
账号：	账号：
户名：	户名：
签订地点：	签订日期： 年 月 日

填写说明

一、车辆基本信息：

（一）“表征里程”项的内容，按照车辆里程表实际显示总里程数填写。

（二）“其他法定凭证、证明”项的内容，根据实际提交证明文件，未列明的填入“其他”项中。

二、重要技术配置及参数：

“其他重要参数”：根据实际情况如实填写相关配置信息。

三、是否为事故车：

如实明示是否为事故车，如果“是”，需在“损伤位置及损伤状况”项中描述损伤位置及损伤状况。损伤位置为可以影响到车辆整体结构的位置，主要为A、B、C、D柱，翼子板内板，前纵梁，地板等。损伤状况包括：变形、烧焊、扭曲、锈蚀、褶皱、更换过等。如果“否”，则无须填写后项内容。

四、车辆状况描述：

仅描述静态状况，应包括如下内容：

（一）车身外观状况：需描述外观的损伤位置及损伤状况。

损伤位置包括：翼子板、车门、行李舱盖、行李舱内侧、车顶、保险杠、格栅、玻璃、轮胎、备胎等。

损伤状况包括状态和程度两部分。

损伤状态包括：伤痕、凹陷、弯曲、波纹、锈斑、腐蚀、裂纹、小孔、调换、掉漆、痕迹、条纹等。

损伤程度包括：一元硬币可覆盖、A4纸可覆盖、A4纸无法覆盖、花纹深度小于1.6mm（轮胎损伤）。

（二）发动机舱内状况：需描述发动机外观状态，各液面状态、线路状况。

（三）车内及电器状况：需描述内饰是否有破损，车内是否清洁，仪表是否正常，各部分电器是否工作正常，车窗密封及工作状况是否正常等。

（四）底盘状况：发动机油底壳、变速器、减振器是否有渗漏油现象，转向臂球销、三角臂球销是否松动，传动轴防尘罩是否有破损。

以上部分，如果无任何问题，填写“车辆状况良好”。有任何问题均需明确注明。

五、质量保证：

明示车辆是否提供质量保证，如果“是”，需在“质保范围”项中填写质保内容。如果“否”，则无须填写后项内容。

特别提示

协议填写过程中的注意事项：

1）一般情况下，二手车的销售价格是包含过户费用的。

2）许多二手车商为回避销售以后的麻烦，往往在“车辆状况说明书”上将车辆技术状况等相关内容填写得较为模糊。

3）由于二手车价格具有时效性，为控制风险，支付定金一般至少为1000元，保留时间最高不超过一周，一般情况下，定金越多，客户违约的可能性就越小，而且定金在一般情况下是不予退还的；由于在交易过后相当长的时间里都需要车主的配合，因此，出于对原车主负责的态度，业内一般是当该车辆销售出去办理过户（出代理证）以后再交车给客户，在此必须与原车主解释清楚，并详细讲解后续流程，以免日后产生不必要的纠纷。

任务四 掌握二手车选购

一、了解如何挑选经销商

尽管能够买到既便宜又经济实惠、既安全又有高性价比的二手车，但是和选购新车相比较，选购二手车的技术更为复杂、难度更大，花费的时间成本也多一些。同时，选购二手车也需要一定的学问和技巧。本章主要介绍选购二手车的方法和技巧。

1. 二手车经销商的主要类型

目前，社会上的二手车经营企业主要有以下几类：第一类，传统二手车交易市场里的经营户；第二类，开展二手车置换（贸易）的各品牌汽车经销商（专卖店）；第三类，独立于二手车市场和品牌经销商的二手车专营公司；第四类，开展二手车拍卖业务的拍卖机构；第五类，开展二手车代购、代销、寄售的经纪机构。

2. 各类二手车经销商的特点

这些二手车经营企业所开展的二手车经销、交易业务，各有千秋、各有所长，服务质量和水平参差不齐，售后服务保障也大不一样。

（1）传统二手车交易市场里的经营户　这类企业是经营二手车最早、手法最传统、目前数量最庞大的群体。因为各种历史原因，这类企业的很多从业人员（包括企业负责人）构成复杂、人员素质参差不齐。他们经验丰富，实战能力强。

随着市场经济的逐步规范和完善、全社会对诚信经营企业的渴望、广大购车者自我保护能力的提高以及企业出于自身发展繁荣、做大做强的需要，现在绝大部分这类企业的二手车交易行为还是令人放心的。

尽管这些经营户在国内的二手车市场具有不可或缺的作用，但是随着汽车生产厂家、品牌汽车经销商介入二手车交易的深度和广度的增加，未来这类经营者的经营会越来越难，市场份额也会日益缩小。

（2）各品牌汽车经销商（专营店）　这类企业是各品牌汽车经销商在生产厂家的支持下，以开展品牌汽车“置换”（即“以旧换新、以旧换旧”）活动而逐渐活跃在二手车市场的经营者。他们都有十分专业的经营团队以及应有的社会责任感和使命感。

这类企业因为有厂家的支持，业务规范和业务流程又严格按照厂家的要求执行，因此从一开始就深受广大二手车交易客户的青睐，其经营二手车的根本目的不是在购销二手车的过程中盈利，而是为了促进新车的销售，提高所售品牌车型的市场占有率。

同时，由于有生产厂家的支持，从对车辆的查定、估价、收购、维修、整备翻新、仓储、销售，到售后办理转移登记以及客户关系维护、质保等环节，这类企业都做得非常诚信、标准、优秀。

这类企业从业人员的素质也普遍比第一类经营企业的高些。因为他们不仅有各企业内部的培训、案例分析，还要参加生产厂家随时组织的各类学习、培训。

可以预见，将来这类经营企业是二手车交易活动的主导力量，必将推动国内二手车交易行为朝规范、方便、快捷、实惠的方向快速发展。

目前，二手车经销商提供全方位、精细化的二手车交易服务，如澳康达、广汇、中升、永达、利星行等。

(3) 二手车专营公司　这类经营企业的资本实力、业务素养、经营规模以及从业人员素质介于第一类和第二类之间，他们有固定的经营场所、比较专业的经营团队，能够为买卖二手车的广大消费者提供比较优质、高效和诚信的服务。

他们中大多数以前都是第一类经营企业，因为有把二手车业务做大做强的前瞻意识，最近几年都纷纷从传统的二手车市场退出，独立成立专门的二手车经营公司（有的还经营汽车维修业务，与二手车经营相得益彰）。还有一部分这类企业，可能是一些风险投资商看好二手车市场广阔的发展前景，而投资让操盘手经营打理的。他们要在竞争激烈的二手车业务上分得一杯羹，就不得不规范管理，诚信经营。

(4) 开展二手车拍卖的拍卖机构　这类经营企业是随着拍卖这种新兴交易方式的出现和发展而发展起来的。有时在拍卖市场也能淘到经济实惠的二手车。

(5) 二手车经纪机构　这类经营企业在全国各地情况不大一样。有的严格按照营业执照核准的经营范围开展经营活动，只进行二手车的居间、行纪、代理，靠收取手续费和佣金生存和发展。有的违规超范围经营，除了开展居间、行纪、代理外，还进行二手车的实体买卖，从买进卖出的过程中牟取差价利润。有的甚至连营业执照都没有，也没有固定的经营场所，同样也在进行二手车的实体买卖。广大购车者只有擦亮眼睛，才能辨识庐山真面目，避免自己蒙受经济上的损失。

3. 挑选二手车经销商的原则

挑选二手车经营企业时，不论它是哪一种类型，也不论它提供的服务质量如何，只要坚持和把握如下基本原则，就能保证选购到既便宜又经济实惠、既安全又有高性价比的二手车。

(1) 挑选车型和品牌阵营较强大的经销商　这类经销商一般实力较强、经营管理经验丰富，可供购车者选择的品牌和二手车车型较多，便于消费者比较和选择。

(2) 挑选提供优质、高效、规范、全面服务且收费合理的诚信经销商　为了能保证购车后得到应有的服务保障，明白消费，不至于上当受骗，应该选择诚信经营，能够提供优质、高效、全面的售后服务以及收费合理的二手车经销商。这对节省购车和用车费用以及购买后的维护修理都非常重要。

(3) 要舍得花费一定的时间成本　与新车相比，二手车除了经济、实惠等特点外，最大的不同就在于不是批量从生产线上生产出来的，车况千差万别。俗话说："新车有价，旧车无价；即便有价，一车一价。"购买二手车切忌冲动，要多走多看，货比三家。只有这样才能买到既经济、实惠，又满意、放心的二手车。

(4) 挑选有回购承诺制度的经销商　目前，经营理念较好、经营得特别优秀的、开展了二手车经营业务的品牌汽车经销商，有的已经实施了车辆回购制度等增值服务。从这类企业购买了二手车（也包括新车），车主若日后想出让，他们都会以不低于甚至略高于当时公开市场行情的价格回购该车。这就大大方便了车主购车后的再处理，省去了卖车时的麻烦。

二、了解如何挑选品牌和车型

和新车一样，不同品牌和车型的二手车，不但交易时价格各异，而且其安全技术状况和排放品质也不相同。不同品牌的不同车型存在不同的登记注册时间、不同的使用条件、不同的驾驶技术和不同的维护修理状况等差异而导致每辆二手车的安全技术状况和排放品质差异很大，同一品牌的相同车型在上述情况下其安全技术状况和排放品质也是有很大差异的，这就会严重影响二手车在交易时的价格和价值。因此，在讨论二手车品牌、车型的挑选时，引入了“血统、发育、出生率、生育期”的概念。

汽车的血统，是指某品牌、型号的汽车是出自以哪家制造商为首的汽车集团以及是否是该集团的主流、畅销车型。

汽车的发育，是指汽车的开发、设计、制造和装配工艺水平的高低。如果某车在设计、制造过程中的每一道工序和流程都精益求精、精雕细琢，那么，其发育肯定正常；相反，如果粗制滥造、东拼西凑，其发育肯定有缺陷。

汽车的出生率，是指年款相近、车系相近的二手车及其在当地的保有量是否足够多。如果同一款车的产品线很长、变型车很多，对车辆的使用是会有很大好处的。

汽车的生育期，是指生产厂家生产这款车的周期的长短。如果一个厂家生产一款车的周期只有短暂的一两年，就被称为生育期短；如果生产周期较长，就被称为生育期长。

汽车是否有纯正的“贵族”血统，一般来说，能够在很大程度上代表该品牌汽车的装配、制造质量和水平。汽车是否有良好、正常的发育，将决定购车后的使用状况，影响汽车的各项技术使用性能的正常发挥。汽车是否有很高的出生率以及在当地的保有量是否够大，将决定购车使用的方便程度，因为车辆的“同胞”越多，维修就越方便、便宜。汽车生育期的长短，将影响汽车生产的连续性。如果某品牌或车型的生育期很长，就将成为车坛的常青树，那么这款车就相对比较保值。比如捷达已经在中国连续生产了近 30 年，还一直比较畅销，就属于生育期较长的“车坛常青树”。

1. 挑选二手车品牌和车型的原则

（1）大众、主流、畅销、不标新立异　国内外主流汽车制造商的汽车产品，大多是大众的、畅销的，经广大用户长期使用证明是质量上乘、安全可靠、经济实惠的。这些产品，消费者可以放心购买、安心使用。

车辆的外形和颜色应当尽量大众化。不追求怪异、另类的形状和颜色。有人认为，从众的消费心理和习惯不大好，这恰恰是对汽车消费的误解。和购买新车一样，选择二手车也应该随大流，避免标新立异。

（2）成熟、理性、稳重、冷静　挑选行为应当成熟、稳重，心态平和。要有理智，适当捂紧自己的钱袋，不要轻易让销售顾问“掏你的腰包”，自己要有主见。

（3）大小恰当、方便使用、便于维修　所选车辆不但产量要大，而且维修服务网点要多，服务质量要好，这样才方便使用过程中的日常维护和修理。不要轻易降低要求和标准，避免因欠考虑盲目下手而后悔。尽管二手车经济实惠，但是决不能“将就”。

为了适应国家日益严格的排放法规和标准，在挑选时要尽量选购排放污染小的品牌和车型。在考察排放标准时，最好考虑长远一点、前瞻一点，以应对未来排放法规和标准的升级。

为了适应日益恶劣的道路、停车环境，车辆的外部尺寸不宜过大，够用就行，如果两厢车够用，就应当考虑不买三厢车。因为较长的车身会占用较大的空间资源，既不方便使用和停放，同时车辆的通过性和机动灵活性也会受到影响。考虑到日益紧缺的石油资源和车辆使用的燃油经济性，所挑选车辆的发动机排量应当适中，私家二手车的排量在 1.4~2.0L 就足够了。

（4）找身边内行的亲朋好友或者二手车导购师陪同选购　请对汽车比较了解的朋友或者专业的二手车导购师协助选购，不但会省去许多时间和精力，还很有可能省去一大笔经济支出。

2. 挑选二手车品牌和车型的方法

（1）货比三家——比较法　消费者在购物行动中，经常说“货比三家，终其一家”。同样，选购二手车更需要耐心地进行比较。比较不同制造商的品牌和车型，比较同一制造商不同的品牌，比较同一制造商同一品牌的不同车型，比较某品牌和车型的市场规模和占有率。

在不同的经销商之间比较，主要是比较其所售二手车的价格、车辆安全技术情况、销售服务水平，以及售后维修服务质量、维修能力的高低、诚信程度、在当地的影响力和口碑的好坏。

要比较和考察制造商、经销商及其雇员是否将“以消费者为中心”的经营、服务、管理理念贯穿始终，全体员工是否能不折不扣地执行和遵从。

比较的方式包括实地考察或汲取身边亲朋好友的感受、经验和教训，也可以参考媒体的推介、评论等，如果某个品牌某个车型经常有负面报道，最好避而远之。

（2）三人行，必有我师——咨询法　古人云：“闻道有先后，术业有专攻。”如果汽车知识比较贫乏或者平常对二手车行情关注不够，可以向身边对汽车或汽车行情有所研究的机构、专家、学者以及亲朋好友咨询、请教。或者多参加汽车制造商、经销商、汽车俱乐部和专业媒体举行的各种汽车文化推广活动，并向有关人员咨询，来增加自己的汽车以及二手车专业知识，提高自己对二手车的鉴别和判断能力。

三、掌握如何挑选具体车辆

1. 注意事项

由于二手车具有特殊性和唯一性，在选购时需要注意的事项有很多，对于没有丰富经验和专业知识的一般消费者而言，需要掌握七大基本的注意事项，从而避免购买到事故车或者试驾车等问题车辆。

（1）检查车主是否为原车主　这点我们可能在选购二手车时容易忽略，大家想必都会认为自己可能是这部车的“第二手”，但往往事实不是这样。了解车辆的转手次数是非常重要的：首先，通过了解这辆车的转手次数，可以大概了解这部车的车况。因为当一部二手车经过多次转手，说明这辆车可能存在一定的问题，导致很多次转手。其次，知道这辆车转手次数，可以从中获得这辆车在曾经使用过程中出现的问题及服务历史记录，便于购买后在使用中多加小心。

（2）检查车辆出厂时间　二手车的技术状况与车辆的使用时间直接相关，通过查找二手车的出厂时间，可以初步估算车辆的现有性能。一般，二手车的出厂时间可以通过车主或查看车辆资料查找，但是进口汽车由于在国外的使用和滞留时间无法确定，通过这种方法只能大概了解。最准确的办法是从车辆的技术资料中查找，多数进口汽车的出厂时间不直接标在车型标牌上，而是用车架号码代替。

（3）车辆行驶里程　这个问题不一定能得到真正的答案，但也可算是一个参考。因为车辆行驶里程能够人工调节，所以差距可能会很大，这时就要看该二手车原车主的可信程度了。当原车主称此车每年行驶里程超过3万km或低于5000km，你就要问清缘由。每年超过3万km里程属于行驶较多的，低于5000km属于非常少的，都不属于正常行驶里程。除了要问清车辆行驶里程外，还要看是否有正常的维护记录。车“七分开、三分养”，维护对车辆十分重要。

（4）检查车辆是否出过事故　事故分为大事故与小事故，如果该二手车车主坦白地说有小事故，譬如剐蹭或小的碰撞，就不必太过担心。这些都属于正常现象，很少有一辆车没有发生过小事故，且小事故不会对车辆有较大伤害，也就意味着不会影响正常驾驶。如果发现车辆有大事故，这个就需要仔细研究一下，具体问题具体分析，大多情况下建议放弃这种车。

（5）是否有维修记录　维护对车辆极其重要。如果这辆二手车按照厂家的要求进行定期维护，对一些易损件正常更换，一般不会出现大的问题。如果车主没有去厂家指定点进行维修，就要引起注意了。一般非指定维修点维修技术参差不齐，所以可能导致日后麻烦不断。当然，最理想的是车主可提供翔实的维修信息，以及在厂家指定4S店进行的检测报告。

（6）对车辆进行路试检查　起步，检查离合器接合是否平稳，有无抖动和异响。原地起步加速行驶，猛踩加速踏板检查提速是否灵敏，在坡道上检查提速是否有劲，如果提速慢，上坡又没有劲，则说明发动机功率不足。可以通过行驶中空档滑行，根据滑行的距离长短判断传动性能的优劣。通过在增、减档时感觉是否灵活顺畅，有无跳档、夹档和异响来检查变速器。

（7）检查相关手续是否完整　除了检查二手车的各种手续是否齐全外，还要确定保险费等相关费用的交费情况，选购时也要记得考虑这部分费用。特别需要强调的是汽车保险，因为现在办理过户要求车辆必须有保险，所以一定要问清楚。

2. 购买技巧

购买任何商品，都有一定的交易技巧，二手车也不例外。在了解了二手车交易中应该注意的事项之后，还应知道正式交易中的五大技巧，包含购车时机、砍价技巧等，掌握了这五大技巧，一般的消费者也能轻松买到经济实惠、质量过硬的二手车。

（1）选准购车时机　在放置一个晚上后，有些车辆会出现不易起动、地面漏油的痕迹，说明电气系统或油液系统出现问题。因此，车辆在早上最能体现出其基本性能。选车首先要选对时机，把握住机会才能“淘”到宝贝。

（2）选择正规商家　买二手车应该尽量选择到正规的二手车交易市场，与合法的二手车公司交易，通过正确的渠道进行选购，因为正规的二手车公司可以保证其车辆来源合法可靠，是质量的保证，并且二手车不同于新车，维修的频率会更高，正规的二手车公司拥有相对完善人性的售后服务；万一出现车辆纠纷，正规的二手车交易市场会出面进行协调，最大限度地降低消费者的损失。

（3）选择保值车型　保值率高的车型其优势在于它的价格受降价风潮的影响不大，使用几年后再进入二手车市场时贬值较少，使消费者承受较小的因产品贬值而造成的经济损失。

（4）考虑后续维护成本　二手车是车主使用过一段时间后进入二手车市场的，一般都过了厂家的保修期，所以与新车不同，除了购车款之外，后续的维护花费也直接影响到用车成本，维护成本高的车型，一般不受欢迎。所以在购买二手车时也需要考虑维护成本，不同品牌的车辆维护成本也有差异，应尽量选择零部件容易找到、维护成本较低的品牌车辆。

（5）学习砍价技巧　如果以上几点均没有问题，就到了和商家砍价的阶段，由于现在行业竞争日趋激烈，二手车价格的透明度越来越高，相近车型的二手车往往价格相差不多，经销商销售的知名品牌二手车利润也只有5%左右，所以消费者砍价一般在售价的10%以内还算是比较合理，如果经销商的最终报价优惠幅度超过10%，往往就是车况有一些问题或者手续不全。

任务五　了解二手车置换

一、了解二手车置换的概念

二手车置换简单来说就是以旧换新，由经销商在4S店或各级网点进行，通过满足车主换车的需求，开展二手车的收购业务，用二手车的价值来补足车主购买新车的价款，并提供相关服务，从而促进新车销售。二手车置换业务实质上是为了将二手车业务和新车销售业务紧密结合起来。

1. 二手车置换业务的产生

目前车主进行车辆更新的手续比较烦琐。车主首先要到二手车市场把车卖掉，其中要经历了解市场行情、咨询二手车价格、与经纪公司讨价还价直至成交、办理各种手续和等待回款等一系列步骤，至少需要好几天。等拿到钱后再到新车市场买新车，又是一番周折。因此更新一辆车比买一辆新车麻烦得多。在生活节奏日益加快的今天，人们期盼有一种便捷的以旧换新业务，使他们在选择新车的同时，能很方便地处理旧车。于是二手车置换业务应运而生。

二手车置换业务既可以帮助经销商促进新车销售，经销商也可以从二手车的收购和销售过程中获得相当丰厚的利润，消费者也可以通过置换获得便捷可靠的换车服务，并可能获得更加优惠的价格。

2. 二手车置换业务的发展

汽车置换业务在中国市场主要是作为新车市场的一个辅助市场和竞争手段。最早开展二手车置换业务的是2002年上海通用推出的二手车品牌——“诚新二手车”。在通用的大力支持下，“诚新二手车”的二手车品牌活动也迅速在全国各大城市展开。随后各大汽车生产厂商也纷纷推出自己的二手车置换业务品牌，并对经销商的置换业务给予政策扶持。

当前置换业务的主要目标还是加快车辆更新周期，刺激新车消费，这和国外市场的经营宗旨有所不同。各大汽车生产厂商为扶持这一新市场，在经营模式、品牌形象、车辆供应、资金配套、储运分流、售后服务协调以及广告宣传方面，均给予了有力的支持，这使得置换业务能在竞争激烈的汽车市场迅速打开局面。

各经销商在开展置换业务时并不限制置换的旧车是否是本品牌，但如果是本品牌置换，将会提供更加优惠的政策。“诚新二手车”在开展置换业务时，以上海大众生产的POLO汽车来置换别克君越，仅能享受新车保修期延长一年/1万km的优惠，而以通用的凯越来置换别克君越，将享受新车保修期延长一年/2万km的优惠。

知识链接

国内主要二手车置换品牌简介

1. 澳康达

澳康达创立于1999年，开创了“自有品牌+自建展厅+自主经营”的实体经营模式，展厅内名车3000多台，集二手车销售、二手车收购、汽车精品商城、维修维护中心、汽车文化生活、车管所、金融机构等一体，给消费者带来了颠覆性的体验。澳康达以匠心品质与服务，树立二手车行业标准，年交易量、销售额稳居全国前列，被誉为中国二手车行业标杆。

2. 广汇

广汇汽车服务集团股份公司于2020年在陕西省西安市设立，公司积极响应国家二手车新政策，在全国范围内迅速开展业务模式转换，推进规模化发展，并搭建了全国性二手车专业实体平台，广汇在全国约140个城市设立分机构、子机构，整合二手车业务及团队，启动各地网点的经销资质和业务模式的全国性建构，并着手布局对原有各地二手车交易服务中心的升级改造，依托既有4S店规模及专业二手车服务优势，持续优化业务流程，提升服务水准，促进公司新车、维修、融资租赁等业务协同发展。

3. 中升

中升集团控股有限公司是中国领先的全国性汽车经销商之一。中升拥有广泛的全国性4S（包括销售、零部件、售后服务及信息调查）经销店网络，覆盖经济发达的地区及城市。中升专注于经营豪华和中高端品牌组合，包括奔驰、雷克萨斯、奥迪、宝马、沃尔沃、捷豹路虎、丰田、日产、本田等品牌。中升是获得丰田经销权的经销商，以及中国较早获雷克萨斯及奥迪经销代理权的公司之一。中升一直致力发展一站式的经营模式，于各4S经销店提供新车销售，以及售后产品及服务，包括提供零部件、汽车用品、维修及维护服务，汽车美容服务，以及其他与汽车相关的产品及服务。

4. 永达

永达二手车是永达集团旗下二手车经销品牌，拥有完整汽车销售服务产业链，致力于通过品牌化、连锁化战略管理，打造产品标准化、管理流程化的全程质量控制系统，可提供专业的二手车认证、交易及质保服务。可为消费者提供专业的二手车认证、交易及质保服务，真正实现“买车放心、服务舒心、用车安心”的全新购车体验，为消费者提供二手车行业诚信、透明的交易平台。

5. 利星行

利星行是国内规模较大的汽车经销商之一，致力于为用户提供豪华汽车销售/二手车等一站式服务。利星行总部设在北京，经销网络遍及全国80多个城市。利星行提供多样化的产品和服务，以满足客户的不同需求。利星行的经营范围涵盖新车、二手车、汽车零部件的销售、售后服务、金融和保险及相关的汽车衍生服务。

3. 二手车置换的价值和意义

（1）对新车生产厂商及其经销商而言

1）获得更大利润。新车经销商为了开展二手车置换业务往往会推出让利置换、旧车增值的促销活动，其收购价格偏高，表面上减少了利润，但实际上经销商在品牌增值上同样能获得利润。

2）促进新车销售。在国外发达市场，二手车置换率（指二手车置换新车占整个新车销售总量的比例）高达70%，二手车置换对新车的销售促进作用日渐凸显，发展空间极大。

3）提升品牌价值。新车生产厂商积极开展置换业务，鼓励经销商抬高价格收购本品牌的二手车，其目的是提高本品牌车辆的残值，提升品牌价值，增强消费者对其品牌的信任，从而获得长远的利益。

（2）对二手车车主而言

1）交易便捷。二手车置换服务将消费者淘汰旧车和购买新车的过程结合在一起，一次完成甚至一站完成，为用户解决了先要卖掉旧车再去购买新车的麻烦。

2）新车经销商的让利置换，旧车增值。新车经销商在生产厂商的支持和授权下，将车辆置换作为顾客购买新车的一项增值服务，与顾客将旧车出售给二手车经纪公司不同，经销商通常是以二手车交易市场收购二手车的最高价格甚至更高的价格，确定二手车价格，置换的钱款直接冲抵新车的价格。

3）享受“全程一对一”的置换服务。从旧车定价、过户手续，到新车的贷款、购买、保险、牌照等过程都由二手车置换经销商公司内部的专业部门完成，保证效率和服务水准。

4）完善且有保障的售后服务。通过置换购买的新车，汽车置换授权经销商将提供包括保险、救援、替换车、异地租车等服务在内的完善服务。有的经销商还提供更加个性化的车辆保值回购计划，使顾客可以无须考虑再次更新时的车辆残值，安心使用车辆。

二、了解二手车置换的流程

1）顾客通过电话或直接到二手车置换授权经销商处（一般是4S店或二级销售网点）进行咨询，也可以在二手车置换授权经销商的网站进行置换登记。

2）二手车鉴定评估定价。

3）二手车置换授权经销商的新车销售顾问陪同选订新车。

4）签订二手车购销协议以及置换协议。

5）置换二手车的钱款直接冲抵新车的车款，顾客补足新车差价后，办理提车手续，或由二手车置换授权经销商的销售顾问协助在指定的经销商处提取所订车辆，二手车置换授权经销商提供一条龙服务。

资源7-4
二手车选购

6）顾客如需贷款购新车，则置换二手车的钱款作为新车的首付款，二手车置换授权经销商为顾客办理购车贷款手续，提供因汽车消费信贷所产生的资信管理服务，并建立个人资信数据库。

7）二手车置换授权经销商办理旧车过户手续，顾客提供必要的协助和材料。

8）二手车置换授权经销商为顾客提供全程后续服务。

任务六　掌握二手车保险及按揭

一、掌握二手车投保险种

1. 机动车交通事故责任强制保险

（1）保险责任

在中华人民共和国境内（不含港、澳、台地区），被保险人在使用被保险机动车过程中发生交通事故，致使受害人遭受人身伤亡或者财产损失，依法应当由被保险人承担的损害赔偿责任，保险人按照交强险合同的约定对每次事故在下列赔偿限额内负责赔偿：死亡伤残赔偿限额为180000元；医疗费用赔偿限额为18000元；财产损失赔偿限额为2000元。被保险人无责任时，无责任死亡伤残赔偿限额为18000元；无责任医疗费用赔偿限额为1800元；无责任财产损失赔偿限额为100元。

死亡伤残赔偿限额和无责任死亡伤残赔偿限额项下负责赔偿丧葬费、死亡补偿费、受害人亲属办理丧葬事宜支出的交通费用、残疾赔偿金、残疾辅助器具费、护理费、康复费、交通费、被扶养人生活费、住宿费、误工费，被保险人依照法院判决或者调解承担的精神损害抚慰金。

医疗费用赔偿限额和无责任医疗费用赔偿限额项下负责赔偿医药费、诊疗费、住院费、住院伙食补助费，必要的、合理的后续治疗费、整容费、营养费。

（2）责任免除

1）因受害人故意造成的交通事故的损失。

2）被保险人所有的财产及被保险机动车上的财产遭受的损失。

3）被保险机动车发生交通事故，致使受害人停业、停驶、停电、停水、停气、停产、通信或者网络中断、数据丢失、电压变化等造成的损失以及受害人财产因市场价格变动造成的贬值、修理后因价值降低造成的损失等其他各种间接损失。

4）因交通事故产生的仲裁或者诉讼费用以及其他相关费用。

2. 机动车损失保险

（1）保险责任

保险期间内，被保险人或被保险机动车驾驶人在使用被保险机动车过程中，因自然灾害、意外事故造成被保险机动车直接损失，且不属于免除保险人责任的范围，保险人依照《中国保险行业协会机动车商业保险示范条款（2020版）》（以下简称《示范条款》）的约定负责赔偿。

保险期间内，被保险机动车被盗窃、抢劫、抢夺，经出险地县级以上公安刑侦部门立案证明，满60天未查明下落的全车损失，以及因被盗窃、抢劫、抢夺受到损坏造成的直接损失，且不属于免除保险人责任的范围，保险人依照《示范条款》的约定负责赔偿。

发生保险事故时，被保险人或驾驶人为防止或者减少被保险机动车的损失所支付的必要的、合理的施救费用，由保险人承担；施救费用数额在被保险机动车损失赔偿金额以外另行计算，最高不超过保险金额。

（2）责任免除

1）在保险责任范围内，下列情况下，不论任何原因造成被保险机动车的任何损失和费用，保险人均不负责赔偿：

① 事故发生后，被保险人或驾驶人故意破坏、伪造现场，毁灭证据。

② 驾驶人有下列情形之一者：交通肇事逃逸；饮酒、吸食或注射毒品、服用国家管制的精神药品或者麻醉药品；无驾驶证，驾驶证被依法扣留、暂扣、吊销、注销期间；驾驶与驾驶证载明的准驾车型不相符合的机动车。

③ 被保险机动车有下列情形之一者：发生保险事故时被保险机动车行驶证、号牌被注销；被扣留、收缴、没收期间；竞赛、测试期间，在营业性场所维修、保养、改装期间；被保险人或驾驶人故意或重大过失，导致被保险机动车被利用从事犯罪行为。

2）下列原因导致的被保险机动车的损失和费用，保险人不负责赔偿：

① 战争、军事冲突、恐怖活动、暴乱、污染（含放射性污染）、核反应、核辐射。

② 违反安全装载规定。

③ 被保险机动车被转让、改装、加装或改变使用性质等，导致被保险机动车危险程度显著增加，且未及时通知保险人，因危险程度显著增加而发生保险事故的。

④ 投保人、被保险人或驾驶人故意制造保险事故。

3）下列损失和费用，保险人不负责赔偿：

① 因市场价格变动造成的贬值、修理后因价值降低引起的减值损失。

② 自然磨损、朽蚀、腐蚀、故障、本身质量缺陷。

③ 投保人、被保险人或驾驶人知道保险事故发生后，故意或者因重大过失未及时通知，致使保险事故的性质、原因、损失程度等难以确定的，保险人对无法确定的部分，不承担赔偿责任，但保险人通过其他途径已经知道或者应当及时知道保险事故发生的除外。

④ 车轮单独损失，无明显碰撞痕迹的车身划痕，以及新增加设备的损失。

⑤ 非全车盗抢、仅车上零部件或附属设备被盗窃。

资源 7-5
二手车评估师的一天

3. 机动车第三者责任保险

（1）保险责任

保险期间内，被保险人或其允许的驾驶人在使用被保险机动车过程中发生意外事故，致使第三者遭受人身伤亡或财产直接损毁，依法应当对第三者承担的损害赔偿责任，且不属于免除保险人责任的范围，保险人依照《示范条款》的约定，对于超过机动车交通事故责任强制保险各分项赔偿限额的部分负责赔偿。

（2）责任免除

1）在保险责任范围内，下列情况下，不论任何原因造成的人身伤亡、财产损失和费用，保险人均不负责赔偿：

① 事故发生后，被保险人或驾驶人故意破坏、伪造现场，毁灭证据。

② 驾驶人有下列情形之一者：交通肇事逃逸；饮酒、吸食或注射毒品、服用国家管制的精神药品或者麻醉药品；无驾驶证，驾驶证被依法扣留、暂扣、吊销、注销期间；驾驶与驾驶证载明的准驾车型不相符合的机动车；非被保险人允许的驾驶人。

③ 被保险机动车有下列情形之一者：发生保险事故时被保险机动车行驶证、号牌被注销的；被扣留、收缴、没收期间；竞赛、测试期间，在营业性场所维修、保养、改装期间；全车被盗窃、被抢劫、被抢夺、下落不明期间。

2）下列原因导致的人身伤亡、财产损失和费用，保险人不负责赔偿：

① 战争、军事冲突、恐怖活动、暴乱、污染（含放射性污染）、核反应、核辐射。

② 第三者、被保险人或驾驶人故意制造保险事故、犯罪行为，第三者与被保险人或其他致害人恶意串通的行为。

③ 被保险机动车被转让、改装、加装或改变使用性质等，导致被保险机动车危险程度显著增加，且未及时通知保险人，因危险程度显著增加而发生保险事故的。

3）下列人身伤亡、财产损失和费用，保险人不负责赔偿：

① 被保险机动车发生意外事故，致使任何单位或个人停业、停驶、停电、停水、停气、停产、通信或网络中断、电压变化、数据丢失造成的损失以及其他各种间接损失。

② 第三者财产因市场价格变动造成的贬值，修理后因价值降低引起的减值损失。

③ 被保险人及其家庭成员、驾驶人及其家庭成员所有、承租、使用、管理、运输或代管的财产的损失，以及本车上财产的损失。

④ 被保险人、驾驶人、本车车上人员的人身伤亡。

⑤ 停车费、保管费、扣车费、罚款、罚金或惩罚性赔款。

⑥ 超出《道路交通事故受伤人员临床诊疗指南》和国家基本医疗保险同类医疗费用标准的费用部分。

⑦ 律师费，未经保险人事先书面同意的诉讼费、仲裁费。

⑧ 投保人、被保险人或驾驶人知道保险事故发生后，故意或者因重大过失未及时通知，致使保险事故的性质、原因、损失程度等难以确定的，保险人对无法确定的部分，不承担赔偿责任，但保险人通过其他途径已经知道或者应当及时知道保险事故发生的除外。

⑨ 精神损害抚慰金。

⑩ 应当由机动车交通事故责任强制保险赔偿的损失和费用；保险事故发生时，被保险机动车未投保机动车交通事故责任强制保险或机动车交通事故责任强制保险合同已经失效的，对于机动车交通事故责任强制保险责任限额以内的损失和费用，保险人不负责赔偿。

4. 机动车车上人员责任保险

（1）保险责任

保险期间内，被保险人或其允许的驾驶人在使用被保险机动车过程中发生意外事故，致使车上人员遭受人身伤亡，且不属于免除保险人责任的范围，依法应当对车上人员承担的损害赔偿责任，保险人依照《示范条款》的约定负责赔偿。

（2）责任免除

1）在保险责任范围内，下列情况下，不论任何原因造成的人身伤亡，保险人均不负责赔偿：

① 事故发生后，被保险人或驾驶人故意破坏、伪造现场，毁灭证据。

② 驾驶人有下列情形之一者：交通肇事逃逸；饮酒、吸食或注射毒品、服用国家管制的精神药品或者麻醉药品；无驾驶证，驾驶证被依法扣留、暂扣、吊销、注销期间；驾驶与驾驶证载明的准驾车型不相符合的机动车；非被保险人允许的驾驶人。

③ 被保险机动车有下列情形之一者：发生保险事故时被保险机动车行驶证、号牌被注销的；被扣留、收缴、没收期间；竞赛、测试期间，在营业性场所维修、维护、改装期间；全车被盗窃、被抢劫、被抢夺、下落不明期间。

2）下列原因导致的人身伤亡，保险人不负责赔偿：

① 战争、军事冲突、恐怖活动、暴乱、污染（含放射性污染）、核反应、核辐射。

② 被保险机动车被转让、改装、加装或改变使用性质等，导致被保险机动车危险程度显著增加，且未及时通知保险人，因危险程度显著增加而发生保险事故的。

③ 投保人、被保险人或驾驶人故意制造保险事故。

3）下列人身伤亡、损失和费用，保险人不负责赔偿：

① 被保险人及驾驶人以外的其他车上人员的故意行为造成的自身伤亡。

② 车上人员因疾病、分娩、自残、斗殴、自杀、犯罪行为造成的自身伤亡。

③ 罚款、罚金或惩罚性赔款。

④ 超出《道路交通事故受伤人员临床诊疗指南》和国家基本医疗保险同类医疗费用标准的费用部分。

⑤ 律师费，未经保险人事先书面同意的诉讼费、仲裁费。

⑥ 投保人、被保险人或驾驶人知道保险事故发生后，故意或者因重大过失未及时通知，致使保险事故的性质、原因、损失程度等难以确定的，保险人对无法确定的部分，不承担赔偿责任，但保险人通过其他途径已经知道或者应当及时知道保险事故发生的除外。

⑦ 精神损害抚慰金。

⑧ 应当由机动车交通事故责任强制保险赔付的损失和费用。

5. 附加绝对免赔率特约条款

绝对免赔率为5%、10%、15%、20%，由投保人和保险人在投保时协商确定，具体以保险单载明为准。

被保险机动车发生主险约定的保险事故，保险人按照主险的约定计算赔款后，扣减本特约条款约定的免赔。即：

主险实际赔款=按主险约定计算的赔款×(1-绝对免赔率)

6. 附加车轮单独损失险

(1) 保险责任

保险期间内，被保险人或被保险机动车驾驶人在使用被保险机动车过程中，因自然灾害、意外事故，导致被保险机动车未发生其他部位的损失，仅有车轮（含轮胎、轮毂、轮毂罩）单独的直接损失，且不属于免除保险人责任的范围，保险人依照本附加险合同的约定负责赔偿。

(2) 责任免除

1) 车轮（含轮胎、轮毂、轮毂罩）的自然磨损、朽蚀、腐蚀、故障、本身质量缺陷。

2) 未发生全车盗抢，仅车轮单独丢失。

7. 附加新增加设备损失险

(1) 保险责任

保险期间内，投保了本附加险的被保险机动车因发生机动车损失保险责任范围内的事故，造成车上新增加设备的直接损毁，保险人在保险单载明的本附加险的保险金额内，按照实际损失计算赔偿。

(2) 注意事项

投保了机动车损失保险的机动车，可投保附加新增加设备损失险。保险金额根据新增加设备投保时的实际价值确定。新增加设备的实际价值是指新增加设备的购置价减去折旧金额后的金额。

8. 附加车身划痕损失险

(1) 保险责任

保险期间内，被保险机动车在被保险人或被保险机动车驾驶人使用过程中，发生无明显碰撞痕迹的车身划痕损失，保险人按照保险合同约定负责赔偿。

(2) 责任免除

1) 被保险人及其家庭成员、驾驶人及其家庭成员的故意行为造成的损失。

2) 因投保人、被保险人与他人的民事、经济纠纷导致的任何损失。

3）车身表面自然老化、损坏，腐蚀造成的任何损失。

（3）注意事项

投保了机动车损失保险的机动车，可投保本附加险。保险金额为2000元、5000元、10000元或20000元，由投保人和保险人在投保时协商确定。

9. 附加修理期间费用补偿险

（1）保险责任

保险期间内，投保了本条款的机动车在使用过程中，发生机动车损失保险责任范围内的事故，造成车身损毁，致使被保险机动车停驶，保险人按保险合同约定，在保险金额内向被保险人补偿修理期间费用，作为代步车费用或弥补停驶损失。

（2）责任免除

下列情况下，保险人不承担修理期间费用补偿：

1）因机动车损失保险责任范围以外的事故而致被保险机动车的损毁或修理。

2）非在保险人认可的修理厂修理时，因车辆修理质量不合要求造成返修。

3）被保险人或驾驶人拖延车辆送修期间。

（3）注意事项

投保了机动车损失保险的机动车，可投保本附加险。本附加险保险金额＝补偿天数×日补偿金额。补偿天数及日补偿金额由投保人与保险人协商确定并在保险合同中载明，保险期间内约定的补偿天数最高不超过90天。

10. 附加发动机进水损坏除外特约条款

保险期间内，投保了本附加险的被保险机动车在使用过程中，因发动机进水后导致的发动机的直接损毁，保险人不负责赔偿。

投保了机动车损失保险的机动车，可投保本附加险。

11. 附加车上货物责任险

（1）保险责任

保险期间内，发生意外事故致使被保险机动车所载货物遭受直接损毁，依法应由被保险人承担的损害赔偿责任，保险人负责赔偿。

（2）责任免除

1）偷盗、哄抢、自然损耗、本身缺陷、短少、死亡、腐烂、变质、串味、生锈，动物走失、飞失、货物自身起火燃烧或爆炸造成的货物损失。

2）违法、违章载运造成的损失。

3）因包装、紧固不善，装载、遮盖不当导致的任何损失。

4）车上人员携带的私人物品的损失。

5）保险事故导致的货物减值、运输延迟、营业损失及其他各种间接损失。

6）法律、行政法规禁止运输的货物的损失。

（3）注意事项

投保了机动车第三者责任保险的营业货车（含挂车），可投保本附加险。责任限额由投保人和保险人在投保时协商确定。

12. 附加精神损害抚慰金责任险

（1）保险责任

保险期间内，被保险人或其允许的驾驶人在使用被保险机动车的过程中，发生投保的主险约定的保险责任内的事故，造成第三者或车上人员的人身伤亡，受害人据此提出精神损害赔偿请求，保险人依据法院判决及保险合同约定，对应由被保险人或被保险机动车驾驶人支付的精神损害抚慰金，在扣除机动车交通事故责任强制保险应当支付的赔款后，在本保险赔偿限额内负责赔偿。

（2）责任免除

1）根据被保险人与他人的合同协议，应由他人承担的精神损害抚慰金。

2）未发生交通事故，仅因第三者或本车人员的惊恐而引起的损害。

3）怀孕妇女的流产发生在交通事故发生之日起30天以外的。

（3）注意事项

投保了机动车第三者责任保险或机动车车上人员责任保险的机动车，可投保本附加险。

在投保人仅投保机动车第三者责任保险的基础上附加本附加险时，保险人只负责赔偿第三者的精神损害抚慰金；在投保人仅投保机动车车上人员责任保险的基础上附加本附加险时，保险人只负责赔偿车上人员的精神损害抚慰金。

13. 附加法定节假日限额翻倍险

保险期间内，被保险人或其允许的驾驶人在法定节假日期间使用被保险机动车发生机动车第三者责任保险范围内的事故，并经公安部门或保险人查勘确认的，被保险机动车第三者责任保险所适用的责任限额在保险单载明的基础上增加一倍。

投保了机动车第三者责任保险的家庭自用汽车，可投保本附加险。

14. 附加医保外医疗费用责任险

（1）保险责任

保险期间内，被保险人或其允许的驾驶人在使用被保险机动车的过程中，发生主险保险事故，对于被保险人依照中华人民共和国法律（不含港澳台地区法律）应对第三者或车上人员承担的医疗费用，保险人对超出《道路交通事故受伤人员临床诊疗指南》和国家基本医疗保险同类医疗费用标准的部分负责赔偿。

（2）责任免除

1）在相同保障的其他保险项下可获得赔偿的部分。

2）所诊治伤情与主险保险事故无关联的医疗、医药费用。

3）特需医疗类费用。

（3）注意事项

投保了机动车第三者责任保险或机动车车上人员责任保险的机动车，可投保本附加险。赔偿限额由投保人和保险人在投保时协商确定，并在保险单中载明。

15. 附加机动车增值服务特约条款

本特约条款包括道路救援服务特约条款、车辆安全检测特约条款、代为驾驶服务特约条款、代为送检服务特约条款共四个独立的特约条款，投保人可以选择投保全部特约条款，也可以选择投保其中部分特约条款。保险人依照保险合同的约定，按照承保特约条款分别提供增值服务。

投保了机动车保险后，可投保本特约条款。

二、投保车辆出险后怎么办

在保险有效期内的二手车出险后，在保证自己人身安全的前提下，应当采取必要的自救措施，以保证车辆的安全和价值保全。同时采取以下有效的措施减轻责任和损失以及使出险车辆及时得到修复以保证尽早出售。

（1）保护出险现场，同时避免事故现场二次出险　保护出险事故现场，积极组织疏散交通。请无关人员远离出险现场、将未受伤驾乘人员撤至安全地带，避免发生二次事故。

（2）救助伤者，拨打120　应该在第一时间拨打120急救电话，通知并协助医护人员抢救伤者，争分夺秒，尽力避免重大伤亡。

（3）联系交警　联系、通知公安交通警察勘查事故现场，协助交警调查、处理。不管责任在谁、责任多大都不要破坏事故现场，发生交通事故或车辆出险后千万不要逃逸。交通肇事逃逸不仅不利于事故的解决，反而会使自己陷于被动。

（4）联系保险公司　车辆发生交通事故、出险后，应当在48h内通知投保的保险公司，若不能通知投保的保险公司，就通知出险地的保险公司，以便日后的保险理赔、索赔。

（5）联系维修服务商　将伤者送医院就医、协助交警勘查完现场，同时通知保险公司查勘车辆受损情况后，应当及时联系车辆维修服务供应商，尽快修复车辆，以便尽早投入使用和经营。

三、掌握二手车投保应注意的事项

二手车投保主要应当注意慎选保险公司和险种。

保险公司的服务质量、理赔速度和整体实力是首先应当考虑的因素。因此，挑选保险公司一般可以遵从方便原则、理赔原则、价格原则、附加值原则4个原则。

除此之外，投保时还要注意不能一味为了省钱而不足额投保，也不必多花钱而超额投保（尤其是将要出售的二手车）。明智的选择是足额投保，即车辆价值是多少就报多少。除了交强险外，在险种的选择上，可以根据各险种的特点和价值，比较下述几个保险方案。

1. 经济保险方案

投保最必要、最有价值的险种比较经济，适用于档次较低、比较老旧的二手车。其险种组合为：车辆损失险+第三者责任险。

优点：投保最有价值的险种，保险性价比最高。100%赔付等大风险有保障，保费不高，还包括了比较实用的不计免赔特约险，是精打细算的最佳选择。

2. 最佳保障方案

在经济投保方案的基础上，加上车上人员责任险和车轮单独损失险，使乘员和车辆易损部分得到安全保障。适用于档次较高的二手车。

优点：投保保险价值大的险种，不花冤枉钱，物有所值。

3. 安全保障方案

居安思危，能保的险种全部投保，从容上路，不必担心各种风险。险种组合为：第三者责任险+车辆损失险+车上人员责任险+车轮单独损失险+节假日限额翻倍险+新增设备损失险。高档二手车可以选择此种方案。

缺点：保费高，某些险种出险的概率非常小。

四、掌握二手车按揭应注意的事项

1. 二手车按揭的基本概念

二手车按揭是指二手车购买者不采取一次性付清车款而是先预付少部分，剩余的大部分在一定的期限内分期付完的二手车消费行为。它是现代二手车消费的新方式，对那些经济暂时拮据、资金投资分散或者不想一次性付清车款的广大二手车消费者，可以采取分期付款亦即按揭的方式购买二手车，尤其是价值高的二手车。

2. 二手车按揭的条件

个人按揭购车应当具备下述条件：符合发放贷款的机构所要求的住所区域，有固定住所和稳定收入；向贷款机构提出申请并如实填写《汽车消费贷款申请表》；能够提供单位出具的银行标准工资收入证明；能够出具户口簿和身份证原件；能够出具婚育证明（结婚证明、离婚证明、未婚证明）；能够出具居委会或者物业管理公司开具的长期居住证明。

3. 提供二手车按揭贷款的机构

汽车金融公司；开展二手车按揭贷款的商业银行；其他非银行金融机构。

4. 二手车按揭的注意事项

申请贷款前，先做一个详细的预算或者计划，算清首付款及以后每月需负担的款项、养车用车的费用等，避免购车后给自己造成太大的经济压力；通过中介方担保的二手车按揭贷款，要弄清楚中介方的详细收费情况，防止中介方高收费或者乱收费，要求对方出具正规发票。

5. 二手车按揭的利弊

二手车按揭简单方便，可使购买者提前过上有车生活。目前，市场提供按揭业务的二手车经销商，除了极少数可以提供零首付外，大多数要求首付款为全价的30%~70%，贷款期限最长为3年。

另一方面，二手车按揭也存在着一定的金融风险，还会增加支出。目前的二手车按揭业务，一般都要求将房产等不动产作为抵押物，并严格按照一定比例支付款项。按揭期间，如果因故不能按照要求付款，购车者所抵押的不动产就有充值抵押的风险。此外，也会支出不少额外的利息和相关的手续费。

任务七 了解二手车拍卖及租赁

一、了解二手车拍卖的准备工作

二手车拍卖是指二手车拍卖企业以公开竞价的形式将客户委托的二手车转让给最高应价者的经营活动。目前二手车拍卖是许多国家普遍采用的一种交易方式，较其他的交易形式，二手车拍卖最突出的特点就是成交快、成本低、成交价最贴近市场真实价格。

发达国家大多数二手车交易都是通过拍卖的方式完成的。比如日本有20个大型二手车交易市场，另设有大大小小186个二手车拍卖场，绝大多数的二手车交易都是通过二手车经销商进行。但我国的二手车拍卖行业成交量极低，尚处于培育阶段，但未来潜力巨大。

二手车拍卖的准备工作如下。

1. 委托拍卖所需材料

车辆行驶证、购置证、车船税证、车辆所有人证件（私人为身份证或户口本；企事业单位为企业组织代码证）。

2. 参加竞买所需材料

竞买人身份证明（私人为身份证；企事业单位为企事业单位组织代码证）和保证金（按每次拍卖会规定的标准交付）。拍卖人接受委托的，应与委托人签订委托拍卖合同。

3. 车辆技术状况信息

《二手车交易规范》规定委托人应提供车辆真实的技术状况，拍卖人应如实填写《拍卖车辆信息》。如对车辆的技术状况存有异议，拍卖委托双方经商定可委托二手车鉴定评估机构对车辆进行鉴定评估。

二、了解二手车拍卖的业务流程

图 7-2 和图 7-3 分别是车主的委托拍卖流程及参加竞买的流程。

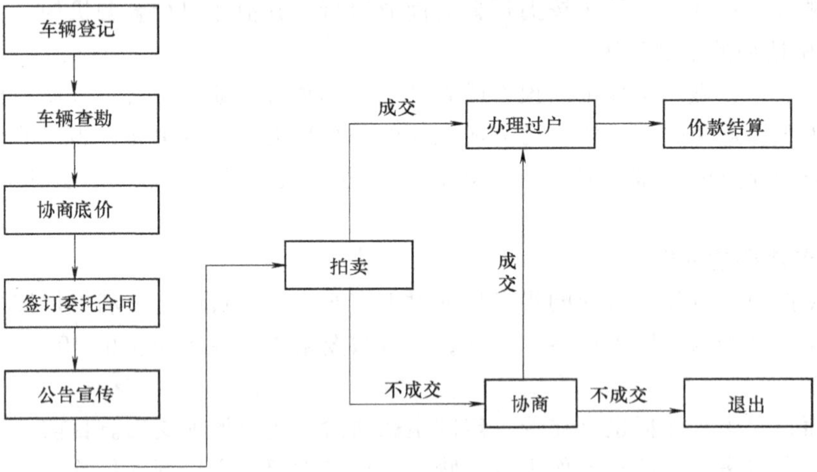

图 7-2 二手车拍卖委托流程

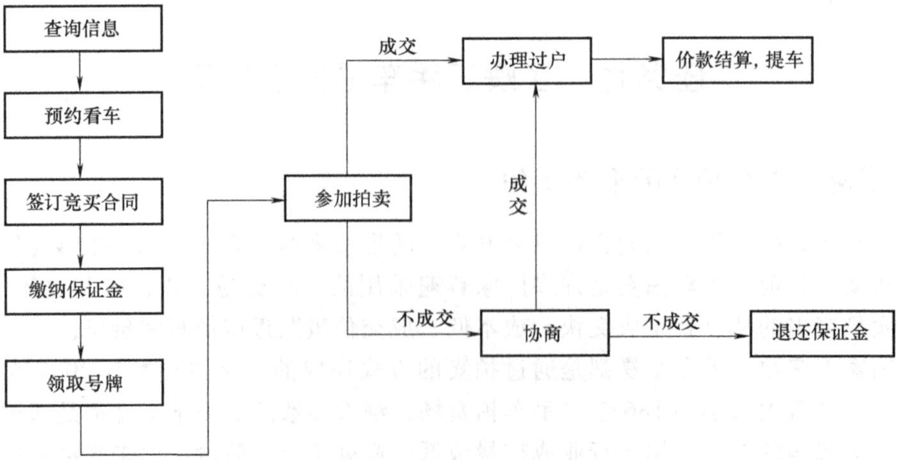

图 7-3 二手车拍卖竞买流程

1. 接受委托

（1）审查车辆来源的合法性　对委托拍卖车辆的行驶证、产权证、销售发票、企业代码或身份证等有关证件资料进行真伪鉴别，并对这些证件资料逐一登记，填写《拍卖车辆信息》，以便进一步核实。

（2）审查车辆的处置权　在接受委托拍卖前，必须对车辆的处置权进行审核，审查委托人是否对委托拍卖的机动车具有处理权。

（3）审查车辆的手续、证照及缴纳的各种税费是否齐全　审查委托拍卖车辆的各种手续是否齐备，特别是进口车和罚没车要审查是否带有海关进口证明书、商检局检验证明、罚没证明、法院的有关裁决书及有关批文等；另外，还要检查车辆的附加费、保险等是否齐全；落实要取得行驶权需要办理哪些手续、缴纳哪些税费以及税费数额。

（4）对车辆进行静态和动态检查　对委托拍卖的车辆要进行详细的静态和动态检查，并对每项检查做好登记记录，填写《车辆情况表》，主管人员要签字审核。

（5）确定委托底价（拍卖底价）　在对车辆手续和车辆检查完毕并确定符合拍卖条件后，由评估师、拍卖师和委托人三方根据当前市场行情确定拍卖底价，但是底价不作为成交价。

2. 签订《机动车委托拍卖合同》

检查工作完成后，拍卖人如果决定接受委托人的拍卖委托，应与委托人签署《机动车委托拍卖合同》，一式两份。

3. 机动车拍卖公告的发布

《二手车交易规范》第三十一条规定拍卖人应于拍卖日 7 日前发布公告。拍卖公告应通过报纸或者其他新闻媒体发布，并载明下列事项：拍卖的时间、地点；拍卖的车型及数量；车辆的展示时间、地点；参加拍卖会办理竞买的手续；需要公告的其他事项，如号牌号码、初次登记时间、拍卖咨询电话和联系人等，并详细告之。

4. 车辆展示

在机动车拍卖前必须进行至少 2 日的公开展示，并在车辆显著位置张贴《拍卖车辆信息》。在展示期间，必须要有专业人员在现场进行解答，并做好宣传工作。

如有意参加拍卖会，经审核符合竞买人要求，则必须提前办理入场手续，如交验竞买人的个人资料、填写竞买登记表、缴纳竞买押金、领取拍卖手册、入场号牌等。

5. 拍卖实施

在拍卖实施当天，竞买人经工作人员审查确认后，方可提前半小时进入会场。拍卖方式可根据车辆情况及竞买人到场情况，以有声增价拍卖的方式进行，但最后的成交价不得低于委托人的底价。拍卖成交后，以拍卖人的“成交确认书”作为交易市场开具交易发票的价格依据。

6. 收费

拍卖成交后，收取委托方和买受方一定的佣金（收费标准按成交价的百分比确定，一般为双方各 500 元）并开具拍卖发票。

拍卖车辆在整个拍卖活动中发生的相关费用由委托人和买受人双方分别承担（以成交确认作为界定，成交前由委托人承担，成交后由买受人承担）。

7. 过户手续办理以及车辆移交

机动车拍卖成交后，买受人和拍卖人应签署《二手车拍卖成交确认书》，办理车辆过户手续，在买受人付清全部车款后，方可填写《机动车拍卖车辆移交清单》，办理车辆移交手续。移交方式（含办理过户、转出、转入等相关手续）由委托人、买受人和拍卖人具体商议决定。

知识链接

机动车委托拍卖合同

委托人（甲方）：

拍卖人（乙方）：

合同编号：

根据《中华人民共和国拍卖法》和其他有关规定，经甲乙双方协商一致，就拍卖下列车辆达成如下协议：

第一条：委托拍卖车辆的基本信息。

第二条：为促成车辆成交，根据现场竞价情况，甲方同意将拍卖底价下调____元或____%。

第三条：处分权。甲方保证对委托拍卖车辆拥有100%的所有权或处分权，向乙方提供有关证明材料完全真实、合法、有效。

第四条：现状评估。甲方保证车辆基本信息完全真实，不存在未告知的重大问题，并同意乙方免费进行车况检测。

第五条：价格。乙方不得以低于拍卖底价的价格拍卖成交，但事先征得甲方同意的除外，双方均不得将底价向外泄露。

第六条：佣金、佣金率。若拍卖车辆成交，甲方同意按拍卖成交价的____%向乙方支付佣金，由乙方从代收拍卖款中予以扣除。

第七条：拍卖方式为有声增价拍卖。

第八条：乙方承诺在____年____月____日之前在____举行拍卖会。

第九条：乙方协助双方办理车辆过户，并按以下标准向甲方收取过户费（含过户税）：

第十条：在车管部门出具《行驶证待办凭证》当天，甲方同意乙方与买受人办理车辆交接手续。在车管部门出具《行驶证待办凭证》后的第4~5个工作日，乙方将拍卖款扣除佣金和其他约定费用后以转账方式支付给甲方。

第十一条：相关责任。

（一）甲方应于____年____月____日之前将上述拍卖车辆交付给乙方，交付地点为____________，因甲方延期交付车辆而影响乙方拍卖的，甲方承担乙方因此而发生的一切费用。

（二）在合同生效之后拍卖开始之前，甲方撤回拍卖车辆，应征得乙方同意，并承担乙方因此实际支付的一切费用；无故撤回委托拍卖车辆，应向乙方支付拍卖车辆总价5%的违约金。甲方保证不参与同时也不委托他人代为参与竞买自己委托的拍卖车辆。

（三）车辆在保管期间损伤的，乙方应根据损伤程度予以赔偿；车辆在保管期间丢失，乙方应按车辆拍卖底价赔偿。

（四）因甲方或车辆本身原因造成不能过户，甲方除无条件接受买受人退回的车辆并全额退还拍卖款给乙方外，还应向乙方支付拍卖底价5%的佣金（最低1500元）和评估、拍卖、过户过程中所发生的一切费用。

（五）与该车有关的一切法律纠纷、交通事故、交通违法处罚、债务等民事或刑事责任，在交车之前发生的由甲方负责。

（六）甲方委托拍卖法律法规禁止拍卖、没有处置权和依法不得处分的车辆，应赔偿乙方因此所造成的损失；甲方对已知的拍卖车辆瑕疵未加说明的，应赔偿乙方因此所造成的损失；甲方要求保密的，乙方应予以保密。

（七）拍卖成交后3个工作日内，甲方应按照车管部门的要求向买受人提供该车过户所需要的全部证件、资料并积极配合车辆过户工作。合同期内拍卖车辆没有成交，甲方在拍卖后2天内无条件收回车辆，双方互不承担责任。逾期收回车辆，乙方不承担被盗、损伤等任何责任。

第十二条：本合同未约定事宜或因本合同发生的纠纷，由双方协商解决，协商不成，双方同意向市人民法院起诉。

第十三条：本合同一式两份，甲乙双方各执一份，自双方签字盖章之日起生效，由双方共同遵守。

第十四条：其他约定事项：

甲方签字（盖章）：	乙方签字（盖章）：
代理人签字：	代理人签字：
联系电话：	联系电话：
传真号码：	传真号码：

合同签订日期：　　　年　月　日

知识链接

二手车拍卖成交确认书

拍卖人：

买受人：

签订地点：

签订时间：

经审核本拍卖标的手续齐全，符合国家有关规定，属于合法车辆。拍卖人于　　年　月　日在举行的拍卖会上，竞标号码为　　　的竞买人，经过公开竞价，成功竞得。拍卖标的物的详情见附件《拍卖车辆信息》。依照《二手车流通管理办法》《中华人民共和国拍卖法》及有关法律、行政法规之规定，双方签订拍卖成交确认书如下：

一、成交拍卖标的：拍卖编号为

二、成交价款及佣金：标的成交价款为人民币　　元（¥）大写：　　元的二手机动车，车牌号码为：　　，佣金比例为成交总额的　%，佣金为人民币　　元（¥）大写：　　元。

三、付款方式：拍卖标的已经拍定，其买受人在付足全款后方可领取该车。

四、交接：拍卖人在买受人付足全款后，应将拍出的车辆移交给买受人，并向买受人提供车辆转移登记所需的号牌、机动车登记证书、机动车行驶证、有效的机动车安全技术检验合格标志、车辆购置税完税证明、车船使用税缴付凭证、车辆保险单等法定证明、凭证。

五、转移登记：买受人应自领取车辆及法定证明、凭证之日起30日内，向公安机关交通管理部门申办转移登记手续。

六、质量保证：

七、声明：买受人已充分了解拍卖标的全部情况，《中华人民共和国拍卖法》和国家有关法律、行政法规之各项条款。

八、其他约定事项：

凭证之日起30日内，向公安机关承认并且愿意遵守《中华人民共和国拍卖法》和国家有关法律、行政法规之各项条款。

买受人（签章）：　　　　拍卖人（签章）：

法定代表人：　　　　法定代表人：

三、了解二手车租赁的概念及注意事项

1. 二手车租赁的定义

二手车租赁指在约定的时间内，租赁经营人将租赁汽车交付承租人使用，但不提供驾驶劳务的方式。实质是将使用权与所有权分开，通过出租使用权而获取利益的方式。

2. 租赁的分类

按经营目的分类：经营性租赁和融资性租赁。按租赁期的长短分类：长期租赁（一般一年以上）和短期租赁（一般按月或天来算）。

3. 汽车租赁注意事项

汽车租赁行业越来越火，租赁汽车的人越来越多，观念也在转变，不再像以前一样认为租借车不如买车，租车既环保又省钱，但在租车时要多加注意以免被骗。

（1）上车前简单询问车辆状况　旅游租车、商务租车、包车，租借到车辆后，首先要了解目前的车况如何，特别要注意操作系统是否灵敏，哪些地方容易出现问题，尤其是直接影响行车安全的制动、转向、灯光等。除此之外，还要检查燃油、冷却液、润滑油、制动液及传动系统主要部件等。必要时还应试行一段路程，以熟悉和检查离合器、加速踏板、制动器和发动机的工作情况，发现问题应及时向车主说明。特别是向汽车租赁公司租借的车辆，更需仔细检查，即使是一些细小的毛病也要说清楚，不能草草地看上一眼就将车开走，一是避免发生交通事故，二是减少退车时出现的麻烦。

（2）熟悉车辆　进入驾驶室后，先要调整好适合自己的驾驶座位置，然后从左向右熟悉每一块仪表的作用及操作件所在的位置。为了掌握好仪表和操作件的位置，一是可以阅读

车辆使用手册，对照手册，一一弄清楚，特别是进口车，辅助仪表较多，更要认真查看；二是在没有手册的情况下，可直接向车主了解，以防在驾驶中乱找乱摸而分散注意力，特别是每个档位、喇叭、刮水器、灯光开关、自动门锁、仪表板及各种警告信号灯的开关所在的位置；三是发动车辆，亲自动手操作几下。

（3）上路前亲自操作　上路前应亲自动手操作几次前面讲到的操作件，这不仅有助于记住它们的位置，还可以检查它们的工作情况，更重要的是可以避免行车中发生操作混乱。比如灯光控制开关，有的是拧的，有的是拉的，有的是推的；倒车档有的是直接推的，有的是先往下按，然后再推的；刮水器开关有的在转向盘上，有的在仪表板上等，这些都需要通过实际操作几下，才能应用自如，避免正式驾驶中失误。

（4）起动后仔细观察　起动车辆，仔细察看仪表和警告信号，做好前面几步后，还应在发动机运转的情况下，仔细观察各种仪表及警告信号装置的运行情况，特别应注意里程表和燃油表、发动机冷却液温度表、机油压力表及电流表的指示情况。很多车辆已经使用警告装置取代了各种仪表指针，应小心观察闪烁的警告信号灯，熟悉它们的位置、用途及工作情况。仪表板上显示的每一个信号，都在提醒一些需要注意的问题。总之，租借车辆时要十分小心与谨慎，切不可草率行事，既要从安全角度出发，对自己负责，也要从爱护车辆的角度考虑，对车主负责。不能只为图一时潇洒，不管不顾，开起车就走，一旦发生事故，将后悔莫及。

参考文献

[1] 杜秀菊，纪世才．二手车鉴定与评估实用教程［M］．2版．北京：机械工业出版社，2021.

[2] 刘春辉，张之猛．二手车鉴定与评估图解［M］．北京：机械工业出版社，2021.

[3] 郭阳印，李文，胡波勇．汽车检测与故障诊断技术（汽车类专业精品创新规划教材）[M]．北京：电子工业出版社，2020.

[4] 赵英勋．汽车检测与诊断技术［M］．3版．北京：机械工业出版社，2019.

[5] 白建伟．汽车碰撞分析与估损［M］．2版．北京：机械工业出版社，2015.

[6] 毛彩云．新能源汽车检测与诊断实验（普通高等教育汽车类专业精品系列教材）［M］．北京：北京理工大学出版社，2020.

[7] 王显廷．新能源汽车电气系统检修［M］．北京：机械工业出版社，2016.

[8] 刘冬生．汽车发动机电控系统检修［M］．2版．北京：机械工业出版社，2022.

[9] 刘星．汽车底盘检测与维修实训教程［M］．北京：北京航空航天大学出版社，2018.

[10] 林绪东．手把手教你鉴定评估二手车（彩色图解版）［M］．北京：机械工业出版社，2019.